Lou Vernet

Surtout le pire
Suivi
d'Acouphanges

M+ ÉDITIONS
12 rue de la Part-Dieu
69003 Lyon
mpluseditions.fr

Composition Marc DUTEIL
ISBN : 978-2-38211-178-9

NOTE DE L'AUTEURE

Septembre 2019/juillet 2024, un long parcours et enfin la joie de pouvoir réunir en version Poche et surtout, en un seul volume, ces deux histoires qui ont marqué mon entrée dans le monde du thriller.

Une duologie du mal, de la mémoire, de la filiation et des mystères plus grands que soi avec toutefois, jamais loin, comme une bougie au fond du puits, la part belle aux éléments naturels, à la terre mère, et à la poésie, aussi.

Merci aux lecteurs, curieux, enthousiastes, fidèles, du tout début. Sans vous, je ne suis qu'un écrivaillon de plus. Grâce à vous, je deviens écrivain chaque jour un peu plus. Un peu mieux ?

Gratitude aux nouveaux qui font confiance aux anciens.

Et évidemment à mon éditeur, qui porte mes projets sur la table des libraires.

Puissent mes personnages vous donner l'envie de voyager encore ensemble, longtemps.

N'en doutez pas, ils sont ma part sombre.

Mais en vrai je vous réserve ma part lumineuse.

Bonne découverte à tous.

Amicalement.
LVV.

SURTOUT LE PIRE

À toutes les « Mamans » du monde,
Ces héroïnes H24.

Les monstres existent vraiment,
Les fantômes aussi...
Ils vivent en nous et parfois ils gagnent...
Stephen King.

C'est tout autant un passe-temps qu'un défi. Un jeu d'adresse, tout en finesse et en force aussi. Un peu.

Chaque jour, loin du bruit, en accalmie, l'enfant plisse les yeux, se déhanche, concentré, vaguement inquiet. Il visualise le geste.

Cette fois-ci sera la bonne. Il le sent. Au moment où son bras donne l'impulsion, un frisson le parcourt. Une demi-seconde pour un élan parfait. Cet instant où chaque déplacement du corps trouve sa fluidité dans une coordination naturelle, quasi magique.

Et de la magie, il en faut pour contrer la mécanisation de l'apprentissage initial.

« Bien placer l'index le long de l'objet, puis le maintenir sur l'autre face avec le pouce. Se mettre de profil, les pieds écartés d'environ une largeur d'épaules. Plier les genoux, puis le poignet et s'élancer, sans oublier de finir le mouvement. À l'inverse d'un lancer brutal, préférer un fouetté du bras de l'arrière vers l'avant, depuis le dos jusqu'au torse. Bien finir son geste optimise la puissance et assure de meilleurs résultats ».

Dès le début, l'enfant sait qu'il doit oublier la technique, trop de fois relue.

La réussite c'est la transe : ne faire plus qu'un. Être à la fois un corps, une pierre, et même le lac. Fusionner avec l'esprit du caillou et de l'eau. Être tout entier dans l'action, rencontrer l'air, se laisser porter.

Son regard ne quitte pas la vaste étendue. Son esprit enregistre chaque étape. La pierre rebondit, se soulève, s'envole, glisse à nouveau, rejaillit encore. Sept fois de suite.

Un record. Son record !

L'enfant sourit intérieurement, ne crie pas victoire Son but est fixé à dix. Il sait qu'il va y arriver, il recommencera, mille fois s'il le faut.

Faire des ricochets nécessite une bonne maîtrise de la vitesse, de la rotation et de l'angle de lancer du projectile.

Mais pas que !

Il y a aussi le choix des cailloux. Peu épais, plats, ronds, lisses, adaptés à la main.

Il passe son temps à les choisir, nez contre terre, à ne plus voir le ciel que comme la fin du jour qui l'oblige à rentrer.

Et la patience.

Infinie. Hypnotique. Obsessionnelle.

L'humilité en est le Graal.

Chaque jour l'enfant revient ici, attiré par le silence et l'horizon. Un lac isolé au milieu d'une forêt, une trouée sauvage, dangereusement immobile.

Chaque jour l'enfant recommence.

Même s'il ne le sait pas encore, son but est de rejoindre l'autre rive.

Vaincre la distance.

Les ricochets ne sont que le début de la spirale.

JANVIER 1981

Rien n'est plus vivant qu'un souvenir.
Federico Garcia Lorca.

PREMIER REBOND

1

Ce n'est qu'un incident, une statistique de plus qui passera presque inaperçue. Tandis que l'univers poursuit sa course, la même histoire se répétera près de deux cent quarante-neuf mille autres fois partout dans le monde. Neuf fois par jour en France.

Il fallait que ce lundi 3 janvier fusse le sien.

Est-ce inscrit dans quelques carnets noirs du destin ou la fatalité éructe-t-elle de la bouche du diable, inexorablement, chaque jour à l'emporte-pièce ? Le mystère reste entier. Personne ne connaît cette source intarissable qui jaillit d'entre le pire. La souffrance est un poncif ordinaire, tragique mais banal.

L'homme qui agit dans l'ombre en témoigne. Il n'a de conscience que le noyau d'une cerise desséchée, tombée de l'arbre et rongée par quelque animal vorace. « Désâmé » depuis longtemps, il pille avec avidité, mû par son seul instinct. Il ne pourrait faire autrement.

Il n'a aucune maîtrise de ses besoins, le plaisir qu'il en tire est trop grand, trop prodigieux même. Ces jeunes vierges lui procurent un orgasme de haute volée.

Être le premier. Les faire asseoir sur son membre douloureux. Les sentir se contracter puis s'ouvrir, sèche et étroite, avant de sentir leurs larmes tomber de leurs joues jusqu'à son ventre. Comment résister ? Et pourquoi ?

Il est ainsi fait. Il le sait depuis l'anniversaire de ses 13 ans. Sa première fois.

C'est cette première fois qu'il recherche, qui l'immortalise et le rend heureux. Passé cette étape, les femmes ne lui apportent plus aucune félicité. Il n'a jamais pu jouir qu'en étant l'unique, le seul, le premier.

Alors ce qu'il sait confusément ne pas pouvoir prendre, il le vole. Pour oublier.

Les fillettes dont il prélève sa part manquante peuvent s'enorgueillir d'être spéciales, c'est ainsi qu'il les amadoue. Pendant le temps de la chasse, il en fait des êtres spéciaux, des princesses ou des fées et le cadeau final devient leur couronnement.

Manon, comme toutes les précédentes, y a cru aussi mais le cycle de l'enfance vient de rompre. Taché de sang, souillé de sperme, anéanti par 75 kilos de sueur moite, de halètements rauques, de mots crus et de violence inouïe.

Alors quand l'homme étouffe son acmé dans un dernier râle, elle le repousse et s'enfuit. Il ne la retient pas. Ne les retient jamais. Déjà en projection de la suivante.

Elle a 13 ans. Lui 31.

Une inversion des âges, mortifère et grotesque.

2

L'homme n'est plus qu'un spectre sombre au cœur de la nuit, il quitte la zone du hangar abandonné. Sa voiture n'est pas loin, en amont du bâtiment, sous un grand chêne agonisant. Cet entrepôt abritait il y a un mois encore, un garage automobile. Saturé d'huile de moteur, de graisse et de fumée, l'arbre donne l'impression de n'être plus qu'un tronc sans vie. Ses racines baignent dans une boue visqueuse. On le croirait enlisé, ses branches mortes à ses pieds au milieu de ses feuilles en décomposition. Il semble hésiter. Tomber ou se redresser ? Il a encore l'hiver pour y réfléchir. Le temps de balayer en son sein quelques brimades humaines et de voir si le gel fera fi de son marécage intérieur.

À cent mètres de là, un vieil homme compatit. Il a vu le chêne dépérir, il connaît sa lutte, l'a ressentie dans sa chair. Jour après jour, impuissant, le chêne et lui, même combat. Vaincus par le temps et la crasse humaine.

Quand le garage a fermé, le vieillard a soupiré. Un soupir long comme une agonie. Depuis, il attend, ne le quitte pas des yeux. C'est son bâton de vieillesse, une bonne raison de se lever, de vivre encore, un peu. « De pousser le temps avec l'épaule[1] » comme disait, deux siècles plus tôt, Saint-Simon.

Ce soir, la pleine lune est au rendez-vous. Elle

1. Expression désuète qui signifie : vivre petitement en attendant un meilleur temps, gagner du temps !

embrase le ciel, souveraine en sa nuit et dans le secret des hommes. Sans sa vigilance, bien des ombres resteraient aussi illusoires qu'un feu follet. Et en effet, elle troue le ciel d'un halo blanc et diffuse sa lumière cendrée en dessinant les contours d'une Citroën verte.

Le vieil homme la scrute et attend. Il n'a pas vu le conducteur arriver mais il n'ira pas se coucher tant que son carrosse tout cabossé sera là. C'est une énième provocation faite à son arbre. Comme s'il n'avait pas déjà assez souffert.

Il veut juger l'importun, le manant.

Cette voiture, il l'a déjà vue, ici même, il y a moins d'une semaine. Jeudi dernier, lui semble-t-il. Il ne s'est pas attardé, son assistante de vie sonnait à la porte. Ça l'avait agacé. Alors maintenant qu'elle est revenue se garer sous son arbre, il attend. Et voit.

Une silhouette encapuchonnée de noir. De pied en cap. Les baskets, le jean, le blouson. La casquette et les lunettes. Encore jeune et peu pressée.

Et au démarrage, une plaque d'immatriculation : 203 AMN 94.

3

Manon n'a pas couru très loin. La forêt n'est qu'à quelques pas du hangar, elle a foncé droit dedans, a buté sur une racine et s'est effondrée en pleurs. Des larmes mêlées de hoquets, des spasmes et une rage en écume au fond de la gorge. Elle a bien failli s'étouffer avant de vomir. Elle est restée longtemps à genoux, dans la boue et le silence oppressant des feuillages. Assez longtemps pour que le froid lui morde la chair et remplace la douleur d'entre ses cuisses. Son visage effrayant de pâleur a ancré une souffrance qui la défigurera à jamais. Une dureté s'y est imprimée qui lui a comme dénoyauté les yeux. Deux plaies à ciel ouvert qui tournent sur elles-mêmes, affolées, cernées de douleur. Aussi vides qu'un trou d'air. De ceux qui font tomber les avions au milieu de nulle part et qu'on ne retrouve jamais.

Elle a pensé rester là, a souhaité que la nuit ne s'ouvre plus jamais au jour, que la forêt l'engloutisse ou que la pleine lune la transforme. N'être plus qu'un gros caillou ou un rocher ou une montagne. Son imagination a pris le relais de sa conscience. Elle quitte son corps, devient pur esprit en errance sur la terre des hommes. Et c'est ainsi qu'elle se relève, convaincue de ne plus s'appartenir, d'avoir pris en elle le pouvoir sur toutes choses. Privée d'affect, de mémoire. Comblée d'oubli.

Quelque chose vient de rompre. Pas seulement sa part d'enfance, pas seulement sa féminité. C'est comme une évidence. Son âme vient d'être chassée.

Remplacée par une entité bien plus éthérée. Dépouillée. Mise à nu. Définitivement.

Un fantôme.

4

L'homme a repris la route tranquillement. Fontainebleau n'est plus qu'un point noir derrière lui, une étape sur le parcours. Il ne reviendra pas. Oublie déjà ce qu'il laisse derrière lui. Il conduit fenêtre ouverte, « Chante France » à plein volume, reprenant à tue-tête ce refrain qu'il adore « Elle a de ces lumières au fond des yeux qui rendent aveugles ou amoureux… ».

Il est confiant, souriant, plein de reconnaissance. Son besoin est pleinement satisfait. Il imagine déjà la prochaine. Plus tard. Plus loin. Il a le temps. Sait qu'entre chaque fille il y a les putes. Elles le soulagent et lui permettent de ne jamais agir dans la précipitation. Il n'est pas comme tous ces pédophiles dont on parle ou ces malades qui débitent de la femelle à tout va. C'est sa force. Pourquoi il ne fait jamais d'erreur. Son attente peut être longue. Il se satisfait toujours assez pour tenir d'une année sur l'autre.

Ces jeunes vierges ne sont pas une urgence. Elles sont la cerise sur le gâteau. Et jusqu'à la toute fin, consentantes. Une poignée et une autre encore, conclue ce soir en une décennie. Il y pense, regarde ses mains et sourit. Bientôt il devra compter avec les pieds. Comme quand il était gosse.

Ce souvenir le trouble. Son enfance c'est surtout sa mère. Sa diva. Partie en fumée il y a dix ans. C'est elle qui lui a tout appris. Qui a fait de lui un homme.

Ce qu'il peut offrir aujourd'hui, c'est à elle qu'il

le doit. De l'amour à l'état brut. Chaque année à la même date.

Depuis ses 13 ans.

5

Manon a réintégré l'internat de la même façon qu'elle en est sortie, en catimini et sans personne pour s'en apercevoir. Ils sont nombreux à connaître le système et tout autant à le déjouer. D'habitude ils sortent en bande pour boire des verres et fumer des cigarettes mais ce 3 janvier, Manon leur a fait faux bond. Un rendez-vous secret. Le second même. Et donc personne au retour pour l'accueillir. Elle l'a voulu ainsi. Il y avait le pacte avec l'homme. Rompu, sali, éventré mais hélas scellé. Elle s'est donc faufilée, muette, jusqu'à sa chambre, s'est douchée longtemps, a caché ses fringues sous son matelas puis s'est couchée. Le lendemain, elle a prétexté un mal de ventre et l'infirmière est venue la voir. Devant ses traits tirés, sa pâleur et son mutisme, elle a fermé les rideaux et lui a permis de se reposer.

Les jours suivants, Manon a eu mal à la tête et aux jambes puis de nouveau au ventre et ses premières règles sont apparues. L'infirmière a paru soulagée.

Ce n'était donc que cela.

Elle a repris les cours le lundi suivant, tel un

automate, la mécanique collective fonctionnant, elle a suivi le flux. En absence, cachée dans son silence. Plus tard, elle a demandé à se faire couper ses cheveux. Court. Puis elle a fini par jeter ses vêtements de dessous son matelas ainsi que la moitié de sa garde-robe. Elle ne s'habille plus qu'en pantalon. Tout le monde l'a admis. Sans curiosité. À croire que la fillette a mué en une nuit, sans raison, par la seule force des hormones et de la soi-disant adolescence fatale.

Les années ont passé, immuables dans leur routine. L'internat, troué de séjours en colonies de vacances et l'été, de rares passages en famille d'accueil. À 18 ans, elle a décroché son bac avec juste la moyenne. Elle s'est vue proposer un apprentissage à Paris dans une école hôtelière. Elle a fait son sac et n'a plus jamais donné de nouvelles.

6

Le vieil homme a oublié. Plus personne n'est venu se garer sous le chêne. L'ancien garage est désert. Une pancarte « À Vendre » sur le flanc.

Il passe son temps à contempler son grand chêne. Bientôt le printemps sera là. Si quelques oiseaux viennent y nicher, il saura que c'est gagné.

Un Pic mar ferait l'affaire, avec sa calotte rouge, on ne peut pas le louper. Ou une nuée de passereaux, pourquoi pas. Une famille de merles, de moineaux ou d'alouettes, la probabilité est plus grande. Quant à espérer la hulotte perchée à la cime, ce serait un miracle.

Drôle comme sa mémoire ne lui fait pas défaut en cet instant. Lui qui oublie tout, tout le temps. Mais le chant des oiseaux, le rythme des saisons et le nom des arbres restent en surface. Comme un essentiel. La vie en puissance.

Toute la connaissance est là. Dans cette terre qu'il a mille fois peinte. S'il pouvait encore, il prendrait ses couleurs et s'en irait jusqu'au pied de l'arbre. Mais ses doigts comme ses pieds ne le portent plus. Chaque jour, la vie lui ôte un peu plus que la veille. La réalité lui échappe. Il n'a plus de plaisir que dans la rêverie

« Éplucher les écrevisses[1] », comme disait son aïeul.

Des choses que personne ne remarque plus. L'aiguail[2] à l'aube. Si précieux, innocent tellement éphémère.

Il est le témoin d'un temps qui passe au ralenti, qui déroule sous ses yeux des bouquets de petits riens. Et il les cueille, les amasse. Ce sont ses derniers « bonheurs d'âme ».

Cette âme, vacillante comme une bougie, qui bientôt va disparaître.

FIN DU 1er REBOND

---

1. S'arrêter à des minuties, perdre son temps à des fadaises.
2. La rosée.

7

Le caillou, c'est lui, l'homme : Régis Barnus, le sexe fort, la fidélité abusive.

L'élan initial, sa mère. Si on remontait le temps, les années, les époques, la trame généalogique, on découvrirait sûrement une lignée pervertie. Ou pas. À chaque siècle, ses lois et logiques. À chaque pays, ses interdits et ses fondamentaux.

L'eau, c'est elle, l'adolescente : Manon Borde. Une minuscule surface, limpide et claire, perdue au milieu de l'océan. Réceptacle aléatoire, elle a encaissé le choc puis l'a laissé s'envoler. En surface, sa vie est transparente, baignée au milieu d'autres. Si l'on descend à l'intérieur, dans son fond utérin, c'est un tourbillon. La matrice a muté, le chaos a prélevé sa part.

L'onde, qui aurait dû être de choc, c'est le vieillard, épiphénomène sans consistance. Et le personnel de l'internat comme un kaléidoscope aveugle.

Pour y croire, il faut se rappeler les chiffres. Deux cent quarante-neuf mille autres fois partout dans le monde. Neuf fois par jour en France. Et se souvenir qu'au-delà, la honte, le déni ou la peur en absorbent au moins un quart de non déclarés.

C'est ainsi qu'au travers de plus de sept milliards d'humains, le destin tranche. Et que le second rebond peut apparaître.

Si d'un ricochet à l'autre, le caillou dispose de quelques nanosecondes, à l'échelle humaine, les heures tournent, se compactent en semaines, défient les mois, s'agglomèrent en années.

Cela suffit parfois à changer la donne.

LE SECOND REBOND

7 ANS PLUS TARD

8

La vindicte est lancée. Ils sont trois, plus tous ceux qui ferment les yeux et autant qui les ouvrent pour protéger le clan.

Lui, il est seul. Nu. Acculé. Le sursis est terminé. Il aura duré une semaine. Sept longs jours à s'entendre menacer et insulter. À subir leurs regards larvés et leurs gestes obscènes.

Le piège de la douche. Caricatural. Dont il ne ressortira pas. Ou sur une civière.

La mise en scène est rodée. Il n'est ni le premier ni le dernier. Le timing est parfait. Ne lui laisse aucun espoir.

D'abord, une bastonnade en règle pour le mettre à terre. Puis à genoux. Ensuite, les sévices. La tête maintenue par un colosse qui lui fourre sa bite au fond de la gorge. Un second qui lui déchire le sphincter anal en débitant une litanie d'injures. Et un troisième qui lui pisse dessus avant de prendre le relais du premier.

L'histoire de quelques minutes. Épouvantablement longues et surréalistes.

Quand ils le relâchent en lui assenant une dernière salve de coups de pied, Régis Barnus ne ressemble plus à rien. Son foie, ses reins, son crâne ont éclaté. Un amas de chair sanguinolent comme de la bouillie régurgitée.

Il respire encore. Et même beaucoup trop à son goût. Chaque inspiration lui inflige une douleur phénoménale. Chaque mouvement une épreuve insurmontable.

Les matons arrivent bien trop tard. L'infirmier fera ce qu'il pourra. Son transfert à l'hôpital, retardé par une manifestation extérieure, lui coûtera un œil et un œdème cérébral.

Le temps de sa convalescence, comme les fois précédentes, il croira aux paroles de son avocat. Changement du lieu d'incarcération, régime spécial, cellule d'isolement et tout le tintouin.

L'accalmie durera à peine six mois. Partout où il passera, son CV circulera avant lui. Son CV mais surtout sa photo qui s'est étalée sur toutes les unes des journaux, le lendemain de son arrestation.

La fillette, Amandine T. était encore sur ses genoux quand les flics ont débarqué. Il venait juste de l'obliger à une fellation avant de grogner en la retournant que ce serait bientôt fini.

Cela faisait un an qu'il était en proie à une frénésie qui le dépassait. La date anniversaire ne lui suffisait plus. Le délai s'était considérablement réduit. Il avait accumulé les erreurs. Incapable d'attendre. De se soulager autrement.

Il avait perdu pied.

Il aurait préféré perdre la vie.

9

C'est dans ce contexte que naît Raphaël. Le 15 juin 1988 exactement. À quatre heures trente du matin. Trois heures à peine après que Manon Borde, sa mère, a perdu les eaux. À croire que l'un des deux était si pressé qu'il a mâché le travail à l'autre ou que le visage de Régis Barnus, vu aux infos de minuit a accéléré la délivrance.

Voilà que sept ans après, l'homme revenait. Brusquement, en gros plan, identique à son souvenir. Malgré les dénis de Manon, son oubli, sa volonté d'enfouissement et ses sept années d'apnée, sa mémoire est bien obligée de forcer les barrages. Son habit de fantôme à terre, fustigé en un reportage, la force à se souvenir. Elle est comme nue, obligée d'ancrer en elle la réalité de son enfance. À genoux devant son téléviseur, en proie à de violentes contractions, l'image de son bourreau finit de geler ce qu'il lui reste de cœur et de courage.

Que la naissance de son fils coïncide avec l'image de son bourreau la révulse. De nouveau, elle se sent salie, piétinée, éventrée. Ce qui aurait dû être magique vient d'être balayé d'un coup. Comme si son bébé venait de ces entrailles-là, de cette régurgitation du passé.

Et maintenant, comment pourra-t-elle l'aimer ? Ne pas confondre l'ange et le démon ? Effacer de son regard celui de l'homme qui vient de s'y ancrer une nouvelle fois ?

Raphaël a-t-il compris, ressenti, appréhendé l'achèvement auquel il prend part ?

Pressent-il l'abominable dualité que la vie lui impose alors même qu'il pousse son premier cri ? Plutôt qu'un cri, une sorte de rage. Une colère expulsée dans un long crescendo. Redoublée à chaque fois que la sage-femme voudra l'approcher de sa mère. Et qui s'éteindra d'un coup, dans la nuit, lorsque celle-ci disparaîtra.

Raphaël sourira alors pour la première fois tandis que la sage-femme pleurera.

Au septième jour, la machine se mettra en branle, Raphaël sera confié aux bons soins des services sociaux. Dans son maigre dossier, outre les circonstances de son abandon, une pâle description de sa mère et les données relatives à sa croissance, une enveloppe a été glissée.

Il y figure la mention « Pour Raphaël à ses 18 ans ».

À l'intérieur, un gland emballé dans du papier de soie et une lettre manuscrite.

Je t'ai donné la vie.

Ce que je pouvais faire de mieux.

Je rejoins ce qu'il reste de la mienne.

Ne me cherche pas.

Raphaël est un prénom biblique qui veut dire Ange de la guérison.

Sois heureux de le porter.

Ta maman de neuf mois et une nuit mais ta maman pour toujours.

Elle a fait mieux que ce que ses géniteurs ont fait pour elle. Manon s'est enfuie mais elle a laissé une trace. Un mot d'amour. L'enfant ne grandira pas dans le silence et l'oubli. Elle a écrit « pour toujours ». C'est plus qu'elle n'en a jamais reçu.

Le garder, c'eût été l'abîmer. Prendre le risque que sa propre souffrance le contamine. En neuf mois Dieu sait déjà le mal qui a pu être fait. Son prénom le protégera.

À présent, elle n'a plus rien à faire sur cette terre. Une part d'elle, la plus pure, son enfant, lui survivra. Y penser c'est comme renaître. C'est comme être lavée de tout.

Elle laisse la place. Convaincue que le monde n'en deviendra que meilleur.

À vingt ans, c'est une certitude qui pèse lourd.

Le 16 juin 1988 à l'aube, un joggeur découvrira son corps, flottant dans la Seine à la hauteur du

Pont des Arts. Les pompiers enregistreront son suicide à 6 heures 13. Diagnostiquant plus tard une absorption massive de barbituriques.

Un examen plus poussé révélera qu'elle venait d'accoucher. Une recherche sera faite dans tous les hôpitaux de Paris. Qui prendra du temps. Une sage-femme de la Pitié Salpêtrière la reconnaîtra et le dossier du jeune Raphaël Borde s'épaissira d'un cliché lugubre et d'un acte de naissance en partie complété.

À l'adresse du 6 rue Edmond Roger dans le XVe arrondissement, les gendarmes graviront les six étages et pénétreront dans la chambre de bonne où vivait Manon. L'enquête de voisinage et les papiers retrouvés dans son appartement indiqueront qu'elle vivait seule. Que c'était une jeune femme discrète. Sérieuse. Anciennement caissière. Inscrite au chômage depuis six mois. Son bail sera résilié. Emmaüs délivrera le propriétaire de la corvée du déménagement. Et pour tout le monde, le dossier sera classé.

Au premier étage du 4 rue Edmond Roger, un homme se fera discret. Marié. Manon a été sa maîtresse. Il doute d'être le père de l'enfant qu'elle portait, il n'a couché avec elle qu'une dizaine de fois avant qu'elle ne se déclare enceinte. Pour sa tranquillité d'esprit, l'assurance de son silence et parce qu'il se considère comme un homme bien, il avait rompu aussitôt mais s'était engagé à soutenir la jeune femme en lui donnant chaque mois 250 francs en espèces.

L'annonce de sa mort et de son abandon d'enfant a bien failli le faire avouer mais comme personne ne lui a vraiment posé de questions, il a préféré se taire. D'autant plus qu'au même moment, sa fille le faisait également grand-père.

Il en a conclu que la vie lui donnait une leçon et qu'il serait bien avisé de ne jamais recommencer.

FIN DU SECOND REBOND

10

Les ricochets qui suivent agonisent cette histoire. Des ondes insignifiantes dans le vaste océan de la vie. Aux remous aléatoires.

Manon. Régis. Victime et bourreau ordinaires n'existent déjà plus.

L'amant, quant à lui, poursuit sa route.

La lâcheté se taille la part belle. Rebond véniel, anodin et cotonneux, à ce point admise que, lorsqu'apparaît le courage, l'homme se transforme en héros. Il faudra attendre, cependant, que la seconde génération refuse le silence et invite le passé à sa probable rédemption.

Pourquoi, alors, ce focus sur Raphaël ? Ce « Un » perdu au milieu des 64 456 naissances que comptabilise le seul mois de juin 1988 ?

Que peut-on attendre d'une année bissextile qui marque les débuts de la guerre du Haut-Karabagh ?

Qui, le 27 juin au troisième sous-sol de la Gare

de Lyon, enregistre la plus grande catastrophe ferroviaire qu'a connue Paris ?

Et qui s'achève par le décès de Françoise Dolto ?

Seule la jeune femme qui fixe l'écran du monde le sait. Manon Borde a rejoint les hauteurs. Elle est là et plane au-dessus de toutes choses, aussi discrète qu'un souffle de vent. Plus rien ne lui échappe. Elle veille. Raphaël ne sera jamais seul.

C'est ainsi que naît la magie et que s'écrit l'histoire.

Et pourtant, à cet instant précis que, vous, lecteurs, entrez dans la spirale.

SEPTEMBRE 2017

Le chemin n'est pas linéaire,
mais en forme de spirale.
Une spirale penchée où les cercles
tombent dans l'obscurité
et passent dans la hauteur de la lumière.
Karlfried Graf Dürckheim.

11

Vingt-neuf ans ont passé. La grande Histoire gomme la petite un instant. On pourrait croire que l'Une et l'autre ne sont pas liées et pourtant ! Quelque chose ou quelqu'un doit secouer l'humanité. Et c'est bien à la lecture de ce seul article et de ses perspectives futures que les deux se rejoignent. Toujours.

Flash Info. 8 h 20 : Ponts détruits, routes inondées, arbres au sol et glissement de terrain. La tempête Nate remontait hier vers le Mexique où elle pourrait se transformer en ouragan, après avoir fait 22 morts en Amérique Centrale. Sous la violence de ce phénomène climatique, des villages entiers étaient coupés du monde hier matin, dans plusieurs pays de la région. Selon les derniers bilans officiels des services de secours, Nate a fait 11 morts au Nicaragua, 8 au Costa Rica et 3 au Honduras et plus d'une trentaine de disparus. La région Caraïbes, en pleine saison des pluies, est encore sous le traumatisme des ouragans Irma, José et Maria qui n'ont cessé de la frapper ces dernières semaines, laissant des paysages de désolation et de nombreuses victimes derrière eux. Et le Mexique peine aussi à se remettre de deux violents séismes qui ont fait plus de 400 morts au total en septembre. Il doit désormais se préparer à la tempête Nate qui, selon le centre américain des ouragans, devrait atteindre dans la nuit la péninsule du Yucatan, située dans l'est du Mexique.

Dame Nature se rebelle. Exsangue de souffrance, elle éructe tel un volcan trop longtemps retranché dans son silence. Tourbillon d'air, d'eau et de vent, son ciel se déchire et laisse s'écrouler sur nos têtes ses lambeaux de vie en colère.

Le cycle démographique morfle. Engrange les décès par centaines. Rappelant à l'espèce sa fragilité et son impuissance.

Mais l'homme obtus n'entend rien. Pas vraiment. Pas encore.

Pour l'instant ce ne sont que des alertes. Isolées. Toujours lointaines. Presque virtuelles. Quelques lignes de-ci, de-là. Parfois un gros titre. Un appel au secours vide d'écho comme une bouteille à la mer en dérive.

Tout ça, pourtant, n'est que le prélude. Les générations suivantes, elles, n'échapperont pas au grondement qui enfle dans les entrailles terrestres. C'est aussi inévitable que le roulement d'une bille en pente douce.

Il faut du temps aux énergies en puissance pour se frayer un chemin.

Du temps et un ras-le-bol colossal.

D'abord, elles grondent. Enflent. Heurtent. Soulèvent. Se cognent. Puis elles inondent. Déracinent. Retranchent. Blessent. Saccagent. Pour enfin, détruire.

Par à-coups, petit à petit. Certaines, à terme, de prélever leur dû.

Dieu n'y peut plus grand-chose si tant est que certains y aient cru un jour. Il a déserté les églises et les croyances pour se réfugier dans le ventre d'une poignée d'intégristes affamés.

Ou dans le cœur amer des victimes qui ne cessent de se demander pourquoi.

Parce que c'est injuste. Et jamais au bon endroit.

Et l'engrenage se poursuit. Telle une spirale. Parce qu'évidemment au lieu de chercher des solutions, l'homme cherche des consolations.

Alors, on le voit qui pianote. Comme un dingue. Sur sa tablette, son Smartphone, son ordinateur. Grisé par ses milliers d'amis, de « likes », de « tweets », de « Snapchat ».

Et il zappe, d'une chaîne à l'autre, impatient de se fondre dans une imagination tordue et falsifiée. Gavé de téléréalité, de talk-shows et de jeux débiles.

Il sort, boit, danse, fait la fête, d'un endroit à l'autre. En fuite de sa propre place. De sa propre conscience. Interrogez-le, il vous dira qu'il vit. Et qu'il a bien raison.

« La vie est courte. Dangereuse. Elle expire à chaque seconde. Regardez tout ce qui se passe. Le temps est compté. En profiter, c'est l'honorer ».

Alors, il accélère, rugit, pétarade, vole à toute vitesse et sur tous les chemins. Mer, terre et ciel. Gaz ouverts, il laisse dans son sillage une poudre blanche mille fois plus meurtrière que n'importe quelle drogue. Inhalée consciencieusement à chaque seconde, elle perfore un à un les alvéoles du poumon humain mais aussi végétal, animal, minéral.

Et comme si tout cela ne suffisait pas, carnivore impitoyable, l'homo sapiens dans son évolution laborieuse dite moderne produit en masse, consomme à outrance, gâche en abondance.

Clou du spectacle, pour se dégager de toute responsabilité, il assoit au pouvoir un président imbu sur qui il pourra dégueuler sans vergogne son trop-plein. Un homme à qui il donne les pleins pouvoirs de devenir un héros alors même que chaque matin le pauvre pantin pisse d'impuissance en pensant à tout ce qu'il sait, que ces sujets ne savent pas.

Le bilan n'est pas catastrophique, il est fatal.

Ceux d'entre les moins mauvais, que l'on pense les plus calmes, qui mangent bio et ont une conscience verte, ceux-là vont au théâtre. Ou au cinéma. Ou à la Comédie-Française. Ils se délectent d'art et de beau. Croyant échapper à la tourbe nauséeuse du peuple.

D'autres, les rêveurs, les « bisounours », les éponges subissent une perpétuelle souffrance. Incapables de ne pas réaliser le grotesque de tout ceci et plus inaptes encore à pouvoir le supporter. Ceux-là lisent.

Des essais. Des contes. De la poésie. Des romans. Des pages d'histoires. Comme si le chant des mots tel un vent céleste pouvait encore tout arrêter.

Les écorchés vifs d'entre tous, eux, lisent des thrillers. Pléthore de thrillers. Ou de polars. Ou de fantastiques. Jusqu'à l'overdose. Jusqu'à créer des confréries.

Ce ne sont que des pages noircies à l'encre rouge, écrites par des « gentils » pour punir les « méchants ». Vaine conscience de papier mâché. Salut dérisoire à la mémoire collective saturée d'ignominie.

Ceux-là, la « femme-écran » les connaît bien.

Elle aussi en a fait partie. De quinze à vingt ans. Pour s'empêcher de souffrir. Jusqu'à s'échapper d'elle-même. À bout de souffle.

C'était au temps des vivants, avant Raphaël, avant de choisir de mourir.

Puis un jour, elle a compris. Tous, sans le savoir, chacun à leur niveau, refusaient de mourir en espérant la même chose.

Une chose que seuls les enfants peuvent encore se prévaloir de demander et parfois d'obtenir :

Un miracle.

12

Jim, dont la conscience équivaut pourtant à une mie de pain sous le pied d'un éléphant, se situe bien en deçà de cette vaine prière. Pour lui, la vie n'est qu'un immense vivier de souffrance. Les miracles en sont absents. Seul un homme peut se charger d'en combler le vide. Et cet homme, c'est lui.

Jim.

Qui n'est rien d'autre que l'acronyme de José-Irma-Maria. Une espèce de Cavaliers de l'Apocalypse réunis en une seule entité. Ouragan justicier. Maelström originel.

Dernier foutre du monde.

Le monde, cette aberration qui n'a plus rien

de divin que le sang qui gicle encore quand son équité à lui devient glaive.

Il a mis du temps à l'admettre. À croire que son prénom a trouvé un sens. Il lui fallait un signe. Une libération. La folie des hommes et de ce que la terre leur fait payer en est un. Il ne peut plus reculer, s'effacer, se soumettre. Il ne peut plus ne plus exister.

Ce qui l'habite doit sortir.

Et où le planter si ce n'est dans le cœur de ces femelles dont les entrailles produisent à foison ces hommes qui la saccageront ?

À quel moment ? Si ce n'est au premier jour, quand leur béance outrageuse éjecte le poison de leurs péchés ?

Ce n'est même pas un crime. Juste une évidence. Une évidence qui ce soir-là s'appelle Sandra. 24 ans. Ravagée de cernes larmoyants.

Jim la suit depuis six bonnes minutes car Jim est patient. Il sait.

Il sait qu'elle n'ira pas bien loin. Comme toutes les autres, vaincue par sa défaite, elle titube plus qu'elle ne marche, courbée sous le poids de son martyre.

Le croiser sera sa délivrance. Elle ne le sait pas, ne pense même pas qu'il puisse en exister une. Convaincue que ses choix la poursuivront où qu'elle aille, quoi qu'elle fasse.

Jim la connaît bien. Cela fait plusieurs nuits qu'il l'épie et traque son cauchemar intérieur. Il est temps d'en finir.

En quelques enjambées, il la rejoint et pose délicatement une main sur son épaule.

Quand elle sursaute, il prend cet air penaud qui le fait ressembler à un enfant et timidement, lui sourit. Puis il murmure, contrit.

– Pardon. Je vous ai fait peur. Pardon. Je ne voulais pas.

Aussitôt la jeune femme s'apaise et tout va très vite.

Bien sûr qu'elle accepte qu'il la raccompagne. Soulagée que lui au moins ne la juge pas. Il semble même la comprendre. Pitié ou fausse compassion, elle ne lésine sur rien, certaine que plus rien d'authentiquement humain ne la rachètera.

Ce soir, c'est presque un cadeau auquel elle ne s'attendait pas.

13

Ce que l'aube promet au jour n'est souvent qu'un leurre. Anne Carrière le vérifie à chaque découverte macabre. Cette fois-ci, il s'agit d'une jeune femme, Sandra Link, 24 ans, retrouvée morte dans sa baignoire.

Un banal suicide comme il en existe toutes les quarante secondes dans le monde. Une histoire vite retracée. Fugueuse depuis ses dix-huit ans, la jeune femme venait d'accoucher deux jours plus tôt dans un hôpital parisien dont elle s'était enfuie aussitôt, abandonnant son enfant. Bien trop jeune et seule pour porter un si lourd fardeau. Ce n'est pas la première ni la dernière fois et pourtant la légiste ne s'y fait pas.

D'autant que c'est le second cas en moins d'un mois.

À croire que toutes les guerres et les catastrophes ne suffisent plus à la misère humaine. Il faut encore que soient ajoutés au nombre des victimes des nourrissons. Comme un besoin d'éradiquer tout espoir, toute rédemption.

Anne se dit parfois qu'elle fait un sale métier. Le seul pourtant qui lui convienne et qu'elle ait choisi. Mais dans l'instant, penser à ce bébé, seul, confronté si jeune au manque et à l'absence, déjà en train de se débattre contre le sale tour qu'on lui joue, lui fout un cafard monstre. Elle se voit déjà en train de jeter son masque, claquer la porte de la chambre froide et foncer à l'hôpital.

En plus celui-ci crèche à deux pas d'ici. À l'hôpital Saint-Antoine.

Un instant, elle hésite, regarde la jeune femme encore étendue sur l'acier froid puis sa montre quand la porte s'ouvre.

Prise en flagrant délit d'incertitude, troublée de ce qu'il vient de lui arriver, elle tarde à s'apercevoir que son amoureux, Raphaël Borde, vient d'entrer.

14

Raphaël et Anne, c'est toute la magie de la vie qui offre parfois sa flamboyante étincelle au grand deuil des humains. Une rencontre improbable décidée sur un instant.

Une fragile seconde adoubée d'un malicieux hasard.

En effet, quand Anne autopsie des cadavres, Raphaël accouche des vivants. Alors que le silence gèle une vie, un cri résonne dans une autre. Rien moins que deux versions de l'existence diamétralement opposées (ou pas selon Raphaël) que le sort, la destinée, le karma (ils se posent encore parfois la question) a jugé bon de réunir un 22 septembre, il y a 3 ans de cela.

Raphaël, homme « sage-femme » à l'hôpital de Cavaillon, venait d'aider à accoucher Lucille P., dont Anne était la meilleure amie. Elle s'était tapé sept cents kilomètres d'autoroute du Soleil pour arriver parfaitement défraîchie et crevée au troisième étage du service de la maternité du Docteur Brasset. En passant devant la salle des naissances, elle avait assisté à un spectacle particulièrement émouvant. Et définitivement troublant.

Encore aujourd'hui, elle ne savait dire ce qu'elle avait réellement perçu, vu ou interprété de façon concrète.

Un homme se tenait de biais face à trois nouveau-nés. Il était en train de les aligner côte à côte. Dans ses gestes, beaucoup de douceur évidemment mais aussi et surtout une grâce et une délicatesse comme elle n'en avait jamais ressenti jusqu'alors. Totalement immobile devant les poupons à présent parfaitement endormis, l'homme semblait comme pris dans une transe. Anne pouvait presque percevoir la bulle créée autour d'eux. Comme s'ils ne faisaient qu'une entité. L'un uni aux trois autres dans une sorte de lien fusionnel. Une espèce de cercle d'or en farandole tout autour. Et un bruissement de prière silencieuse

Raphaël était en effet à cet instant profondément ému. Au bord des larmes. Suspendu à leur souffle. Cherchant à en percer le mystère et à entendre l'écho de leurs pensées somnolentes.

Matthias, Inès et Jade. Trois bébés d'à peine vingt-quatre heures que la vie avait désarmés avant même qu'ils ne poussent leur premier cri.

Les différences étaient déjà là. Visibles dans leur façon de rêver.

Matthias, les deux poings fermés. Assurément sérieux.

Inès, un soupçon de pli entre les yeux.

Et Jade, deux fossettes qu'une grimace amère venait balayer à chaque expiration.

Leur vulnérabilité avait arraché à Raphaël un gémissement continu qu'il espérait inaudible et qu'Anne avait traduit dans l'instant par une psalmodie liturgique.

Il se retenait de les prendre tous les trois contre lui. D'en respirer l'odeur physiquement, dans sa chair. Il aurait voulu les absorber. Ne faire plus qu'un. Unis dans un fondu d'innocence. Et d'espoir sublimé.

L'histoire avait débuté ainsi. Quand Raphaël

s'était aperçu de la présence d'Anne de l'autre côté de la vitre et que leurs regards s'étaient accrochés l'un à l'autre. Étonnés sans être gênés, ils s'étaient souri, comme si une complicité muette s'était installée à leur insu. La suite n'avait fait que confirmer cette attirance spontanée. Ils en parlaient souvent. Supputant chacun à leur façon sur la main de Dieu, l'ange, le trublion ou tout simplement la vie qui avait créé cet instant.

Ils étaient comme tous ces amoureux qui ne peuvent s'empêcher de réécrire après chaque ébat leur début, d'en imaginer les variantes et l'inévitable issue. Réunis dans la croyance qu'ils n'auraient pu échapper l'un à l'autre quand bien même Anne serait arrivée une heure ou un jour plus tard. Il leur était tout bonnement impossible d'imaginer qu'une seconde chance ne leur fût offerte. Certains d'être faits l'un pour l'autre.

Raphaël qui n'avait jamais remis les pieds à Paris depuis sa naissance, vingt-huit ans plus tôt, avait même accepté le sacrifice du déménagement comme le moment venu d'accepter enfin son histoire et de clore le chapitre. Il avait choisi de rester discret sur son passé, ses origines, ses démons. Anne supputait certains traumatismes. Elle-même n'en était pas exempte. Mais toujours selon leur tacite et immédiate complicité, aucun des deux ne s'était aventuré sur le sujet. Ils préféraient composer au présent et semblaient même assez doués pour ça.

Ils étaient de ces couples qui vivent dans leur bulle, satisfaits de leur état, étrangers au reste du monde. Raphaël comptabilisant les naissances et Anne les décès comme un juste équilibre des forces. Une parfaite synthèse de la vie.

Ils avaient soudé leurs univers respectifs et en cela, étaient assurés de ne pas se tromper.

La « femme-écran », elle avait vu le piège se refermer sur eux à la première seconde. Une épée de Damoclès au-dessus de leur tête, elle assistait depuis trois ans à une lente gestation. Les basses eaux refluaient lentement mais sûrement. Insidieusement, elles creusaient les failles. De la même façon que le ciel se gorge de nuages, que la lave se réchauffe ou que les vents gonflent, un cataclysme était en train de naître. Là, sous ses yeux, il avait même débuté.

En plus, Jim était réapparu.

Et cette fois-ci pour de bon.

15

La prochaine sur sa liste vient de fêter ses dix-neuf ans. Emmenée d'urgence par le SAMU, droguée jusqu'à la moelle, Jim imagine très bien la suite. Et le sort réservé à son pauvre môme. Même si elle ne l'abandonne pas officiellement, ça sera tout comme.

Camée comme elle l'est, son avenir est tout tracé. Le gamin sera placé d'office et la mère dans ses rares moments de lucidité lui en fera baver. Elle voudra le voir. Promettra l'impossible. Se pointera à n'importe quelle heure. Une éducation au coup par coup, dans les larmes et la déchéance, la colère et les cris. Avec l'espoir au ventre pour le gamin de sauver sa mère par la seule force de son amour. Toute puissance vouée à l'échec et à l'horizon, une tentative de suicide quinze années plus tard.

Jim affiche un air compatissant mais en cet instant, sa colère frise la folie. S'il ne se contenait pas, il l'étranglerait sur-le-champ. À mains nues. En l'état et devant tout le monde. Sauf, et c'est là son garde-fou, que son projet est plus ambitieux que cette pauvre conne. S'il se découvre pour elle, il perd l'avantage sur toutes les autres.

Être enfermé ne lui fait pas peur. Il l'est déjà depuis si longtemps. En lui. Cadenassé. Contraint. Nié. Mais enfermé dans une geôle à la lucarne grillagée, emprisonné, forcé de renoncer à ses plans, ça, ce serait mourir une seconde fois.

De plus, la solution est toute trouvée.

Ni suicide ni crime.

Juste une overdose.

Inéluctable ecchymose.

16

Roussillon. Un village au sommet d'une colline. Une vue imprenable sur le parc naturel du Luberon. Une poignée d'habitants. À peine mille trois cents âmes et un pôle touristique déserté dès la fin septembre.

Véritable ode à l'ocre, toutes les maisons sont teintées d'orange, de jaune ou de rouge. Des couleurs automnales aux parfums d'encens.

Sans bleu à l'âme ni noir présage.

Le romantique y déambule, surtout le soir, au coucher de soleil, pris d'un ravissement béat, en quête de sérénité absolue. C'est l'endroit idéal. Le repaire de quelques artistes renommés. Un lieu fertile d'où jaillissent l'imagination, le beau et l'art avec un grand A. Un petit paradis, en somme, où nichent des perles architecturales aux murs épais, aux pierres ancestrales et aux caves basses.

Que personne n'oserait jamais déranger. Et de fait, que personne ne dérange. Car même si chacun sait qui vit ici, il n'est inscrit sur les boîtes aux lettres que des pseudos.

Le secret appartient aux résidents et à quelques locaux. Qui entretiennent jalousement le mystère. C'est une fierté inscrite dans les gènes. Quoi qu'il se passe. Pour quiconque en fait la demande. Et c'est précisément cette fidélité redoutable, ce serment gravé dans la pierre qui a conduit Raphaël en ce lieu.

Son anonymat préservé, il peut enfin être lui-même.

Hors saison, il peut redevenir l'enfant qui lançait des cailloux. Celui qui comptait les ricochets dans le secret de son cœur.

L'enfant de la forêt du lac.

Le sauvage.

Raph.

Anne le sait et le respecte. Anne comprend sans qu'il ait besoin de demander.

Chaque fois qu'il le peut, Raphaël claque la porte au monde, s'offre un répit et le temps d'un week-end, il vient ici, à Roussillon. Reclus. Heureux de l'être.

Cet espace, c'est son temps mort. Sa soupape. Les seuls instants qu'il accorde aux souvenirs. À Jim.

Jimmy et Raphaël n'étaient alors que des gamins. Deux enfants sauvages. Abandonnés. Placés en famille d'accueil. Puis adoptés.

Un temps, ils avaient grandi côte à côte. Au milieu des terres hostiles de leurs parents adoptifs, les Seydoux. Un couple pas banal qui avait tout largué de leur vie parisienne pour venir s'établir, à la Celle Dunoise, au fin fond de la Creuse.

Jusqu'à l'accident, leur terrain de jeux s'étendait à des kilomètres à la ronde, sans âme qui vive. Au bord d'une forêt trouée d'un lac.

Raphaël avait trois ans quand Jimmy était apparu au début de l'automne 1991.

De seulement trois mois son cadet, la fusion avait été immédiate.

Pas de jalousie. Aucune chicanerie. Plutôt une sorte de soulagement. La fin d'un isolement. Ils avaient alors prononcé leur premier mot. Ni maman ni papa mais bien Jim et Raph. Comme une ouverture au monde dans lequel ils acceptaient enfin d'entrer.

Raph, d'enfant replié sur lui-même, apeuré, souvent triste était devenu joueur, curieux. Auprès de Jim, plus casse-cou, il s'émancipait. Le courage de Jim avait raison de ses peurs. L'un et l'autre, unis, à chaque fois qu'ils étendaient leur périmètre d'investigation. D'abord aux abords de la maison, puis jusque dans le champ qui les séparait du bois et enfin sur les rives du lac.

Ce lac d'où, un soir, quatre ans plus tard, Raph était revenu les mains couvertes de sang et le regard vide.

Il allait fêter ses 7 ans.

Personne n'a jamais pu comprendre ce qu'il s'était réellement passé. Raph avait aussitôt sombré dans une sévère dépression. L'usage de la parole l'avait déserté pendant de douloureuses années. Jusqu'à ses 13 ans, il s'était retranché derrière un comportement de bête blessée. Sursautant au moindre bruit. Battant des mains, lançant des regards terrifiés.

Et terrifiants.

Sur les conseils d'un psy, vu une seule et unique fois, un déménagement avait été fortement conseillé. Pourquoi et comment Roussillon, Raph l'a sûrement su puis oublié. Comme tout ce qui a précédé cette période. Ce qu'il sait en revanche, c'est qu'ici, sans être heureux, il s'est senti apaisé. Et même délivré.

Cette maison est son seul vrai refuge. Alors chaque fois qu'il le peut, il y revient. S'y enferme. Et se souvient. Il le doit à Jim, à sa mémoire, à cette part qui vit encore en lui.

Parce qu'il sait très bien que tout part de là. De ce soir au bord de l'eau.

Il en perçoit encore souvent l'humidité, le froid, toute l'opacité qu'un clair de lune a déchirée sauvagement. Il revoit son image trouble, presque irréelle, flottant en surface. Et le sacrifice qu'il a dû concéder.

Il a oublié les détails mais ni l'odeur ni le goût sur ses mains ne se sont vraiment effacés. Ce rouge dégoulinant et cette chaleur qui l'a recouvert alors même qu'une vie disparaissait.

Seule la « femme-écran » pourrait aider Raph. Des années qu'elle hésite et qu'elle assiste impuissante à cette mascarade, ce gâchis, cette descente aux enfers. Elle s'en veut, tourne en boucle autour de « si j'avais su, si j'avais pu ». Elle a détruit le lien. Aujourd'hui il ne l'écoute plus. Elle a perdu tout espoir de retour en arrière.

L'unique chance qu'elle ait eue, elle l'a gâchée. Trop jeune et vulnérable.

Elle y a cru pourtant. La prise en charge par les Seydoux lui avait paru une chance. Des marginaux sympathiques. Des anciens de l'ASE qui, s'ils en avaient marre du système, le connaissaient pourtant bien. De bureaucrates impuissants, ils étaient passés à famille d'accueil, usurpant le droit de copier le dossier d'adoption de Raphaël. C'était pour eux la seule garantie d'une bonne éducation. Outre leur exigence de laisser vivre les enfants à leur rythme, ils avaient pu juger pendant de longues années du besoin élémentaire d'accéder à la vérité et ce, quelle qu'elle soit.

Tout avait capoté bien sûr et les premiers symptômes étaient apparus.

Depuis, elle regarde faire son fils. Il est au bord de la rupture. Sa folie galopante le met en danger. Parfois, elle voudrait que ce soit lui qui soit mort, que tout cesse. Elle a compris qu'il ne reviendra pas en arrière. Qu'il a été trop loin, trop longtemps. Qu'elle l'a définitivement perdu. Puis quand elle le voit comme aujourd'hui, tête baissée, enfermé dans son repaire, le seul qui ait du sens pour lui, elle se dit : il va renaître. Se ressaisir. Il va comprendre. M'entendre. Quand il est comme ça, vulnérable et beau, c'est possible.

Pourtant elle ne fait rien. Rompue à ses échecs passés. Ses appels au secours morts dans l'indifférence. Ses élans stoppés d'un revers de main brutal.

Comme s'il lui criait « Non, ne m'approche plus. Plus jamais. Je te hais ».

Dans ces instants-là, son ventre se gonfle de larmes. Elle sent la marée investir ses tripes et la tempête emplir son crâne. Elle sait que le cyclone s'annonce. Qu'il va encore tout balayer. Qu'elle ne pourra rien retenir. Elle n'est pas seule. Une armée de femmes planent au fond des mêmes ténèbres, qui l'attendent pour se soulever. Puissantes par la force d'une colère ancestrale depuis qu'on a brisé leur corps et leurs petits, elles sont à présent réunies, prêtes à agir.

S'il faut aider tous les Raph de la terre, elles le feront.

Encore une larme de trop, une douleur de plus, et c'en sera fini de leur silence.

17

Pour Anne, se laver les dents est, de tous les rituels instaurés plusieurs fois par jour, le meilleur qui soit. Mieux encore que de « faire pleurer la sirène » bien que le soulagement soit incontestablement dans le top 10. Mais se brosser les gencives, déloger les bactéries, se gargariser, arracher le moindre relent de nuit, de nourriture, d'alcool ou de cet abîme pâteux emmagasiné pendant ces laps de temps où, quand elle travaillait, elle oubliait de parler, ça, c'était le « number one ».

Un bon psy aurait sûrement trouvé à établir un parallèle scabreux entre l'obsession de son haleine et son métier mais par chance Anne n'avait pas ce genre de fréquentation.

Avant Raphaël d'ailleurs, elle n'en avait que très peu. Les vivants étaient trop braillards, souvent pour rien. Les trépassés lui convenaient plus, qui se révélaient dans leur nudité certes crue mais sans masque ni faux semblants. Ils se livraient à elle en toute franchise et si elle regardait bien, elle pouvait tout comprendre de cette existence fatalement interrompue.

Non qu'Anne soit une asociale, vaguement hautaine et froide comme la rumeur se délectait à la définir mais elle avait des exigences, oui, et peu pouvaient prétendre à l'en contenter. Elle avait compris très tôt le prix de la vie et ne voulait pas la gâcher à s'amalgamer toutes sortes de gens juste par convention ou pour paraître autre que ce qu'elle était fondamentalement : une jeune femme de presque 30 ans plutôt libre de mener une vie somme toute bien banale.

Certes, son choix professionnel titillait les plus curieux mais ils eussent été bien déçus de savoir que la seule et unique raison s'appelait Marcus. Son grand-père.

Un homme qu'elle avait accompagné jusqu'à son dernier souffle et qui était décédé à 76 ans avec dans le regard une telle sérénité que la mort à ce moment-là s'était plantée en elle comme une délivrance. Pendant plus de deux ans elle l'avait accompagné dans sa maladie et avait eu le temps d'apprivoiser ce passage d'un lieu à un autre.

Bien sûr son métier lui avait révélé d'autres réalités plus tragiques et brutales mais elle sentait au fond que le pire n'était pas cela.

Le pire était chez les vivants. Peu, selon elle, possédaient encore ce que possédait Marcus même au dernier jour de sa vie, à savoir une incroyable bonté dans le regard et un alignement de dents parfait. Signe pour elle que la vie lui avait donné de quoi croquer dedans sans jamais mordre ni déchiqueter quiconque.

C'est pourquoi à part son amie Lucille et maintenant Raphaël, elle ne laissait entrer que rarement d'autres personnes dans son intimité. Tous deux eussent été surpris d'apprendre qu'ils le devaient en grande partie à leur sourire. Au parfum d'amour qui s'en dégageait. Et au blanc éclatant de leur dentition.

Ses ablutions terminées, Anne relève la tête et sourit à son reflet dans le miroir : une moue joueuse et joliment idiote pour les pensées qui naissent toujours à ce moment-là. Raphaël en fait partie mais penser à son grand-père dans le même instant, la comble. La connexion vient d'être établie entre le passé et le présent. Elle y voit une confuse approbation de son aïeul et une confirmation que son rituel parfois lent est à placer au top des tops. Un signe que la journée commence bien.

Raphaël est parti pour le week-end à Roussillon, elle est seule, détendue et libre de réfléchir à comment lui annoncer qu'il va être papa.

Une semaine qu'elle le sait et qu'elle le garde pour elle. Une semaine qu'elle attend le moment propice. Son retour dimanche soir en est un. Il revient de son home clandestin toujours revigoré et heureux de la retrouver.

Ne reste plus qu'à lui préparer la surprise.

18

S'il était dans la nature de Jim d'être heureux, c'est sans doute ce qu'il ressentirait à l'idée d'avoir retrouvé Raph. Il n'a pas osé encore la confrontation mais il sait où il se cache. Il l'épie, le suit. En retrait, dans l'ombre, plus présent de jour en jour.

Il fait ce qu'il sait être juste.

Vingt et un ans qu'ils ne se sont pas croisés. Quel ennui, quelle crasse ! Quel piège de l'oubli ! Temps absurde qui l'a tenu éloigné de sa mission.

Celle d'arracher au ventre de la terre toutes ces âmes fécondes d'ignorance perverse.

Mais c'est fini. Jim est là, de nouveau, bien vivant. Ressuscité d'entre les morts. Raph ne va pas être déçu. Ils ont du retard tous les deux. Beaucoup de retard à rattraper.

Pourtant le moment n'est pas venu. Jim est patient. Il sait.

Il sait ce qu'il a fallu à Raph pour oser vivre malgré tout. Pour gagner chaque bataille et faire croire à ce qu'il était devenu. Et pourtant, même la femme qu'il a choisie pue la mort. Elle aussi, à terme, devra mourir.

Il a de quoi faire jusque-là. Il n'a qu'à suivre Raph comme il l'a fait ces derniers jours. Les femelles qui sortent de sa maternité lui tombent direct dans le bec. Il n'a plus qu'à les ramasser, asseoir son pouvoir. Raph finira par comprendre. Ce ne sont même pas des femmes, seulement des ventres qui refusent d'assumer leur engeance. Des « abandonneuses ». Elles n'ont que ce qu'elles méritent. Raph comprendra. Sa mère aussi était une des leurs. Qui ne lui a rien laissé d'autre qu'une lettre, cinq lignes de culpabilité marquées du sceau indélébile de l'abandon. Cinquante-quatre mots tatoués dans le crâne et le cœur, inscrit dans ses gènes. Aussi tranchant qu'un poignard qui fouille, tourne et se tord éternellement dans la plaie du manque. Il n'a pas pu oublier. Pas vraiment. Et même si, maintenant Jim est là. Ce qui a commencé doit finir.

19

Cinq jours complets de silence avant que Raphaël n'émette un borborygme définitif. Cinq jours hypothétiques pour une fin de non-recevoir.

Anne vient de le voir quitter définitivement leur appartement.

Sa déception troue le plafond, s'envole vers Marcus, son défunt protecteur. Elle cherche à comprendre où elle s'est trompée, ce qu'elle a refusé de voir, comment à présent elle va gérer cette désillusion. Plus que ça même. Dégringoler de si haut c'est du fracassement. De l'ordre de la démolition pure et dure.

Ses larmes sont sèches, étranglées dans le fond de sa gorge.

La colère l'a prise d'assaut. Comme un rempart, un refus de débordement qui pourrait noyer son petit.

En face d'elle un mur infranchissable. Raphaël retranché en un bloc, dans un mutisme hostile comme une montagne en hiver. Froide, glaciale, mortifère.

Il n'a rien dit. Ni le premier soir ni les jours suivants. Il l'a d'abord scrutée comme on fixe un fantôme avec une espèce de stupeur rigide. Figé, mal à l'aise, oscillant entre la mauvaise blague et une réalité douteuse. Devant sa déconvenue, Anne a cru bon de saisir les mains de Raphaël pour les poser sur son ventre. Geste fatal. Il a sursauté et s'est dégagé comme s'il venait de recevoir une décharge électrique, en agitant les bras, le regard affolé. Alors il a tourné les talons et s'est enfui. Cinq jours. Sans donner de nouvelles.

Ce soir, en entendant la porte s'ouvrir, elle a cru qu'il revenait. Le temps qu'il franchisse les deux mètres de couloir pour la rejoindre, elle l'a imaginé honteux, avec peut-être des fleurs et un long discours de regret.

Il est arrivé le visage plus fermé que cinq jours auparavant, s'est rendu directement dans la chambre, a pris sans la regarder, ni choisir, quelques affaires, les a fourrées dans un sac et seulement au moment de refermer la porte, a tenté d'ouvrir la bouche. Au travers d'une bouillie d'onomatopées quasi inaudible, elle a saisi le seul mot qu'elle pensait ne jamais entendre de sa bouche d'amant en trois ans.

Non.

Depuis, elle troue le plafond. Pelotonnée dans son canapé comme si une force mystérieuse la maintenait plaquée entre les coussins et une autre tout aussi illogique la forçait à s'élever dans les airs.

Elle a beau refaire le chemin depuis leur rencontre il y a trois ans à la maternité jusqu'à maintenant, elle n'arrive pas à mettre un mot, ne serait-ce qu'un sur ce qu'il vient de se passer. Trop choquée et encore amoureuse pour s'avouer l'évidence.

Raphaël n'est pas celui qu'elle croyait. Au-delà de la peur primaire, animale qui caractérise certains hommes face à la paternité, son amant serait-il un lâche ?

Ce qui l'a toujours attirée chez lui, son caractère discret, taiseux, doux, Anne le remplace aujourd'hui par secret, menteur, fuyant.

Elle est certaine qu'il lui cache quelque chose.

Son regard de beau ténébreux lui filerait même carrément la trouille maintenant que le masque est tombé.

20

Cinq jours durant, c'est comme si Raph s'était retrouvé plongé des années en arrière. Régression abyssale, d'une sévérité intransigeante.

Il est là, au bord du lac, Jim à ses côtés. La renarde à leurs pieds, évidée, ensanglantée, morte.

Jim qu'il ne pensait jamais revoir et qui d'un coup réapparaît, vingt-deux ans plus tard. Avec dans le regard et les poings, la même violence. Dans les tripes, la même souffrance. Et ce même acharnement à repousser les limites, à refuser son statut.

Qu'est-ce que l'on comprend à sept ans d'une lettre de cinq lignes, d'un dossier caché au fond d'une boîte à chaussures dans la penderie de ses parents adoptifs ? Une maigre enveloppe qui ne contient que des formules et des signatures.

Comment sont-ils tombés dessus ? En jouant ? Par une facétie de colin-maillard ? À cause ou grâce aux Seydoux qui pour chaque divertissement fournissaient une explication. Une éducation de terrain qu'ils jugeaient préférable à l'école et complémentaire à un enseignement par correspondance.

Ainsi, avaient-ils cru bon d'expliquer avant de les renvoyer à leur jeu que cette variante du jeu du loup tirait son origine d'un guerrier hutois ayant combattu au Xe siècle et qui eut les yeux crevés au cours d'une bataille mais continua à se battre, frappant au hasard tout autour de lui.

Qu'est-ce que des enfants, la plupart du temps livrés à eux-mêmes, pouvaient retenir d'un tel récit ? Avait-il été un exutoire inconscient, quand, quelques jours plus tard, Raph était tombé sur ses origines ?

Un choc, une surprise, un ensevelissement ? Raph ne s'en souvient plus.

Ce qui est sûr, c'est que la renarde, prise dans l'un des nombreux cages pièges pour animaux disséminés partout sur les hectares de terrain des Seydoux avait fait les frais de cette découverte. Jim, fou de rage, l'avait saignée alors qu'elle glapissait à rendre fou, découvrant trop tard le petit qu'elle cachait en son sein. Puis il l'avait enfouie dans le lac, lestée d'une grosse pierre à la place du trou qu'il lui avait fait en l'éviscérant. Les boyaux, eux, emmaillotant le renardeau, avaient été abandonnés aux rapaces. N'était restée qu'une flaque de sang, souillée, que la terre peu à peu absorberait et qui un jour, il en était sûr, rejaillirait. Souveraine.

Après, ce fut le trou noir, la paralysie, l'aphasie avec tout au centre, l'impression d'un vide énorme et d'une tristesse infinie.

Exactement comme maintenant.

Non, moins que maintenant réussit à penser Raphaël.

Aujourd'hui c'était pire. Il se sent à son tour piégé, acculé, terriblement conscient. Jim lui fait front. Il a grandi et avec lui sa haine et sa vengeance. Il n'est que douleur et cette douleur irradie le crâne de Raphaël, déversant sur ses synapses un bouillon d'informations contradictoires.

Vivre ou mourir ?

Jim tente de lui prouver que le choix n'est plus à faire. Sa prochaine victime, une femme de quarante-trois ans, mariée, vient d'avorter d'un enfant adultérin. Chienne d'entre les chiennes qui ne laissent aucune chance au fœtus alors même que les trois mois réglementaires sont passés.

Pour celle-là, qu'importe qu'il ne puisse maquiller un suicide. Au contraire, qu'elle fasse les choux gras de la presse. Qu'elle tombe du haut du piédestal de sa bourgeoisie condescendante.

Un crime parfait est un crime où l'on ne retrouve pas le coupable. Pour cela Jim est doué. Il a même quelques longueurs d'avance.

Mais le corps, lui, il va l'exposer. Que ses comparses pissent de peur la prochaine fois qu'elles écarteront les cuisses.

Le Vx[1] est un bon choix. Il donne la mesure du

.1 Le VX est un agent innervant organophosphoré de la famille des phosphonothioates, inventé dans un centre de recherche britannique en 1952. Il s'agit d'une version plus mortelle du sarin. Les symptômes et le mode d'absorption sont les mêmes que pour le sarin, à savoir l'inhalation et le courroux, pas de qui l'a acheté et encore moins administré.

Il suffit d'être patient.

La « femme-écran » hurle à présent. Cette vie qu'on déracine c'est comme si on lui arrachait l'utérus à mains nues, comme si une pieuvre la fouillait et glissait ses cirres partout dans son corps.

Son être entier se révulse, halète, tremble, se ratatine.

Raphaël ne l'entend pas, recroquevillé, racorni, terrorisé.

Le couperet est en train de tomber.

Le passé tient toujours ses promesses.

21

Le miroir reste muet. Ni grossissement ni déformation. Pour Anne tout se joue à l'intérieur. Elle sent en elle une présence qui ne cesse de l'interpeller. Nuit et jour, des nausées et une immense lassitude. Puis quand elle pose la main sur son

---

contact cutané. Seule différence : il peut se répandre dans l'air et dans l'eau. La dose létale est de 10 mg·min/m3contre 100 pour le sarin. Contrairement à la croyance populaire, le VX n'est pas un gaz à température ambiante, mais un liquide qui se décompose à sa température d'ébullition ; le VX n'existe donc pas sous forme gazeuse.

ventre, une seconde respiration prend le relais qui lui souffle de ralentir, de ne pas s'inquiéter. Une sorte d'apaisement qui la remplit et la comble. Comme une consolation.

Raphaël n'a jamais réapparu, elle n'a pas non plus cherché à le revoir. Elle pense à lui de façon diffuse. Comme la partie d'un puzzle perdue au milieu d'un paysage plus vaste à laquelle elle ne peut pas grand-chose. Qui lui échappe. Et pour laquelle elle refuse de s'entêter. Parfois, sans prévenir, un soubresaut de nostalgie, de mélancolie pour des souvenirs diffus, rendus de plus en plus inexistants et aussitôt remplacés par ce qu'elle ressent en elle qui bouscule ses hormones : une nouvelle vie au-dessus de Raphaël et même de la sienne est en train de prendre la place.

Toute la place.

C'est immatériel, sans consistance et pourtant prégnant. Elle se sent habitée.

Les premières fois qu'elle a appréhendé cela, elle s'est sentie déstabilisée. Apeurée même. Comme si elle ne s'appartenait plus. Investie malgré elle. Elle se sentait forte et faible à la fois, là puis comme en absence de tout. Piégée et en même temps libre.

Une force nouvelle la transcendait contre laquelle il ne servait à rien de lutter. L'enfant était là avant elle, l'avait choisie et il n'y avait plus rien d'autre à faire que de grandir avec lui.

Elle vivait ainsi, entre deux malaises, des moments d'euphorie extrême qu'elle partageait en pensée avec Marcus. Son grand-père était la seule protection qu'elle invoquait quand parfois la réalité se rappelait à elle.

Cette réalité qu'elle continuait de gérer de façon mécanique tout en restant à distance. Personne autour d'elle n'était encore au courant. Ni Lucille, sa meilleure amie, ni ses collègues et encore moins ses parents, exilés depuis leur retraite en Espagne et qu'elle ne voyait de toute façon que très peu.

Cela ne concernait qu'elle aussi longtemps qu'elle pourrait le cacher. Il y avait là comme une magie dont elle ne voulait se défaire, sur laquelle elle veillait jalousement. Se demandant parfois, si tout compte fait, Raphaël n'aurait pas été de trop.

Instinct de défense et/ou de protection, seule la « femme-écran » sait que cela ne durera pas. La bulle dont Anne se pare va éclater dès la mise au monde.

Et dans cet élan, toutes les cartes seront redistribuées.

Car un enfant qui naît devient de facto un humain qui ne nous appartient plus. Les femmes ne sont que des passeuses. Neuf mois durant. Pas un jour de plus.

Après le premier cri, la vie se charge du reste. Inscrite dans un ADN qui n'appartient qu'à soi. De cela, elle est certaine.

Impuissante qu'elle a été et qu'elle est encore à assister à la colère du monde.

22

Depuis que Raph s'est enfui, caché à Roussillon, Jim a mis en attente sa vindicte. La liste s'allonge pourtant. Chaque jour il en perçoit l'écho morbide.

Partout dans le monde, des femmes vomissent et abandonnent une progéniture qui ne trouvera jamais sa place. Ils seront des milliers à errer, fantômes d'entre les vivants.

Amputés, castrés, repoussés d'un corps, ils n'entreront jamais dans le leur, fidèles ad vitam aeternam à leur illégitimité. Et le cycle se perpétuera tant que la chaîne ne sera pas brisée.

Si le cœur de Jim n'avait pas implosé il y a des années de cela, il se briserait encore aujourd'hui. Dans sa tête, ce n'est plus que du verre pilé, qui se balade et l'entaille à chaque respiration. Un cri de bébé qui hurle quelque part et une mer démontée se déchaînent en lui, écume de bave et de sang.

Aucune loi des hommes, dérisoire et vaine, n'a jamais pu rien y faire. Aucune. Alors que lui a subi la camisole.

Il s'est tu, a failli mourir, absent de sa vie de longues d'années. Et la débâcle se poursuit. Ralenti par Raph qui s'entête à fuir.

Peureux, lâche, sournois, traître, faible.

Raph qui ne cesse de penser à Matthias, Inès, Jade. Ces trois vies compactées à la sienne un jour de septembre. Cette fusion immédiate. Ce raccordement.

Et Anne apparue innocemment. Témoin malgré

elle. Partie prenante. Qui lui fait un enfant dans le dos. Un enfant, à lui ? De lui ?

Anne qui n'est déjà plus une femme. Qui devient mère. Traîtresse à son tour.

Et Jim au milieu de tout ça. Jim qui n'en peut plus d'attendre. Qui l'a prévenu.

Ce soir, il reprend sa croisade.

23

Avec le « Vx », Jim n'a plus à se soucier de trouver mille et une façons de faire passer ses crimes pour des suicides. Au contraire. Que tout le monde sache, enfin. Que justice soit faite. Il n'a plus qu'à approcher ses proies, un chiffon imbibé dans une main et le tour est joué. Même au milieu de la foule, son geste est à ce point bref et rapide qu'il passe inaperçu. C'est après que ça se complique mais à ce moment-là, il est déjà loin.

Il a franchi un stade. S'en tape de voir sa silhouette étalée à la une des journaux, estampillée du mot « Tueur en série ». Qu'importe qu'on le croie fou, dangereux, qu'on le traite de psychopathe et que les femmes tremblent de peur.

Elles ont bien raison.

Il a compris à quel point le monde est faux, hypocrite et cruel.

Ces imbéciles ne savent rien, supputent sur son

compte, le disent impuissant alors qu'il les tient au creux d'une main. Sous son seul contrôle.

Tout le monde se récrie et hurle à l'assassin. Ils comptabilisent. Une vie, puis deux, puis trois… Celles qu'il a déguisées en suicide. Les autres.

À peine une poignée pour combien d'enfants laissés-pour-compte. Pas un dixième de ce que les femmes dégorgent en une année sans que personne ne trouve rien à redire.

Ils font parler les chiffres comme ça les arrange. Et ils oublient.

Ils oublient ce peuple d'errants, vagissant dans des structures qui finiront de les broyer. Placés dans des familles qui ne leur donneront jamais leur propre nom. Ils oublient qu'eux, ont été des enfants élevés au sein de leur mère et que c'est ce qui les a rendus forts.

Ils oublient qu'être seul c'est devenir fou. Que le vide d'une naissance est un puits sans fond. Tapis d'une vase compacte qui s'accrochera toute la vie à leurs semelles.

Ils s'aventureraient à dire que certains en réchappent. Oui peut-être. Mais combien et à quel prix ? Est-ce pour autant qu'il faut laisser faire ?

Pour la prochaine diablesse, Jim forcera la dose.

Pour que tout le monde sache.

Jusqu'à maintenant les femmes avaient le pouvoir. Aujourd'hui Jim leur a repris.

Elles peuvent se dresser toutes puissantes du haut de leurs ovaires, lui possède ce qu'elles ont définitivement perdu, le pouvoir de tuer.

24

Le cliché est flou, entre ombres et lumières, forme insoumise encore, que l'échographie tente de révéler et dont Anne extrapole la sublime incarnation. Son enfant. À peine soixante-quatre millimètres à douze semaines et trois jours.

Perplexe, elle répète plusieurs fois : soixante-quatre millimètres ! Ce chiffre lui semble tellement minuscule face au volume d'amour engrangé.

Paradoxe des comparaisons ? Contradiction subjective ? Ou questionnement purement métaphysique d'une maman prise dans les vertiges de sa fécondité et qui cherche à tout prix à trouver un sens, voire à ancrer définitivement ce qui relève de la magie et du monde réel. Abîme obscur, néanmoins voluptueux qui la plonge, derechef, un mois et demi en arrière. À ce petit matin du 20 août 2017.

Comment ne pas s'en souvenir ?

Parce que c'est son désir à elle, impérieux, urgent qui les avait happés tous deux aux aurores. Réveillée sur un rêve érotique, une main entre les cuisses, le sexe trempé, au bord de l'implosion, elle avait aussitôt cherché à se rapprocher de Raphaël, se faisant chatte, à demi-consciente. Comme un besoin d'enrouler sa chaleur humide et de ne pas rester seule, elle s'était collée à lui, se frottant presque dans son dos, les lèvres gonflées sur ses fesses chaudes. Elle avait gémi d'impuissance, frustrée du feu qui couvait mais qui restait comme prisonnier de son fantasme nocturne.

Elle s'était blottie, silencieuse, en apnée puis elle avait cherché le sexe de son amant, l'avait empoigné, légèrement déçue et presque étonnée de ne pas déjà le trouver au garde-à-vous. Tout juste s'il ne s'échappait d'entre ses doigts, fondu d'endormissement. Elle avait maintenu sa prise un instant comme en attente d'un soubresaut et comme toujours rien ne se passait, elle l'avait glissée sur un de ses testicules, à peine plus réveillé mais plein et presque lourd dans sa main. Une sensation qui l'avait comblée sur le coup. Ce poids qui reposait en elle, c'était comme un vide qui se remplissait. Qu'elle pouvait cajoler, caresser, enserrer.

C'est à ce moment-là que Raphaël avait réagi. Un grognement plaintif, peut-être avait-elle serré trop fort, puis un râle de soulagement. Ou de plaisir, qui sait, puisqu'il s'était retourné pour l'enlacer et lui murmurer « Je t'aime ».

Anne avait cru mourir de soulagement.

Ça y est, le corps de son amant était venu s'engouffrer dans la brèche, elle en recevait la massive étreinte et le langoureux réveil. La bouche de Raphaël happait ses seins en même temps qu'il lui écartait les cuisses pour se glisser en elle. Elle aurait voulu qu'il ne s'arrête jamais. Comme si chaque va-et-vient, chaque coup de boutoir ancrait plus profondément encore son « je t'aime » qu'il répétait en cadence.

Le corps tendu de Raphaël quand il ralentissait et la regardait, mettait Anne au supplice. Elle plongeait dans son regard et y découvrait le sien. Transfiguré. Suppliant.

Jamais elle n'avait ressenti un tel débordement

d'elle-même. Il y avait ce matin-là, dans cette union, une part d'eux qui ne leur appartenait plus, qui se confondait, les ensevelissait. Et puis ce fut comme un arrêt sur image. Un bref instant volé à l'alchimie où elle se sentit planer, comme libérée de leur étreinte et planant au-dessus d'eux. Elle ressentait leur enchevêtrement autant de l'intérieur que de l'extérieur. Il dépassait leur corps et les limites de leur chambre. Raphaël était partout en elle, Anne était partout en lui. Puis autour et plus loin encore.

Au moment de jouir, elle sut que plus jamais elle ne revivrait ça. Et qu'elle venait de le perdre. Ce fut une pensée furtive, presque irréelle qui mourut aussitôt.

À leur réveil, une heure plus tard, Anne avait tout oublié. N'était resté pour elle que le souvenir confus d'une transe unique et singulière. Un tsunami acrobatique et fulgurant. Une étincelle de bonheur absolu.

Et 87 jours plus loin, voilà qu'un voile se déchirait, lui offrant en mémoire l'aube de ce qui s'apprêtait à naître et qui devait vivre.

Le visage de Raphaël s'imposa brusquement à elle. Son amant, qu'elle pensait dissous de sa conscience depuis son départ, revenait en force imprégner sa rétine et danser devant ses yeux. Soixante-quinze kilos pour 1 mètre 79 de hauteur contre pas même 100 gr pour 64 mm d'image floue, aux contours incertains.

Est-ce qu'elle avait le choix ?

25

Raph rend les armes. Lutter ne sert à rien. Jim ne décolère pas. Quinze jours qu'ils sont à Roussillon et la situation ne cesse d'empirer.

En quittant Anne, il a aussi quitté son emploi. Il a préféré fuir. Tout abandonner. Mais tout ça n'est qu'un leurre. Il ne peut plus se voiler la face.

Si au départ, Raph a réussi à museler Jim, aujourd'hui leur confrontation ressemble à une cacophonie qui ne lui laisse aucun répit. Même discours invariable, mêmes menaces, même violence, même issue : Jim finit par claquer la porte. Il disparaît un jour parfois deux ou trois. Puis il revient. Triomphant.

Et le cycle se répète, infernal, diabolique.

Raph sait que rien ne pourra défaire ce pacte. Son enfance est bâtie dessus. Jim et lui, c'est à la vie à la mort. L'un ne va pas sans l'autre. Leurs histoires ont fusionné ainsi. Avant même qu'ils ne se rencontrent. Leur propre vie, ils la doivent au sacrifice des mères. Au renoncement. À la perte.

Et Jim, à chaque distorsion, enfonce un peu plus le clou.

– Tu sais que j'ai raison. Tu connais le prix. On n'a jamais eu le choix. Pour vivre, il faut effacer jusqu'au souvenir. Ne pas laisser de trace. Tu te souviens de la renarde ? Le jour où tu as lu la lettre ? Tu te souviens ? Est-ce que tu n'étais pas mieux avant de savoir ? Ces chiennes ne méritent pas qu'on s'en souvienne. C'est à cause d'elles que tout ça arrive.

À ce stade, Raph garde toujours le silence. Qu'est-ce qu'il peut répondre ? Oui, Jim a raison. Sa vie, ce jour-là, a éclaté en mille morceaux. Il est entré dans un long tunnel pour n'en ressortir que des années plus tard. Des années dont il ignore tout. Qu'il nomme absence. Et dont il ne veut rien savoir.

Sa nouvelle vie a débuté ici, à treize ans, quand ses parents adoptifs ont déménagé.

Étape radicale.

L'élément le plus significatif outre le fait de retourner à l'école et de vivre au milieu d'autres enfants, ce qui en soi était déjà une révolution, avait été l'achat d'un téléviseur. Une seule émission dans le cadre d'un reportage sur une maternité avait suffi à lui donner la vocation. La naissance en direct d'un nouveau-né l'avait ému jusqu'aux larmes et rempli d'une joie immense. Un choc émotionnel qui lui avait fait dire « je veux être ça ». Et dans ce « ça », ce n'est pas la femme et la naissance qu'il désignait mais l'enfant. Ce truc minuscule, tout barbouillé de sang, gluant et visqueux qui était comme sorti de la renarde et qu'il allait pouvoir faire renaître. Et sauver.

Quand à dix-huit ans il avait choisi d'être « sage-femme », il avait cru la partie gagnée. Chaque enfant, né de ses mains, l'avait comme délivré de ses tourments. Il s'en était nourri en même temps qu'il leur avait donné le meilleur de ce qui avait survécu en lui. Chaque premier cri qui s'en échappait semblait même lui dire « je respire enfin ».

Protection mutuelle. Et inébranlable, croyait-il.

Puis Anne est apparue et, avec elle, la vérité.

Le château de cartes érigé à chaque parturition s'est effondré. De l'homme à l'animal, la mise bas procède toujours d'un même mouvement mais c'est sans compter le mâle, l'élan initial. Dans cette genèse, depuis le début, le père a été oublié.

Totalement occulté.

Et voilà que Raph se le prenait en pleine face.

Il n'avait jamais été un enfant, à peine un homme et voilà qu'il lui faut devenir père. Impossible. Il était tombé en état de sidération de la même façon qu'on tombe d'un immeuble de vingt-cinq étages. D'une traite et sans filet.

Quand Jim l'avait appris, il ne s'était pas gêné pour finir de le démolir.

– Jamais. Tu m'entends. Le seul père, ici, c'est moi. Depuis toujours et tu le sais très bien. Elle aussi mourra.

C'est ainsi qu'ils vivent depuis. Reclus. Continuellement en guerre.

Pour la « femme-écran », c'est le black-out total. Des semaines qu'elle n'a plus voix au chapitre. Du jour où Anne a annoncé à Raphaël qu'il allait être papa, celui-ci s'est littéralement fermé. Emmuré même. Prisonnier de Jim, il se livre à un combat qui le dépasse. Loin d'Anne et de son travail, il a perdu tous ses repères. Cette maison, ce qu'il croit être son havre, l'engloutit chaque jour un peu plus.

Elle a beau hurler, murmurer, geindre, chanter, user de toutes ces ficelles qui sont les siennes depuis toujours et qui fonctionnaient encore il y a quelques jours, Raphaël est devenu sourd. Sa lumière s'est éteinte. Coincé dans une caisse de résonance, il ne perçoit plus que l'écho de Jim. Leitmotiv cinglant de ses pires démons.

Flash Info. Attention ça va souffler. Les tempêtes Xanthos et Ana vont se succéder. Soyez prudents.

Éviter les bords de mer et les promenades en forêt. Aucune région ne devrait être épargnée.

Gros temps sur la France. Une large partie du pays balayée par des vents violents.

Le nord du pays et les Alpes par des chutes de neige, tandis que le littoral atlantique et la côte méditerranéenne sont en vigilance vagues-submersion.

Coupures de courant, vents violents, chutes de neige... La tempête Ana traverse la France.

26

Tuer ces putes ne l'amuse plus. Jim a cessé de vouloir éradiquer le fléau. Depuis que Raph a lâché prise, muré dans son silence, c'est comme s'il avait perdu le goût du jeu. Il n'a pas renoncé, non, mais ses priorités ont changé. Et même il a trouvé mieux.

Le cliché.

Raph l'a reçu la semaine dernière. Dans une enveloppe rouge. Sans un mot. Juste un rectangle de papier glacé glissé à l'intérieur. Des taches blanches sur fond noir.

Le déclic pour Jim. Le coup de massue pour Raph.

Dans un silence tendu à l'extrême, ils ont fixé l'image échographique des heures durant. Posée au milieu de la table de la cuisine, on aurait dit une tache moirée. Leurs regards hypnotiques tentaient d'en percer le sens. D'en deviner la forme. Comme si de ce spectre flou, quelque chose allait sortir. Qui se mettrait à parler et leur dirait quoi faire.

Jim avait attendu. Immobile. Patient. Il n'était plus pressé.

Pour la première fois depuis leurs retrouvailles, il semblait même à Jim que Raph et lui étaient sur la même longueur d'onde. Cette ébauche de vie cristallisait leurs desseins les plus fous. Ce qui était resté enfoui en chacun et qui ne demandait qu'à sortir.

C'en était fini de l'anarchie et du gaspillage. Tout se jouait là, à présent. Dans cette image, la spirale se resserrait.

À Jim, la femme.

À Raph, l'enfant.

27

Du sang. Rouge marron. Comme une bavure dégoulinante sur le drap blanc. Et aussitôt l'angoisse, l'affolement, les urgences. Une panique qui ne lui ressemble pas. Coupable de ne traiter qu'avec les morts, Anne se découvre démunie au milieu de la vie. La moindre alerte, et la bulle explose. À peine trois mois qu'elle est enceinte et la voilà contrainte au repos, vingt et un jours d'affilée.

Décollement trophoblastique.

Un terme qui n'a rien d'apocalyptique mais dont les traces la souillent chaque matin et laissent présager une fausse couche.

– On arrête les bêtises, l'a gentiment sermonnée son gynécologue. Vos morts peuvent attendre. Interdiction de bouger et de s'en faire. Le bébé est bien accroché. À vous d'en faire autant. Et vous m'évitez le stress. D'accord ?

Elle avait souri, honteuse, cramoisie. L'image de son amant était revenue danser devant ses yeux. Depuis l'envoi de la première échographie, elle vivait dans l'attente. Multipliant les heures au boulot pour la tromper. Rompue de fatigue.

Raphaël lui manquait, c'était aussi simple que cela. Son silence la fragilisait. Et plus le fœtus grossissait en elle, plus son besoin de lui amplifiait. Elle, qui n'avait jamais eu besoin de personne pour lui tenir la main, cherchait celle de son amant chaque nuit d'insomnie. C'était totalement irrationnel et contraire à tous ses principes. Mais c'était plus fort qu'elle. Des ondes bizarres balayaient ses croyances. Elle attribuait cela à « sa pépite de lumière ». Un surnom qui s'était imposé tout seul. Comme s'il lui avait été soufflé par quelque voix étrange. La matérialisation de sa présence sur l'écran lui avait imposé l'obligation de le nommer en même temps qu'il avait déclenché son désir de voir réapparaître son amant.

Les crimes odieux qui avaient secoué la France ce dernier mois y étaient sûrement pour beaucoup. Même si elle ne se sentait pas en danger, en tant que jeune mère, elle en était ébranlée. Et a priori, plus qu'elle ne l'avait laissé paraître.

Une fausse couche c'était l'assurance de ne pas tomber dans les griffes de ce malade qui s'en prenait aux femmes qui accouchaient seules. Elle en avait vu défiler trois sur sa table d'autopsie. Trois corps qui s'étaient incarnés devant elle, qu'elle avait sentis battre de façon illogique comme s'ils tentaient de revenir sur le devant de la scène pour la mettre en garde. Pendant un mois, elle n'avait plus eu le recul nécessaire et un frisson de mort s'était insinué tout le long de sa colonne vertébrale. C'était aussi absurde que fou. Elle sentait bien que ses hormones la baladaient, lui faisaient faire le yo-yo. Son corps lui avait plusieurs fois dit stop et cette fois, elle comptait bien l'écouter.

La « femme-écran » exulte. L'espoir redevient possible. Comment n'y a-t-elle pas pensé avant ? Devant la surdité de Raph, elle a opté pour une autre stratégie. Ce bébé c'était un peu, beaucoup de lui qui s'incarnait. Elle va l'utiliser. Il suffit de changer de canal. De se brancher sur une autre source. D'émettre d'autres signaux.

Elle ne peut rien contre ce que Jim et Raph ont conclu tacitement. C'est comme s'ils l'avaient définitivement rayée de leur conscience et plus encore de leur inconscient. Mais la femme, Anne, elle, perpétue la lignée. Le courant n'est pas coupé. Juste dévié. En laissant grandir en elle ce surgeon d'espérance, elle offre à la « femme-écran » la possibilité d'intervenir autrement. De se raccrocher aux énergies souterraines. De balayer le passé. D'avoir prise sur le présent. Et à terme d'enfanter l'avenir.

Après tout, cet enfant, c'est aussi le sien.

28

Une semaine qu'il l'épie, à l'affût du bon moment et aujourd'hui son attente est satisfaite. Au-delà de ses espérances. Les circonstances vont aider Raphaël à réapparaître dans la vie d'Anne. Vulnérable, alitée, souffrante, il était certain de réunir tous les ingrédients à une réconciliation optimale.

Avec Jim, ils ont décidé d'une trêve. Jusqu'à l'accouchement, celui-ci devra rester en retrait. Ce renoncement temporaire repose sur un pacte diabolique, Raph n'est pas dupe. Et même, c'est lui qui l'a induit.

À Jim, la femme. À Raph, l'enfant. Et leurs chemins se sépareront définitivement.

C'en est fini de se débattre dans une guerre perdue d'avance. Le compromis vaut bien un sacrifice. La renarde doit mourir mais il sauvera le renardeau. Il va enfin renaître de ses mains. À lui. Ces mêmes mains qui à sept ans l'ont abandonné aux rapaces. Dommage qu'il ait fallu que Jim revienne dans sa vie pour le comprendre.

Quand Jim avait disparu après avoir sacrifié l'animal, Raph aurait pu sauver le petit. Arraché à sa mère, il respirait encore. Mais, non, il était resté tétanisé à le regarder s'étouffer au milieu des boyaux. La terre en avait absorbé toute l'énergie avant qu'il ne se décide à s'enfuir. Il avait cru se racheter en accouchant toutes ces femmes depuis dix ans et en honorant la vie qui sortait de leurs entrailles. Il avait cru se guérir et vaincre ses démons.

Mais la réapparition de Jim en même temps que Matthias, Irène et Jade puis le regard d'Anne posé sur lui, à cet instant-là, avaient en l'espace de trois ans fissuré le mensonge. Pour, in fine le dynamiter, purement et simplement.

Inutile de tergiverser plus longtemps. Rendre les armes ce n'était pas reconnaître le pouvoir de Jim ou abdiquer devant sa suprématie, c'était admettre que le monstre, c'était Raph. Et lui seul.

L'agonie du renardeau en témoignait.

Alors que Jim ôtait la vie par souci de justice, lui, l'avait laissée se dissoudre râle après râle. Laissant aux corbeaux le soin de nettoyer son injustice.

Les corbeaux, ces oiseaux de la mort comme Anne avec ses macchabées.

Le renardeau, cet enfant innocent qu'il avait tué en lui et qu'il allait maintenant faire renaître. Comme une victoire sur cette mère qui l'avait abandonné et dont sans en avoir conscience, il prolongeait la filiation.

C'était là que Jim, faisant semblant de se plier au compromis, était fier de lui.

Durant le cheminement de Raph, il avait attendu, patient. Immobile. Trois jours entiers, le cliché était resté posé au milieu d'eux au centre de la table. Pendant 72 heures, il avait laissé Raph réfléchir, refaire l'histoire, oublieux de certains passages.

Quand sa stratégie avait été prête, il avait fait semblant d'acquiescer. Raph omettait sa propre fonction de géniteur. Il se mentait à lui-même. Croyant au résultat, zappant les origines. Sans prendre la mesure des conséquences.

Ces fameux ricochets qui les avaient fait entrer tous les deux dans la spirale.

C'était la force de Jim d'en assurer la fonction. L'élan initial, c'était lui. Depuis toujours, il avait joué le rôle de cette pièce manquante. Raph était trop faible.

Parce que dans le dossier, outre la lettre d'une mère suicidée, il y avait aussi un courrier des services sociaux que Raph avait à peine lu. Trois feuillets et une coupure de journal qui étaient passés à la trappe de sa blessure tant les cinq lignes de sa mère l'avaient fait disjoncter mais que Jim avait retenus.

Et pour lesquels il allait finir sa mission.

29

C'est comme une seconde lune de miel si tant est qu'ils se soient mariés un jour. Ou alors symboliquement, lors de leur première étreinte.

Anne contemple Raphaël dans son sommeil. Sa présence au réveil confirme qu'elle n'a pas rêvé. Que le cauchemar est fini. Que la tempête est passée.

Quand il a sonné à la porte, la veille à vingt-deux heures, elle venait de s'endormir. Il a dû insister avant qu'elle ne se lève et demande, somnolente : « qui est là ? »

Le simple son de sa voix avait ravivé chez elle un violent désir. Quand elle avait ouvert la porte, elle ne lui avait pas laissé le temps des mots. Il avait dû se défaire de son discours tout prêt en même temps que de ses habits, piétinés par l'urgence. Leurs corps s'étaient happés mutuellement jusqu'au moment où il avait voulu la pénétrer.

Elle avait eu un sursaut, l'avait repoussé brutalement puis s'était recroquevillée sur elle-même. Le médecin avait précisé que ce repos-là aussi était de rigueur. À ce moment-là, elle avait répondu tristement que c'était sans risque. Mais c'était sans compter les circonvolutions de la vie.

Le silence avait alors pris le relais. Comprimant leurs halètements dans une sorte d'immobilité plane. Un temps suspendu où chacun défiait l'autre du regard. Mesurant ses chances. Cherchant l'accroche. L'instant. L'élan.

Raphaël savait que c'était à lui de parler mais il

en était incapable. La voir, fragile à ce point devant lui, si frêle et légèrement apeurée, le mettait mal à l'aise. Comme s'il réalisait d'un coup tout ce que cela signifiait, qu'il avait totalement mis de côté.

Il avait l'impression de revenir d'un long voyage. D'atterrir sur une autre planète. Un monde qu'il avait connu autrefois et qu'il allait devoir rapprivoiser.

L'espace d'un instant, il eut envie de tout lui avouer. À quel point il était fou, imprévisible, et même dangereux. Qu'elle devait le chasser, s'en éloigner. Disparaître.

Les mots imprononçables lui sortaient par les yeux, défilaient à une vitesse folle, sans qu'il puisse les retenir et il se mit à espérer qu'elle puisse les lire.

Mais Anne déjà ne le regardait plus. Elle s'était assoupie.

Il eut comme une rage en lui qui le fit se lever d'un bond, prêt à fuir. Il lui en voulait. Si près de rompre et se retrouver seul au bord du vide. Quel était donc ce sixième sens dont parlaient les femmes ? Celui du haut duquel elles érigeaient leur volonté à ne jamais faire que ce qu'elles sentaient au plus profond de leurs tripes. Comment Anne pouvait à ce point s'endormir, confiante, à sa merci ?

Et d'un seul coup, il comprit. Pendant qu'il était dressé au-dessus d'elle à l'occire mentalement. Sa force, c'était justement sa faiblesse apparente. Devant cet abandon qu'elle préfigurait, les bras enroulés autour de son ventre, repliés sur son enfant, elle irradiait d'une puissance qui le tenait hors de portée.

Aussitôt, il se sentit seul, terriblement seul et des larmes jaillirent sans qu'il sache si elles étaient de rancune ou de bonheur.

Anne, qui confusément avait senti tout cela, ouvrit les yeux et lui tendit la main. Raphaël venait de lui offrir la plus délicieuse des vérités. Ce qu'elle n'avait jamais voulu voir et pour laquelle ce matin, elle exultait. Son aveu de faiblesse valait tous les mots. Il n'était pas ce géant qu'elle avait cru mais juste un homme. En proie à de sourds sentiments et certainement pas aussi positifs qu'il avait voulu lui faire croire depuis leur rencontre. Quelque chose en devenant père venait de se réactiver. Elle l'avait lu dans ses yeux hier soir, à cette manière de la fixer durement. Elle avait préféré baisser le rideau, faire semblant de dormir refusant de donner prise à ce qui se jouait, qu'elle ne savait ou ne souhaitait pas déchiffrer.

Une part d'ombre était apparue. De cela elle était certaine. Elle la ressentait, là, tout au centre d'elle et pourtant elle avait confiance. Une petite voix en elle, plus forte que ce mauvais pressentiment, lui promettait que ça irait.

Était-ce l'alchimie de son corps, qui d'un retournement, la faisait se sentir puissante et vigoureuse ?

Était-ce le retour de son amant ?

Ou ce sang qui, ce matin, n'avait pas coulé d'entre ses jambes ?

La « femme-écran » aurait voulu lui souffler une réponse. La protéger plus encore. Mais c'eût été usurper une responsabilité qu'elle savait ne pas être la sienne. Son pouvoir était restrictif, confiné à cette étincelle de vie qui, au travers de quelques gènes, lui appartenait encore.

Il restait six mois, soit cent quatre-vingts jours.

Autant dire une éternité où le meilleur comme le pire pouvait advenir.

Et dont, jusqu'à la toute fin, l'ultime réponse leur échapperait à tous.

30

Parade de fin d'année. Accalmie des fêtes. Noël en ligne de mire qui scintille dans le froid mordant. Tout semble rentrer dans l'ordre. La routine du monde crisse aux oreilles des amants sans que cela ne crève leur bulle.

Ils couvent. Occupés à mesurer chaque matin le tour de taille de la femme et à soupeser le poids de ses seins. Deux jeux, parmi tant d'autres, destinés à calmer leur impatience et très souvent aussi, à exciter leur désir.

Bientôt ils auront rendez-vous pour la seconde échographie et la « pépite d'amour » comme ils la nomment à présent tous les deux, révélera son genre.

Fille ou garçon ? Ils veulent savoir un jour et plus du tout le lendemain.

Ils ont rejoint la grande famille des parents

dont l'univers se rétrécit au fur et à mesure que le ventre enfle. Tout à leurs préoccupations propres. Comme si rien n'avait plus d'importance que le choix de la layette et du premier hochet.

Raphaël a réintégré ses fonctions à la maternité et Anne dans son sous-sol.

Pour chacun, naissance et mort se colorent différemment. Il y a au-dedans d'eux, un ancrage qui vient éclairer ces deux notions d'une fragilité nouvelle. Comme si tout ce qu'ils avaient su et vécu avant n'avait pas existé. Comme s'ils n'avaient jamais fait que survoler le métier de vivre et mourir.

Chaque matin, ils pénètrent dans une nouvelle dimension. Un nouveau monde où ils cherchent confusément des réponses à leurs questions. Lesquelles ne se formulent pas. Autant pour éviter de s'effrayer individuellement que pour se protéger mutuellement mais qui les assaillent continuellement.

Anne traque dans ses cadavres tous les dangers qu'elle va devoir éviter à sa pépite. Raphaël scrute chez ses nouveau-nés la moindre anomalie qui pourrait ternir l'enfant. Puis, le soir et le week-end venus, ils passent des heures à supputer telle ou telle ressemblance, l'héritage génétique auquel ils n'échapperont pas. Et ils mélangent : les yeux gris de Raphaël avec le nez fin et les oreilles étroites d'Anne. Ils associent la profondeur de leur regard avec le reflet de leurs cheveux, châtain clair pour Anne, foncé pour Raphaël. Et ils confondent, aussi bien le sourire ravageur de l'un que la moue boudeuse de l'autre. Inlassablement. Méthodiquement.

Ils se scrutent à la loupe, dressent des listes de qualités et défauts, de choses aimées ou détestées, de valeurs partagées, de dégoûts prononcés et doucement, au fil des jours, cheminent dans une découverte de l'autre qui n'avait jamais eu lieu.

Anne parle de son enfance. De ses parents souvent absents, accaparés par leurs défis professionnels et de Marcus, son grand-père qui l'a en partie élevée. Elle avoue n'avoir encore rien dit à personne de son état, pas même à sa meilleure amie, Lucille. La distance a fait son œuvre sans qu'elle essaie d'y changer grand-chose même si c'est grâce à elle qu'ils se sont rencontrés.

Raphaël écoute, souvent silencieux. Pour toute confession, il a tracé de grandes lignes en forme de point de repère. L'abandon à sa naissance. L'adoption. Son déménagement à Roussillon. Ses études jusqu'à sa rencontre avec Anne. Comme si entre tout ça, rien n'avait vraiment d'importance. Caché derrière sa chère excuse de l'oubli et du peu de bonheur engrangé, il exhorte Anne à remplir pour deux le patrimoine qu'ils légueront bientôt à leur enfant. Il ne se force pas, n'a même pas l'impression de faire semblant. Comme si avant n'existait pas et que sa vie débutait là.

Ici et Maintenant.

Et de fait, Jim disparu encore une fois, Raphaël se révèle être celui qu'Anne a toujours connu. Un homme charmant, dévoué, drôle, humain, prévenant.

31

Chaque jour que Raphaël passe au service maternité est pour lui une bénédiction. Après cette trop longue absence, c'est comme une résurrection. Renouvelée à chaque naissance. Dans chaque accouchement.

À bas ses démons, il est au paradis des vivants. Leur odeur le pénètre et chasse les dernières émanations diaboliques de sa rencontre avec Jim.

S'il n'y avait pas Anne, il dormirait là-bas, enchaînerait les gardes.

Ces petits c'est son équilibre, sa bulle, sa ouate. Sa chaleur interne. Les seuls instants où il se sent invincible, ancré, repu. Une nourriture quasi divine.

Avec eux, il n'a plus aucun filtre et ne prend pas assez de distance. Il le sait et s'en cache. C'est aux parents que revient le droit de bercer, câliner, chanter. Raphaël ne devrait s'en tenir qu'à des gestes professionnels, techniques, mesurés.

Mais c'est plus fort que lui, plus haut, plus viscéral surtout.

Il leur souhaite à tous la bienvenue, leur parle comme s'ils comprenaient, et Raphaël est certain qu'ils comprennent. Ils sont comme lui, sans retenue et dans leurs yeux, il devine leur approbation. C'est une interaction qui ne demande aucun mot, aucun savoir. D'ailleurs cette connexion singulière est un don reconnu de tous. Lorsqu'un enfant naît malade ou prématuré, ou seulement perturbé, c'est Raphaël qu'on appelle. C'est à lui que l'on confie les soins les plus douloureux, les manipulations les plus délicates. Ses mains sont comme un baume cicatriciel. Un enveloppement apaisant et régénérateur. Parce que la réciproque est vraie. De ce contact, Raphaël tire une régénérescence pulsionnelle. Ensemble, ils puisent à la même source, aux mêmes origines.

Raphaël ne sait pas qu'il dispose en lui de ce souffle. Il croit le voler au nourrisson. Et parfois même se sent coupable. L'alchimie qui en découle le dépasse.

La seule chose dont il est intrinsèquement convaincu et qui le meurtrit d'autant, c'est que ce temps de béatitude ne survivra pas. Il connaît la suite. La vie anéantira petit à petit cette magnificence. Elle détruira la magie. La naissance a déjà été un si grand choc. Un tel vide, il se doit de le remplir. Et pour cela, sa réassurance est exponentielle, infiniment douce et berçante. En résonance avec le meilleur de ce qu'il possède malgré tout, le courage et très certainement aussi, une déconcertante naïveté.

Avant sa rencontre avec Anne, les humains ne l'intéressaient qu'à ce stade. Sa présence sur terre ne se justifiait qu'en présence de ces êtres avec qui il communiquait sans mot et qui pourtant le rachetaient au-delà de tout.

Puis il y avait eu Matthias, Irène et Jade. À la clinique de Cavaillon, c'était la première fois qu'on enregistrait l'abandon de trois bébés à quelques jours d'intervalle. C'est là, qu'un abîme s'était ouvert. Avec eux, Raphaël avait trouvé ses limites. Incapable d'envisager autre chose que le pire. Il les avait pris contre lui, une fois, une seule, tous les trois ensemble sur son torse et une douleur sans nom était venue lui serrer le cœur. Aussitôt, il avait senti. Leur rage, leur incrédulité, leur sidération. Leur détresse lui avait comprimé l'aorte et pendant un temps d'éternité avait anéanti tous ses pouvoirs.

En venant à Paris, il avait cru s'en guérir mais très vite, il avait été de plus en plus confronté à des cas similaires. Il avait lu qu'entre cinq et six cents enfants étaient abandonnés chaque année en France. Lui aussi avait été l'un d'eux. Avant, ailleurs, dans une autre vie. Il ne pouvait plus ne pas s'en souvenir. Comme une remontée en surface anarchique et destructrice.

Était-ce ce qui l'avait fait fuir ? La réponse continuait de le court-circuiter de toute part. Et pourtant, chaque matin en quittant Anne, il venait la chercher. Il la humait de couveuse en berceau, reniflant chaque poupon, pistant la seule chose qui lui échappait encore : son essence personnelle.

32

Et voilà, putain, encore un qui s'est fait éponger le gland ce matin !

De l'autre côté du miroir, Jim a l'impression d'assister à la projection d'une série B. Un téléfilm un peu long, ennuyeux, limite « cucul la praline ».

Comme ces bluettes qui fleurissent chaque hiver à l'approche des fêtes. « Tout le monde il est beau, tout le monde il est gentil », la grande famille des humains dans une trêve consensuelle.

À gerber !

Il observe néanmoins en silence. Parce que ce qu'il entend des mensonges de l'un, de la perfidie de l'autre servira à terme, son projet.

Il a promis donc il joue le jeu. Totalement absent, invisible, méconnaissable. Et pourtant ils sont tellement pitoyables que c'en est vexant pour lui. La naïveté des humains lui troue le cul. À moins que ce ne soit leur capacité à se mettre la tête dans le sable. Prestes à la relever pour lécher la main qui vient de les gifler.

En outre, leurs ébats sont un peu simplets, trop soft à son goût. La chienne est bien plus salope qu'il n'y paraît mais Raph a des pudeurs. Comme elle est enceinte, il a des scrupules. Peur d'abîmer le divin enfant. Comme s'il pouvait encore croire un instant, que ce n'est pas déjà fait et qu'il vivra.

Raph oublie que son môme, ce n'est rien d'autre que du foutre. Autant dire de la bouillie de psychopathe. Son môme c'est avant lui Manon Borde et tous ces trous du cul qui lui ont écarté les jambes. Ce n'est rien d'autre que du sang et des tripes. De la gerbe pourrie. C'est du boyau de renardeau que les vautours ont griffé, déchiqueté, lacéré. C'est toute la colère du monde que Jim a amalgamée avant d'éjaculer.

Et rien d'autre, putain. Rien d'autre.

Ange de la guérison ou pas, Raphaël, à terme, ferait bien de s'en souvenir.

33

Janvier 2018. 22e semaine : Étude morphologique satisfaisante ne révélant pas d'anomalie à ce jour. Vitalité normale. Placenta parfaitement inséré.

Près d'une heure à fixer l'écran et la pépite n'a rien voulu dire de plus. Un bilan parfait, sans bizarrerie si ce n'est la facétieuse habilité du fœtus à jouer à cache-cache et à ne rien vouloir dévoiler de son sexe. Un acrobate qui laisse le mystère s'épaissir, eh bien ça promet, avait plaisanté Anne devant le gynécologue. On devine que ce petit ange a du caractère. C'est plutôt bien, non ?

Le médecin avait souri et Raphaël avait détourné la tête. Une angoisse venait de lui comprimer l'estomac. Il était devenu tout pâle et c'est Anne qui avait dû le retenir pour ne pas qu'il tombe avant de l'aider à s'asseoir sur la table d'auscultation.

– Ah bah, nous voilà bien. « Un » sage-femme qui tourne de l'œil à présent, avait ironisé le gynécologue en se levant pour lui servir un verre d'eau.

La blague était malheureusement tombée à plat. Raphaël peinait à reprendre son souffle. Des étoiles dansaient devant ses yeux, il avait comme une buée qui lui brouillait la vue et plus Anne le regardait, apeurée, plus il sentait ses larmes prêtes à déborder. Il avait eu alors un geste brusque, repoussant Anne loin de lui puis il s'était frotté le visage plusieurs fois avant de murmurer en simulant un vague sourire dans la voix.

– C'est l'hôpital qui se fout de la charité, n'est-ce pas ?

Ce qui en soi avait eu le mérite de détendre l'atmosphère aussitôt tout en lui permettant de reprendre le contrôle. Il sentait qu'il devait faire un effort surhumain pour chasser ce qui montait en lui. Le malaise était en train de passer mais toutes sortes d'aiguilles lui titillaient l'estomac par à-coups. Un peu comme le ferait un homme tenant une fourche au-dessus d'un animal pour vérifier qu'il était bien vivant.

Ou déjà mort.

Et c'est en se remémorant la scène, seul, le soir, après qu'Anne fut couchée qu'il comprit l'analogie. Il ravala sa bile une première fois avant de se lever et courir pour vomir dans l'évier de la cuisine.

Le jeu du cache-cache, un de leurs passe-temps avec Colin-maillard, avant que Jim et lui ne tombent sur la lettre et que la renarde vomisse son renardeau. Une chausse-trappe du passé qui l'avait heurté de plein fouet alors qu'il se croyait à l'abri. Un retour aux sources brutal et violent. Une façon pour Jim de le mettre en garde et de lui rappeler qu'il n'était jamais loin et que dans cet enfant, vivait aussi le pire.

Il le prouvait en les tenant tous à distance. Se cacher, c'était ne pas se montrer, c'était dissimuler, brouiller les pistes. Jouer au jeu du chat et de la souris. Et l'image du renardeau s'imposa encore et encore en même temps que la fourche continuait de lui poignarder l'estomac.

Toute la nuit il tituba entre la table et l'évier. Plusieurs fois, il hésita. Fuir ou rester.

Il n'en pouvait plus de subir cette pression, ce chantage. Ce qu'il vivait auprès d'Anne depuis son retour l'avait propulsé loin devant.

Mais loin devant quoi ?

Ou devant qui ?

34

Anne découvrit Raphaël le lendemain, allongé par terre dans la cuisine, baignant dans son vomi. L'atmosphère, saturée de relents nauséabonds, lui sauta à la gorge. Réprimant un haut-le-cœur, elle se jeta pourtant sur lui, le secoua en criant son prénom et voyant qu'il respirait toujours, bien que réfractaire à ses appels, le laissa reprendre connaissance, seul.

Furieuse, elle se rua dans la salle à manger, ouvrit grand la baie vitrée et sortit sur le balcon, vêtue seulement de son peignoir de bain, pieds nus.

Le jour peinait à se lever. Obscurci par de lourds nuages, le ciel ressemblait à une marée grise prête à ensevelir la ville. Un froid glacial semblait comprimer toute velléité de révolte comme s'il avait saisi toute chose, hommes, arbres, animaux, air, pour les figer à jamais. Elle-même s'était fait piéger, incapable de bouger, transie jusqu'à la moelle, compactée dans la masse. Le monde était devenu une espèce de bloc anthracite, uniforme, figé, austère. Privé d'oxygène.

Elle appréhenda cette réalité subitement, à la façon dont ses poumons réclamaient l'air, que c'était elle et seulement elle, qui en ouvrant la bouche, surprise par sa vision, avait oublié de respirer. Paniquée, elle toussa bruyamment pour reprendre son souffle et chasser un début d'étouffement.

L'aurore apparut bientôt dans un pâle reflet orangé. Au-dessus des cumulus, le soleil progressait, déployant un à un ses rais de lumière. En avalant consciemment de pleines goulées d'air, Anne assista cette fois à la naissance d'un nouveau jour, indifférente à ses orteils endoloris. Si Raphaël n'était pas intervenu pour la ramener de force à l'intérieur, qui sait combien de temps, elle serait restée ainsi à contempler cette résurrection. Ce fut une claque salvatrice qui la renvoya aussi sec au quart d'heure précédent : son amant, affalé dans sa vomissure, presque inconscient.

Elle se dégagea des bras de Raphaël et s'enfuit dans la salle d'eau. Elle ressentait à présent le froid dans tout son corps et n'aspirait plus qu'à un long bain, chaud et mousseux. Elle se maudissait intérieurement, coupable d'avoir exposé sa pépite à ce choc thermique. Priant la chance qu'elle ne tombe pas malade.

Une heure plus tard quand elle ressortit de son immersion de vapeur, le ménage avait été fait et Raphaël avait de nouveau disparu. Un mot posé sur le guéridon à côté du téléphone la prévenait de son départ pour Roussillon et de ne pas s'inquiéter.

Il avait ajouté en PS : Love.

Elle sourit tristement en même temps qu'une immense lassitude s'abattait sur elle. Cette façon qu'il avait de fuir à chaque fois commençait un tantinet à l'agacer. Déjà hier, en rentrant de l'échographie, il s'était muré dans le silence, prétextant un malaise vagal dû à l'émotion. Piteux et triste comme il l'était, elle avait laissé filer, se disant qu'ils en reparleraient plus tard mais ce coup-ci, c'était trop.

Elle resta pelotonnée sur son canapé toute la journée à ressasser sa frustration et à trouer le plafond d'un œil morne, invoquant Marcus et ses précieux conseils. Ce fut son utérus qui la réveilla vers 17 heures. Des contractions douloureuses lui labouraient le ventre. Son cœur battait la chamade et elle alternait entre bouffées de chaleur et frissons.

La « femme-écran » tremble elle aussi. Il est trop tôt. À cinq mois, le bébé n'y survivra pas. Elle halète en même temps qu'Anne. Inspirant et expirant sur le même rythme, elle met dans chacun de ses souffles, toute l'énergie nécessaire à une pulsion de vie ancestrale. Celle que toute femme porte en elle depuis l'origine, sans l'avoir jamais apprise.

35

Raphaël n'a fait que traverser la rue. Trop fatigué pour aller plus loin. Nauséeux encore, avec en chape de plomb, une migraine à lui arracher le cuir chevelu.

Ses pas l'ont mené direct à La Pissote. Un endroit qu'il a découvert en emménageant chez Anne. Un de ces bistrots de quartier, vieillot et minuscule, où s'entassent toujours les mêmes habitués. À l'époque, alors qu'il découvrait Vincennes, l'enseigne pour le moins insolite avait retenu son attention. Il s'était plu à imaginer le gentilé de ces bougres entassés au comptoir à s'enfiler une mousse, une pinte, un bock au fur et à mesure que le jour périclitait et tassait les ombres d'un revers de coude.

Les Pissots, les Pissottiers ou les Pissottins ? Tous voisins, unis main dans la main.

Il avait imaginé une ritournelle, s'était fait rire tout seul, ce qui était assez rare pour conclure que ce nouveau lieu de vie valait bien qu'on s'y arrête.

Au fil des semaines, il avait découvert en Vincennes un village comme il en fleurissait encore en périphérie de Paris. Propret, bourgeois, avec ce petit côté provincial et désuet qu'affichaient certains commerces, enracinés là, depuis des générations. Il avait appris que Vincennes avait un hameau historique dit « de la Pissotte », dont le nom évoque un ruisseau datait du XIe siècle. Implanté au nord de l'actuelle ville, il était composé de maisons établies le long d'une ancienne voie romaine, située sur le territoire de la seigneurie de Montreuil. Par la suite, il avait découvert son château, son parc floral et zoologique ainsi que son hippodrome. Toutes entités naturelles à rassurer le sauvage en lui, habitué aux grands espaces et aux odeurs de mousse. De terre. Et de bêtes.

Bien que le bistrot de la « Pissotte » soit un lieu exigu, Raphaël s'y rendait souvent. Il faisait partie de ces endroits rassurants où le fortuné et le mendiant se côtoient au petit matin, en tous points égaux devant leur premier café. Seul breuvage capable de chasser et les brumes nocturnes, et les cauchemars. Ces charognards ne faisant pas de différence quand il était question de chahuter l'âme humaine.

Raphaël y passa la matinée, seul, au fond de la salle avant d'aller égarer ses peurs au milieu des cent quarante-six mille arbres que comptabilisait le bois de Vincennes.

Il erra longtemps avant de revenir sur ses pas.

En arrivant au pied de l'immeuble où il vivait avec Anne, rue de la Bienfaisance, encore un signe pour lui qui l'avait convaincu de sacrifier Roussillon, il aperçut un camion de pompiers disparaître, laissant dans son sillage un halo rouge et strident.

La « femme-écran » fond en larmes. Elle n'a plus l'âge de ces émotions. Il est temps d'en finir. Et de passer la main. Elle usurpe un temps et une place qu'elle aurait dû quitter depuis des années. S'il n'y avait pas Jim si près de tout détruire, elle aurait déjà rejoint sa propre matrice. Si elle n'avait pas failli. Si elle n'avait pas été lâche. Si et si et si… Mais elle tiendra. Encore. Le temps qu'il faudra. Quitte à mourir une seconde fois. Définitivement.

36

À onze kilomètres de là, en ligne droite directe, un vieillard fait ses adieux au monde. Maintenu par des machines, plongé dans le coma depuis trois mois. Une femme assiste à son agonie. À chaque râle qui l'essouffle, elle espère que ce sera le dernier.

Non, elle n'est pas odieuse. Juste très lasse.

Il y a des deuils qui commencent bien avant la mort et celui qu'elle subit de son père n'a que trop duré. La maladie n'épuise pas seulement les corps. Elle use et désabuse tout ce qui passe dans son sillage. Des années qu'elle le porte à bout de bras, seule.

Privée du soutien de sa mère, morte il y a six ans déjà, fille unique, divorcée, un fils à l'autre bout du monde, elle n'a jamais eu d'autres choix. Ce père c'est tout ce qu'il lui reste. Elle a fait ce qu'elle devait mais aujourd'hui ça suffit. Dans un mois elle fêtera ses cinquante-cinq ans. Elle aime à penser qu'elle a encore le temps de rattraper ses erreurs et pourquoi pas d'être heureuse. Nul doute que l'héritage de ses parents y contribue. Plus besoin de travailler ni de s'inquiéter d'autre chose que d'elle-même. Du temps à soi. Et plus que tout, la liberté d'aller au bout de sa quête. Et qu'importe le résultat. La tournure que prendront les choses. Demain ou après-demain, plus rien ne pourra l'arrêter. Aucune excuse bidon pour l'en empêcher.

Personne ne reviendra d'entre les morts pour l'obliger à se taire ou l'empêcher de savoir. Le chantage affectif brûlera en même temps que son père sera inhumé. Il s'en ira rejoindre sa femme dans la même urne.

Et elle, Nathalie Magne, foulera les derniers mètres qui la séparent encore de son troublant espoir.

37

La crise est passée. Anne s'est recouchée aussitôt les pompiers repartis. Raphaël a surgi juste après et s'est précipité à son chevet. Totalement hirsute suite à sa chevauchée forestière, le regard affolé, Anne n'a pas eu le courage de lui en vouloir, rassurée qu'il ne se soit pas enfui à Roussillon. Elle n'a pas eu non plus la force de lui poser la moindre question. À peine celle de lui raconter cette série de contractions qui l'a paniquée à tel point qu'elle a cru perdre le bébé. Demain, il est prévu qu'elle retourne voir le médecin. Elle va devancer son congé maternité. Finir au chaud et au repos ces quatre derniers mois de grossesse. Il a acquiescé à tout, l'a prise dans ses bras et ils ont gardé le silence jusqu'à ce qu'elle s'endorme.

Raphaël en profite pour prendre une douche. Il ne veut pas s'éloigner mais il se sent sale, puant, misérable. Il espère que sa technique, alternant chaud et froid, diluera son malaise et le lavera de cette crasse qui s'est incrustée en lui.

De sa course dans les bois, il est revenu anéanti. Jim était là. Qui l'attendait.

Jusqu'à présent, il ne s'était jamais aventuré aussi près. Étant convenu que Roussillon devait rester leur repaire. Mais Jim le traque. Il sent que Raph lui échappe. Alors il a refait surface. Pour qu'il n'oublie pas.

Et Jim et lui se sont battus.

Raph voit dans le miroir les dégâts. Bien plus prégnants que la douleur ressentie. Il a des ecchymoses partout sur les avant-bras et les mollets. Et une trace de dents profondément ancrée sur le haut de la cuisse. Il va devoir garder un pyjama pour dormir et se soustraire au plaisir pendant un bon moment. Vu le contexte, ça ne devrait pas être difficile. Et pourtant il a peur. Il pressent déjà que Jim n'attendra pas.

Jusqu'à quel point peut-il encore faire face ? Et tout contrôler ?

38

Jim a bien fait de venir et de lui montrer qui des deux était le plus fort. Raph a encaissé les coups tout en se débattant c'est vrai mais c'est lui qui a demandé grâce. Lui qui a rendu les armes en premier.

Il fallait que cela arrive un jour. Raph est une mauviette qui ne comprend rien. Et qui oublie trop vite. Sa femelle lui tourne la cervelle et sa queue lui joue des tours.

S'il croit pouvoir s'en tirer, il se fourre le doigt dans l'œil. Les règles changent. C'est ainsi. Tout évolue. Maintenant il sait que Jim le talonne. Qu'il n'attendra pas.

Encore un autre faux pas et il déboulera. Cette fois-ci pour de bon.

Il lui mettra le double et n'évitera pas sa belle gueule d'ange ténébreux. Il lui défoncera la tronche. Alors on verra bien de quoi il aura l'air, l'œil farci au beurre noir, l'arcade sourcilière coupée en deux et la lèvre enflée comme une baudruche.

Peut-être ressemblera-t-il enfin à ce qu'il est.

Peut-être arrêtera-t-il de se la jouer « mari idéal ».

Les idéaux c'est bon quand tu es « minot », que tu pètes dans la soie et que le couvre-feu est une antiquité guerrière racontée dans les livres d'Histoire.

Mais eux, foutre du diable, il a oublié d'où ils viennent ? Comment ils sont tombés du néant. Remisés au fin fond du trou du cul du monde.

Parce que Jim, lui, n'a pas oublié.

Putain, non. Rien de rien.

Et s'il faut qu'il s'en souvienne pour deux, ça ne lui fait pas peur.

Du tout.

39

Août 2004. Il y a treize ans. Anne reprend connaissance au milieu d'un silence opaque. Encore confuse, elle cligne des yeux et la lumière crue d'un néon blanc la fait douter un instant. Serait-ce ce faisceau divin dont on parle tant ? Elle l'imaginait autrement pourtant. Moins violent, plus chaleureux, en volute jaune peut-être. Elle voudrait poser la question mais une espèce de poudre plâtreuse lui assèche la bouche. Des milliers de grains collés entre eux l'empêchent de déglutir et lui font monter les larmes aux yeux. Une solitude accablante l'étreint qui, paradoxalement, l'a fait se reconnecter à la réalité. Elle se souvient à présent. Elle est à l'hôpital. Ce qu'elle subit ce n'est rien d'autre que les effets de l'anesthésie. Quel pitoyable réveil ! Pour une première, c'est réussi. Et tout ça pour un myome[1].

---

1. Les myomes utérins sont des tumeurs bénignes, qui peuvent grossir énormément, mais qu'il ne faut pas confondre avec le cancer du col de l'utérus, car ils ne dégénèrent pas en cellules cancéreuses

Qu'est-ce que ce serait si elle avait dû comme Marcus rester huit heures sur la table d'opération ? Il l'avait pourtant prévenue. À sa façon.

– Tu seras dans le coaltar. À peine le temps d'y penser et pff. Crois-moi, c'est moins pire qu'une gueule de bois.

Anne avait souri vaillamment. Du haut de ses seize ans, de gueule de bois elle n'en connaissait que le nom mais pour ce qui est des lendemains qui déchantent, ça, elle savait. Ses parents n'étaient même pas là. Encore une fois bien trop occupés et géographiquement, toujours aussi autocentrés sur leurs seules préoccupations.

Marcus avait pallié comme toujours. C'était juste avant qu'il ne rechute. En tout cas, l'exérèse[1] avait réussi. Après un mois de convalescence, elle avait pu reprendre une vie normale. Et jusqu'à ses terribles contractions, des années après, trois crises en une semaine, elle n'y avait jamais plus repensé.

Le gynécologue obstétricien aujourd'hui se voulait rassurant. Certes, elle avait le col utérin fragilisé depuis cette opération, légèrement atone, mais la position allongée allait permettre de réduire la pression exercée sur celui-ci.

– Le fait de vous allonger sur le côté gauche, lui avait-il précisé, apportera également plus d'oxygène au placenta. Vous devez limiter les risques. On est bien d'accord ? Et vous, Monsieur, vous

1. Une exérèse est une intervention chirurgicale consistant à retirer de l'organisme un élément qui lui est nuisible ou inutile (organe, tumeur, corps étranger, etc.)

allez veiller à ce que je sois écouté. Repos absolu. Et ce, jusqu'au terme.

Ils observaient depuis lors les consignes avec une obéissance excessive. Dix jours qu'Anne ne s'était pas levée si ce n'est pour aller du lit au canapé et du canapé au lit en passant par les sanitaires. Raphaël suppléait à tout, attentif au moindre signe. Il avait posé une semaine de congé, ce qui n'avait pas été sans lui causer de problème. Février étant un mois où le cycle démographique bondissait en un chiffre record, neuf mois auparavant le printemps était passé par là, ensemençant la terre comme les hommes.

La « femme-écran », elle, se tait. Rassurée, soulagée. Épuisée aussi.

Le danger est écarté. La pépite irradie de plus en plus. Ses ondes émettent jusqu'à elle, aussi vibrantes qu'une corde de violoncelle, aussi chatoyantes qu'une aura de coquelicot. Les mondes souterrains agissent. Toujours plus puissants, toujours plus tenaces. L'attraction se fait au-delà des logiques, de la science et des inextricables chemins de deuils. Encore un peu de patience, beaucoup d'amour, et la fusion opérera.

Alors la « femme-écran » brisera la gangue.

40

Des lambeaux de chair comme des serpentins plats et ramollis. Une première série au niveau des genoux. Une seconde sur les chevilles. Pétales fanés sur tiges, agencés en corolle. Les cuisses et les mollets de la femme, pelés comme une orange, laissent apparaître de grandes veines bleues, sporadiquement frémissantes. Le galbe des jambes n'est plus qu'un tissu graisseux où se mêlent salement le rose, le rouge et le noir.

La traîtresse s'est chiée dessus.

Jim la contemple de haut en se pinçant le nez.

– Et ben, la vieille, tu t'es pas loupée. Tu m'as bien saboté le travail. Moi qui voulais faire de ton sexe le bouquet final. C'est râpé.

À ces mots auxquels succède un rire caverneux, la femme livre un regard terrifié.

Dans ses yeux, Jim lit la panique. Elle n'est pas juste terrorisée, elle est consciente. Plus que la douleur, c'est sa vie en train de se liquéfier qui la terrorise autant et plante dans son cœur le pieu ultime de la souffrance. Elle a tout avoué. Tout. Et c'est comme si cette confession lui pelait l'âme plus sûrement que le scalpel de l'homme sur son épiderme. Elle aurait voulu crier qu'elle regrette, revenir en arrière. Ce n'est pas si loin en arrière. Quelques heures. Quatre, cinq, peut-être six ? À moins que cela ne date de plus loin. Bien avant qu'elle n'ait tourné le coin de la rue et que l'homme ait fondu sur elle. Bien avant ce cri qu'elle a laissé s'éteindre au fur et à mesure qu'elle allongeait ses pas et mettait de la distance. Comment peut-on nommer avec certitude cet instant T qui décide une fois pour toutes de ses résolutions ? Faut-il remonter au commencement, à sa première peine, sa première douleur, son premier chagrin ? Celui qui arrive toujours trop tôt quand l'être en devenir n'est encore que du papier bulle. Capable d'imploser d'une seule pichenette.

Combien de trous d'air pour en arriver, là ? Et à qui la faute ?

Estelle Claire a bien essayé de dévier la trajectoire mais ce petit dernier arrivé prématurément, le chromosome abêti, c'était au-dessus de ses forces. Fuir c'est parfois offrir une meilleure chance à l'intrus qu'on sait déjà ne pas être capable d'aimer. Son erreur, elle aurait dû la corriger avant. Dès qu'elle avait su. Mais l'avortement lui avait paru pire encore. Tuer une vie, ça, non, elle ne le pouvait pas.

Ce qu'elle comprend en ces derniers instants, au pire de l'horreur, elle voudrait le dire à l'homme. Tuer une vie, c'est dangereux. Quelles qu'en soient les raisons. C'est toucher le mal absolu et s'en appesantir soi-même. C'est délivrer le coupable de sa faute, l'empêcher d'expier. Est-ce que l'homme ressent son soulagement à sentir que bientôt elle va être débarrassée de ses fardeaux ? Est-ce qu'il mesure la chance qu'il lui offre ? Grâce à lui, bientôt, toutes ses fautes lui seront pardonnées. Dieu chargera ce faux justicier du poids de ses péchés. Il n'aurait jamais assez d'une vie pour se le pardonner et aucun ciel pour l'y aider.

Mais Jim n'entend rien. Il perçoit juste, que

depuis un moment, la femme ne se débat plus. Dans ses yeux, la peur a disparu. Il a même l'impression qu'elle sourit. Il ne comprend pas. Sa cruauté n'a jamais été aussi grande, sa pulsion aussi dévastatrice. Cette femme n'est plus qu'une plaie à vif, lacérée de bout en bout et pourtant, elle vient de sourire. Il en est sûr. Une sorte de rictus narquois. Comme une grimace joyeuse. Un dernier pied de nez à son bourreau.

Jim voudrait le lui faire ravaler. Mais c'est trop tard. Elle gît, inerte, définitivement morte. Inaccessible. Sa mission est un échec.

Il est souillé jusqu'au bout des ongles. Aussi pouilleux qu'un magma de chairs putrides, grouillant de vers. Un véritable carnage. Et il se sent bizarre.

Une menace pèse sur ce terrible constat. Trop de traces, d'empreintes, de preuves. Il doit faire disparaître le corps. Le dissoudre dans de l'acide puis brûler toute la zone. Et ses vêtements.

Il doit faire en sorte que tout cela n'ait jamais existé.

Encore une fois, les statistiques vont jouer en sa faveur. Chaque jour, la France enregistre officiellement la disparition de cent soixante-quinze personnes. Et si les études à ce sujet ciblent surtout les enfants, les fugues ou les enlèvements, Jim est bien placé pour savoir que la réalité est autre.

Pour lui et ses congénères, le crime impuni y développe sa maestria.

41

Nathalie Magne s'est enfin décidée. La liste de ses obligations a considérablement diminué. Elle se sent prête. Délivrée des contingences matérielles et de tous les tracas contigus au décès de son père.

Elle a fait le tri des bibelots, jeté ou donné meubles et vêtements, vaisselle et outils, tout cet amalgame d'objets qu'une existence entasse vainement sans jamais appartenir à son propriétaire.

Elle n'a rien gardé pour elle-même. À son âge, sa vie a plutôt besoin d'être allégée qu'encombrée de vestiges peu glorieux. Non pas que ses parents n'aient mérité leur richesse ou qu'ils ne la doivent à autre chose qu'à leur vie de cadres moyens mais ils avaient le goût du partage très modéré. Nathalie les traitait souvent pour elle-même de Maman écureuil et Papa oursin. Une façon bien innocente de se moquer de leur mode de vie autarcique et parcimonieuse, autant pour eux que pour leur fille unique et plus tard leur petit-fils.

Elle avait même jugé leur vie linéaire et morne jusqu'à il y a six mois. Ce jour où son père hospitalisé lui avait ouvert une porte qu'elle s'apprêtait à pousser aujourd'hui avec une anxiété proche de la panique. Bien sûr, elle avait eu le temps de s'y préparer. Elle avait même vu des photos. Mais plus la distance diminuait, plus elle se sentait perdre pied.

C'était tout de même un défi à échelle humaine. Le privé qui l'avait renseignée l'avait bien prévenue. Il en avait vu d'autres de ces retrouvailles qu'on fantasme jusqu'à toucher le ciel pour finir en déluge. C'était parfois une telle déconvenue que ça en devenait une « foirade » totale. Terme exact qu'il avait appuyé d'un geste ample pour la mettre en garde gentiment, précisant qu'il était certaines fois bien en dessous de la réalité.

Elle avait eu le temps de bien peser le pour et le contre, ces longs mois passés au chevet de son père, stoïque et muet, mais le contre n'avait jamais gagné une once de terrain. Ce que son père avait fait demandait réparation.

Elle vivante, elle ne vivrait pas avec ce poids pour ensuite le léguer à son fils, aussi buté et indifférent soit-il dans sa jungle amazonienne à balader ses touristes. Et puis justement, il n'était pas là pour partager avec elle cette responsabilité. Même si elle ne lui en voulait pas d'être parti, elle lui reprochait souvent de ne pas donner assez de ses nouvelles. Elle savait qu'il la mettait au pied du mur de le rejoindre. Il l'avait souvent invitée à venir passer des vacances. Ce serait d'ailleurs la prochaine étape de son plan. Si tant est que la première partie fonctionne sans qu'elle ait pas à s'en mordre les doigts.

De toute façon maintenant il était trop tard. Elle en savait trop. Et ce qu'elle savait confirmait l'intuition qu'elle avait eue quand son père avait ouvert la boîte de Pandore.

Une intuition de mère mais plus encore de l'enfant solitaire qu'elle avait été et qu'elle avait ensuite imposé comme modèle à son fils.

Comme si toute sa vie durant, il leur avait manqué quelqu'un.

Un sentiment étrange, presque irréel, comme une ombre au tableau qui avait toujours été là et qui s'éclairait enfin.

Celle-là, la « femme-écran » ne l'a pas vu venir. Cette ombre qui s'avance en traînant dans son sillage mille paillettes de sentimentalisme bon marché.

Il y a si longtemps. Mon Dieu ce qu'elle a vieilli. Et pourtant, elle la reconnaît.

Comment pourrait-il en être autrement ?

La ressemblance est si frappante.

42

C'est exactement ce que pense Anne en ouvrant la porte. La ressemblance est telle qu'elle croit à une mauvaise blague. Raphaël, devant elle, grimé en femme, vieilli et foutrement de guingois. Une pâleur excessive et un tic nerveux qu'elle ne lui connaissait pas. Sa paupière sautille, tressaille, clignote comme un feu rouge déréglé, exagérément alarmant. Et c'est ce détail qui la sort du leurre. Ni rouge ni vert le feu mais bleu. Alors que Raphaël a les yeux gris, l'espèce de clown qui est devant elle, les a verts. D'un vert tirant sur le bleu mais toujours aussi dangereusement affolés. Anne sait qu'elle fixe l'étrangère de manière outrancière mais elle est comme hypnotisée, incapable d'articuler un son, honteuse d'avoir pu la confondre avec son amant. L'âge, la taille, le poids, la carrure, rien ne correspond mais ce regard, ce menton, l'ovale du visage, c'était tout de même à s'y méprendre.

La femme semble prise dans le même piège. Statufiée. Étonnée d'avoir face à elle une jeune mère au ventre si proéminent. Aussitôt, dans sa tête, mille questions et sermons se précipitent qui réveillent sa nervosité et lui déclenchent une crise qui ne fait qu'empirer les choses. Trente-cinq ans qu'elle souffre de fasciculation, trente-cinq ans qu'elle lutte contre cette tare ridicule et aujourd'hui n'échappe pas à la règle, comme si elle avait besoin de ça. Déjà qu'elle se demande si elle a bien fait. Elle aurait dû appeler. Prévenir. On ne débarque pas ainsi chez les gens. À quoi elle s'attendait ? Et cette femme qui ne dit rien. Qui va peut-être perdre les eaux, là, devant elle, à force de la dévisager comme un animal de foire. À ce rythme-là, dans trois mois, on y est encore. C'est à elle de parler. Bon sang, Nath, bouge. T'es pas un arbre.

MARS 2018

Il n'y a parfois aucune différence
entre le salut et la damnation.
Stephen King.

43

On était le dimanche 1er mars. Raphaël revenait du marché. Sur le chemin, il avait fait une halte à la Pissotte. Dès les beaux jours, le patron sortait sa terrasse extérieure et Raphaël aimait s'y poser, le temps d'un café. Pendant un quart d'heure, vingt minutes, il divaguait, nez au vent, à scruter le ciel et à redessiner le contour des nuages. Il avait découvert très tard que cette manie avait un nom : l'aéromancie. Un supposé art divinatoire duquel on était censé lire et pouvoir interpréter son avenir.

Raphaël, lui, y voyait surtout une façon de décompresser. Il se laissait aller à rêvasser et si son regard accrochait une forme au passage, alors il était heureux. Ce n'était jamais que son imagination qui lui offrait là une respiration filandreuse, ludique et quelquefois espiègle. Il avait souvent vu des animaux ou des visages apparaître pour se diluer aussitôt. Il en suivait la lente décomposition en souriant. Heureux de cette nature généreuse même à des kilomètres au-dessus de sa tête.

Ce matin-là, le ciel était grand ouvert, encore d'un bleu un peu pâlot mais dénué de cirrus. Il avait goûté aux premiers rayons de soleil comme on goûte à un nectar dont on a été trop longtemps privé. Février, entre froid sibérien et neige glaçante avait fait grise mine. Résultat, le manque de luminosité avait plombé ses journées. Il revenait donc vers Anne, les bras chargés de gourmandises et les yeux pétillant de lumière, absolument pas préparé à découvrir en gravissant les dernières marches de l'escalier, une scène surréaliste. Anne, sur le pas de la porte, les yeux écarquillés devant une personne qu'il ne voyait que de dos et dont il devinait pourtant que c'était une femme.

L'incongruité était dans cette immobilité silencieuse. Les actrices semblaient prisonnières d'un sortilège, figées par un metteur en scène qui aurait crié « on ne bouge plus » et qui hésitait encore à relancer l'action. L'arrivée de Raphaël, encombré de paquets, cherchant à se frayer un passage, mit fin au supplice des deux protagonistes.

L'inconnue sursauta au « bonjour… pardon » de Raphaël qui tentait de se frayer un chemin jusqu'à Anne. Laquelle le délivra énergiquement de ses paquets en s'enfuyant presque, le chargeant implicitement de gérer la situation.

Aussitôt il se retrouva face à la femme et découvrit enfin pourquoi Anne avait eu ce regard interloqué qui l'avait presque effrayé en arrivant. Il eut l'impression de se refléter au cœur d'un miroir déformant plongé au fond d'une piscine. La femme avait émis un petit cri de stupeur en même temps que des larmes étaient venues saborder son regard. L'émotion lui nouait la gorge, les tripes, la raison et elle avait autant envie de dévaler l'escalier, voire de sauter directement par-dessus la rambarde que de se réfugier dans les bras de Raphaël. Lequel peinait à surnager au milieu des mille questions qui lui perforaient le cœur. Jamais encore il n'avait ressenti un tel chamboulement. Son être entier se disloquait, s'éparpillait puis dans un même mouvement se réagençait pour finir par s'apaiser. Pour tous deux, cela sembla durer une éternité alors qu'une poignée de secondes venaient de s'écouler. Cosmos était en train de réparer le sablier du temps. Autrefois enrayé et gémissant à chaque particule filtrée, il se décidait enfin à remettre les pendules à l'heure. Pour Raphaël, l'image de cette immense machine en train d'émietter sa vie fut le déclic. Il sortit de son absence aussi brutalement qu'il y était entré et demanda abruptement :

– On se connaît ?

Visiblement, sa question alarma la visiteuse et ses larmes redoublèrent d'intensité. Pourtant, d'un mouvement de tête, elle acquiesça. Redressant sa posture qui s'était considérablement affaissée, elle ajouta même, la voix chevrotante :

– Je m'appelle Nathalie Magne et je suis votre demi-sœur.

44

Raphaël a fait entrer la femme, l'a dirigée vers le salon, lui a conseillé de retirer son manteau et lui a demandé de patienter. Il est parti chercher Anne. Réfugiée dans la cuisine, elle est en train de ranger les courses. Ou du moins, en a-t-elle eu l'intention ? Car, mis à part les légumes, tout est encore posé sur le plan de travail.

D'un regard, il s'assure qu'elle va bien, l'attire à lui, l'enlace longuement et murmure quelque chose à son oreille. Il a besoin qu'elle soit là. Pour l'instant, il marche à l'adrénaline mais il n'est pas sûr que cela durera. S'ils ont affaire à une folle, elle saura comment réagir. Si c'est lui qui hallucine, alors là, ça se corse. Pourtant, quelque chose lui dit que cette Nathalie Magne ne ment pas. Il n'y a qu'à la regarder. Outre la ressemblance, elle a l'air tellement bouleversée. Et puis ils ne pouvaient tout de même pas rester mille ans sur le palier. Pas avec cette bombe entre eux, prête à exploser. Maintenant qu'elle est dégoupillée, autant voir ce qu'elle a dans le ventre.

De retour dans le salon, il fait asseoir Anne en vis-à-vis de la femme, s'assurant une fois encore qu'elle va bien puis s'éclipse en affirmant qu'il revient.

Anne le voit s'éloigner vers la cuisine, certaine qu'il ne va pas juste leur préparer une collation mais qu'il a besoin de créer un sas. Elle sait qu'il compte sur elle pour détendre l'atmosphère. La femme regarde autour d'elle. Lentement son regard se pose sur chaque recoin, chaque objet. Elle a cessé de pleurer mais son tic nerveux persiste. Moins violent, il témoigne cependant de sa gêne et aussi, se dit Anne, d'une grande timidité.

Anne se demande ce qui a pu pousser l'inconnue à se faire ainsi violence. Elle cherche une entrée en matière quand celle-ci la prend de court, d'une manière précipitée.

– C'est pour bientôt ? Vous savez déjà le sexe ? Moi, j'ai tout de suite voulu savoir…

Anne sourit. Voilà un bon début. Que peuvent en effet se raconter deux inconnues qu'au moins vingt-cinq années séparent si ce n'est la maternité ? Le sujet est à portée de main et les deux s'en saisissent, heureuses de pouvoir pallier l'étrangeté de la situation. Comme un fil conducteur jamais rompu, un langage universel, Anne et Nathalie évoquent chacune à leur tour leur expérience. Naturellement, les nœuds se desserrent, la tension de la pièce diminue et les confidences s'enchaînent.

Elles en sont à évoquer le moment de l'accouchement lorsqu'apparaît Raphaël, chargé d'un plateau aux arômes de thé vert. Debout, ne sachant plus quoi faire, son regard passe de l'une à l'autre, tout à la fois décontenancé, rassuré, mal à l'aise. De fait, elles se sont arrêtées de parler comme si on les avait prises en flagrant délit. De quoi, elles n'en ont aucune idée mais le regard de Raphaël, lui, semble le savoir. Et même le dire.

D'un coup, ses yeux chaloupent de haut en bas, réfractaires à toute cohérence. De gris, ils passent au noir, privés de lumière. Jamais Anne n'a assisté à pareille transformation. Sa colère irradie tout ce qu'il croise. Elle en ressentirait presque la brûlure à se consumer ainsi devant elle. Elle sent le feu envahir tout son corps avant qu'un bruit de verre brisé n'interrompe cette folie. Raphaël a lancé le plateau devant lui et s'est enfui.

La laissant, elle comme Nathalie, abasourdies.

Plus tard, Raphaël avouera à Anne qu'une jalousie monumentale l'avait pétrifié avant d'imploser dans son crâne. Il avait ressenti entre elles deux une complicité telle qu'il s'était senti exclu. Un rapprochement qui n'avait pas lieu d'être et qui était de la part d'Anne une trahison impardonnable. Il se rendait compte qu'il était un imbécile et qu'il avait tout simplement disjoncté. À quoi, Anne opposerait un silence buté. Le priant d'aller imploser ailleurs avant que ce ne soit elle.

45

À ce stade du récit, la « femme-écran » exulte, redevient Manon Borde. De nouveau elle était là, incarnée, vivante, ressuscitée. Et ce, grâce à Nathalie Magne, la fille de son amant qui n'est autre finalement que la demi-sœur de Raphaël.

Alléluia !

Est-ce un piège, un défi, un clin d'œil, une fatalité de la vie ? Fallait-il que la boucle soit bouclée pour que l'issue en soit modifiée ? Il est trop tôt pour le dire.

Elle sait seulement que lorsqu'elle a accouché, son amant n'a rien dit. Ce père de famille, marié, bientôt grand-père a honteusement expié sa faute dans la dernière année de sa vie. Certes, le cancer qui a métastasé ses forces a forcé son aveu. Très tardivement. Et encore, par la seule faute de cette souffrance qu'il savait ne plus pouvoir distancer. Mais sa fille, Nathalie Magne, elle, ne doit cette vérité qu'à son courage. Avait-elle besoin du pardon de Raphaël ? Qu'importe, après tout !

Raphaël en sait maintenant un peu plus de cette mère qui l'a déraciné en même temps qu'elle le mettait au monde. À l'époque, Manon Borde a tout raconté à son amant qui trente ans plus tard, l'a raconté à sa fille et qui aujourd'hui l'a raconté à Anne puis à Raphaël. Il en aura fallu des bouches et des oreilles pour que le cœur de vérité atteigne le jeune père. Et qu'il se décide ou non à composer avec cette tragédie.

Raphaël sait maintenant que sa mère était elle-même une enfant abandonnée. Placée en institution. Violée à treize ans. Fugueuse à dix-huit. Fille mère à vingt. Il sait que cet abandon vient se superposer au fait qu'à quelques heures d'accoucher, l'image de son bourreau aux informations télévisées réveillait un deuil plus grand que la joie de sa naissance.

Il sait que les deux hommes majeurs de sa vie sont morts et qu'il n'a plus personne à qui demander des comptes. Ni sur qui se venger.

Il comprend que de cette série de faux bonds, rien de bon ne pouvait advenir. Et que sa naissance est une mise à l'épreuve.

Il entend en lui l'écho des ricochets. Il pense à ces heures passées au bord du lac à en estimer le nombre exact pour atteindre l'autre rive.

Il reçoit une à une ces informations comme autant d'uppercuts. Et plus il appréhende ce que cela veut dire, plus il se recroqueville.

Alors la « femme-écran » implore l'univers. Toute son âme enlace son enfant. Elle voudrait tant que leurs énergies se rejoignent, qu'il ouvre son âme, un instant seulement.

Elle ne l'a jamais trahi. Peut-il le comprendre à présent ?

Nathalie Magne se tait à présent. Assise face à Raphaël, en pleurs, elle ne cesse de s'entortiller les mains. Elle hésite. Elle voudrait les lui tendre, rompre la distance, réchauffer leur souffrance mais l'homme qui lui fait face semble se ratatiner de seconde en seconde. On dirait un enfant. Un enfant pris en faute, qui voudrait disparaître, se cacher en boule dans ses bras, pour ne plus voir et ne plus être vu.

Il ne ressemble déjà plus à ce petit frère qu'elle se faisait une joie de rencontrer. Entre cet après-midi où il a fui et ce soir, où il est venu la trouver chez elle, elle se sent coupable et une colère immense l'envahit quand elle pense à son père. Ce père dont elle aimerait qu'il soit encore là pour porter ce fardeau à sa place. Dont elle a honte. Et à qui elle aimerait dire que c'était une ordure.

Une insulte qu'elle ne retient pas et jette dans le silence de la pièce en scrutant dangereusement les ténèbres. À ses pieds, un rectangle de papier blanc dont le contenu a littéralement transfiguré Raphaël.

46

Le cri de Nathalie. Sa façon de le fixer. Son histoire mise bout à bout. Les souvenirs. Le passé. Anne. La pépite. Jim. Les bébés de la maternité, ses naufragés, Matthias, Irène, Jade. Et maintenant la photo de sa mère.

Manon Borde dans sa vingtième année.

Cette image en couleurs prise l'hiver, six mois avant sa mort. Légèrement en contrejour. Son sourire comme une esquisse voilée, contraste d'entre l'ombre et la lumière. Et cette silhouette, tellement juvénile. Une brindille dont Raphaël imagine qu'un souffle de vent aurait pu l'emporter aussitôt. Une façon de se tenir un peu gauche comme étonnée ou effarouchée ? Avec cette main qui s'avance comme pour dire « Non. Oui mais non, c'est de moi qu'il s'agit… Vraiment ? ».

Il visualise l'homme en train de saisir la scène. Du haut de ses cinquante ans. Perfide et lâche. Ce voleur d'âme qui a facilement embobiné la belle incrédule. Cette jeune adulte que l'enfance n'a pas quittée. Très certainement éblouie, rassurée. Conquise en même temps qu'effrayée d'être un jour, une heure, le centre du monde. D'un homme.

Tout simplement de quelqu'un.

Et il se devine, lui, Raphaël, microcosme invisible, qui viendra bientôt déchirer ce bout d'humanité. Presque trente ans de vie pour en arriver là.

À cet instant. La rencontre. Ses origines.

Alors, simultanément, tout au fond de lui, vient la houle. Cette impression de ballottement. Processus sinusoïdal qui s'immisce subrepticement, en légères variations. Le temps de remonter le temps, l'espace, de combler les vides, de mélanger sans pouvoir faire le tri tout ce qu'il a vécu, souffert, manqué, rejeté, aimé, détesté, désiré, subi, perdu, attendu, il en est anéanti.

Comme si tout un océan s'était gonflé dans une seule et unique vague. Une vague si haute, si pleine, si dense, si gigantesque qu'il est soulevé de terre, catapulté au ciel, pris dans un tourbillon. Une vague à ce point gorgée d'eau et de sel qu'il s'en étouffe, la recrache, la renifle et qu'elle tombe de ses yeux telle une cataracte « tsunamique ».

Le phénomène est dévastateur. Raphaël ne sait plus qui il est.

47

Pour Jim, c'est la goutte de trop. Celle dont on imagine qu'elle dévie le ricochet et le mue en boomerang. Qu'est-ce que cette grognasse avait besoin de revenir et de tout raconter ? Elle se prend pour qui ? Une redresseuse de torts ? Une héroïne des temps modernes venue secourir le pauvre orphelin. Et lui alors ? Merde ! Il n'est pas revenu pour que Raph lui échappe encore.

Son mentor c'est lui. Et lui seul. Déjà que sa légiste à deux balles et son chiard commencent sérieusement à l'emmerder. La Nathalie Magne en plus, c'est un coup à ce que Raph finisse « guimauve ». Et ça, ce n'est pas possible.

Son frère et lui ont une mission. Un pacte. Dont les femelles sont exclues. Parce qu'ils sont frères, n'est-ce pas ? Jim n'imagine pas que Raph ait pu l'oublier. Juré, craché, sang mêlé, pouce contre pouce, front contre front. Une alliance comme on en fait à cet âge. Où la force de conviction convertit le malheur en union sacrée.

Tout cela, c'est bien la preuve que les femmes ne sont là que pour les affaiblir, les diminuer. Juste bonnes à se faire engrosser et minauder le pardon de toutes leurs chieries. Rien que du chiendent ou pire de la vermine. Et la vermine, Jim s'en souvient, c'est à la chaux vive qu'on l'éradique.

À l'époque des Seydoux, ceux-ci l'utilisaient souvent. Une attaque de cochenille, une suspicion de tavelure, chancre ou moniliose et hop, ils sortaient l'attirail. Tout le monde à la ferme devait enfiler gants, lunettes et combinaisons. Ils assistaient alors à un vrai carnage. Partout où les Seydoux avaient badigeonné les arbres ou pulvérisé les sols, le résultat était immédiat. L'endroit devenait un cimetière où pourrissaient parasites, larves d'insectes, mousses, lichens et même, une fois, un lapin. Sorti de son terrier et venu chasser une poule, comme cela arrivait souvent, il était passé au moment de l'épandage du vieux. Si la pluie ne s'en était pas mêlée, peut-être aurait-il survécu. Mais il était tombé au même moment une giboulée de grêle et l'animal s'était comme embrasé. Il avait roulé sur le sol comme pour chasser le feu de son corps mais plus il se mélangeait à la terre, à la chaux et à la pluie, plus le phénomène s'amplifiait. Cela avait été tellement rapide que tout le monde avait assisté au spectacle sans réagir. Les Seydoux avaient eu ce jour-là, la démonstration de ce qu'ils n'arrêtaient pas de répéter aux enfants, à savoir la grande dangerosité de ce produit quand on le mélangeait à l'eau et le pourquoi de leur accoutrement.

Au souvenir du lapin tordu de douleur, Jim se revoit encore, immobile et calme à compter dans sa tête les secondes, puis les minutes qu'il avait fallu au lapin pour agoniser. Il se souvient que cela avait été tellement impressionnant qu'il en avait perdu le fil. Perte dont il s'était très vite consolé en se repaissant maintes fois du spectacle.

Aujourd'hui, il visualise très bien ce qu'un bon bain à la chaux vive ferait à cette Nathalie Magne. Couic la demi-sœur ! Liquéfiée. Ni demi, ni sœur, ni rien qui ne survive.

Cela donnerait une bonne leçon à Raph qui, bien que tordu de douleur, se voit déjà en train de se recomposer une famille en l'oubliant. Et aussi, au passage, à sa pétasse qui l'a vertement toisé à son retour en le priant d'aller imploser ailleurs.

Il serait peut-être temps que ces deux-là se souviennent que la vie n'est pas et ne sera jamais cette béatitude romanesque dans laquelle ils se vautrent comme deux attardés mentaux depuis six mois.

48

Être enceinte, c'est se découvrir, pense Anne. S'apprendre. Se révéler à soi-même. Jamais elle n'aurait imaginé une telle transcendance. Comme si cette grossesse la remettait au monde mais cette fois-ci en conscience. Chaque jour est autant une épreuve qu'une joie. Elle n'en finit pas d'être étonnée. Son corps qui se modifie jour après jour draine avec lui un phénoménal revirement de certitudes, de croyances et de priorités. Elle qui se pensait posée au bon endroit, convaincue de son chemin, ses choix, voilà qu'en même pas six mois, elle passe par des états d'âme dignes d'un vrai rodéo des sables. Voltige des sens, acrobaties physiques, myriades de suspensions mais et c'est à cela qu'elle s'accroche, un axe central sur lequel elle revient toujours et encore : sa pépite. Cet embryon plus puissant que toutes ses résolutions. Qui l'oblige à mettre une distance abyssale avec tout ce qui lui arrive. Relativité pétrie d'indulgence dont son amant profite largement et dont elle-même s'indiffère comme de sa première dent de lait.

Quand elle essaie de faire le point, elle voit bien que quelque chose cloche. Des grandes zones d'ombre autour de Raphaël aux alarmes physiologiques de son corps, le chemin n'est pas de tout repos. Et pourtant elle s'en fout. Toutes ses colères ou inquiétudes lui font l'effet d'un pétard mouillé. Le présent résiste à toutes les offensives.

Elle découvre, et c'est où ses convictions s'ébranlent une à une comme un château de cartes, qu'il y a un avenir. Le « ici et maintenant » ne lui suffit plus. Ou en tout cas, n'a plus la même importance. Depuis peu, elle a instauré un dialogue intérieur avec sa pépite. Sur un écran XXL, la projection est continue. Saturé d'images subliminales, le fœtus communique avec elle. Il donne la mesure d'une vie à venir comme elle ne l'a jamais imaginé. Elle vit cela comme un secret. Un monde à elle qu'elle couve comme une chatte et protège comme une lionne. Elle ne se sent plus jamais seule. Aussi enracinée qu'un chêne millénaire. Puissante, solide, tentaculaire. Reliée à une énergie souterraine qui lui permet d'envoyer bouler Raphaël comme d'accepter ses retours. Elle sait ce qu'il traverse, devine ce que sa demi-sœur a pu réveiller de traumatismes et pourtant elle n'intervient pas. Se refuse à toute discussion. Qu'il fasse son chemin, elle, elle suit le sien.

Trois mois pleins encore, à vivre cette symbiose qui tour à tour la déconcerte, la ravit, l'émerveille, la fatigue. C'est ainsi qu'elle conclut sa pensée quand Raphaël échoua sur son canapé après une énième nuit passée dehors.

– Treize semaines, tu m'entends Raphaël. Cent jours qui ne reviendront jamais, qui m'appartiennent et desquels je te conseille de profiter un maximum. À moins que tu ne veuilles louper cette chance qui t'est donnée de tourner la page. Le retour de Nathalie est une bénédiction. Tu as le choix d'y voir autre chose. Mais je te préviens que ce sera sans moi.

La « femme-écran » jubile. Ses terminaisons sont en ébullition. Électrisée par cette puissance de vie, elle songe au long parcours qui bientôt s'achèvera. Aux retrouvailles. À sa renaissance. Elle voudrait aider Raphaël aussi, sait pourtant que la seule route pour venir jusqu'à lui passe par Anne. Une guérison par procuration en quelque sorte. Dont il faudra peut-être qu'elle accélère le processus si elle veut espérer anéantir Jim au passage. Lui couper l'herbe sous le pied, réduire sa marge de manœuvre. Et l'obliger enfin à capituler.

49

Comme après chaque orage, le calme revient. C'est le « Grandir » des hommes que de faire trois pas en avant puis un en arrière, avant de « mieux » repartir. Anne et Raphaël sont comme ce début de printemps. Aussi pressés de passer à autre chose que timides et échaudés d'y croire. En croissance douce, ragaillardis par les premiers rayons de soleil et pourtant dès que la nuit revient, les mêmes cauchemars rappliquent et leurs rêves à nouveau se dissolvent. Aussi charbonneux et amers que le jus d'un citron noir. Parce que les nuits sont aux jours ce que les coulisses sont à la scène et qu'ils savent que tout se joue là, dans cette vallée profonde où dort leur conflit. Où se chuchotent leurs peines et qu'à mi-voix, l'orchestration finale se décide.

Aussi, se croisent-ils plus qu'ils ne vivent ensemble. Ils ont instauré une sorte de statu quo. Se bornant au quotidien. Anne entièrement centrée sur sa pépite. Raphaël sur son boulot. Il enchaîne les tours de garde et engrange ainsi les heures supplémentaires qui allongeront son futur congé parental.

À s'étourdir ainsi, il tient Jim à distance. Et avec

lui, ses démons, ses pulsions, toutes les questions que sa rencontre avec Nathalie Magne a générées. D'ailleurs celle-ci n'a plus donné de nouvelles aussitôt sa mission remplie. Peut-être a-t-elle eu besoin comme Raphaël de digérer leurs retrouvailles. Il pense même qu'elle a dû être sacrément déçue. Ou affligée. Ou qu'elle regrette.

Lui-même se fait l'effet de n'être que peau de chagrin dans un trou d'air. Au bord de la fin. L'âme froissée et le cœur fendu. La salive ferreuse d'accoucher, jour après jour, chaque bébé dans un bain de sang. Il se dit qu'il en faut du courage aux vivants pour croire encore que tout cela a un sens. Du courage et aussi une espèce de folie meurtrière puisqu'à terme chacun de ces nouveau-nés mourra. Dans un laps de temps plus ou moins long, ils chemineront toute leur vie vers l'inéluctable sans jamais échapper à la douleur.

– Personne n'est épargné. Regarde-toi. Regarde-les. Ouvre les yeux, Raph. C'est là le sort des humains, naître pour mourir et entre les deux, souffrir. Même les animaux s'en tirent mieux que nous. Dix, quinze ans chez un seul bon maître et ils ne connaîtront jamais ce que l'humain, même né au bon endroit et à la bonne heure, endurera. Quoique le mieux nanti, l'humain n'échappera pas à la souffrance. Tous, un jour ou l'autre, connaîtront les affres physiques, les tourments du cœur et tous les sentiments qui le constituent. Fie-toi, ne serait-ce qu'aux six émotions de base que sont la Joie, la Tristesse, la Peur, la Colère, le Dégoût, la Surprise puis rajoute ce putain d'Amour dont tout le monde se réclame mais que personne ne connaît et tu obtiens sept foutues bonnes raisons de vouloir que tout s'arrête. Et comment arrêter cette prolifération si ce n'est en coupant à la base ? Hein, comment ? Les femelles, Raph, ces garces qui nous mettent au monde et sachant déjà ce qui va se passer, nous y abandonnent.

Chaque matin qui réveille Raphaël sur ces mots le pousse à sortir du lit comme un voleur.
En sueur, tremblant, terrifié. Il n'accorde à Anne aucun regard, file sous la douche, et s'en va prendre seul, son premier café à la Pissotte.

La fuite, c'est tout ce qui lui reste.

Avec le silence. Et la honte aussi.

Pour cacher sa peur.

50

Jim épie. Jamais loin. Et lorsque cette mascarade le pousse à bout, il laisse éclater sa colère. Il a dépassé le stade où il choisissait encore ses proies, les flairait, les laissait aller à terme puis les tuait. Aujourd'hui n'importe quelle femme engrossée fait l'affaire. Inutile de laisser une survivance grossir le rang des oubliés. Cette Florence Labbe finira comme les autres. Éventrée, le cordon ombilical enroulé autour du cou et le fœtus posé sur la bouche. Il prendra une photo. Pour preuve. Puis il l'immolera.

Toutes ces femmes ne sont pourtant qu'une

illusion. Il le sent. Le jeu est devenu trop facile. Presque fade. Il s'en contente, écœuré et sa colère s'en trouve décuplée. Il doit attendre pourtant. Son but c'est Anne. Il sait qu'après Elle, ça sera la fin. Elle cristallise à Elle seule toute sa haine et sa vengeance et sa souffrance et son soulagement. Aucune ne lui procure ce qu'il fantasme d'Elle. Elle, la mère, la traîtresse mais plus encore, Elle, la femme qui lui vole Raph. Qui se l'approprie. Le détourne de lui.

Avec cette putain, il lui faut jouer serré. Patienter. Trouver le bon moment. Ne pas céder à ses pulsions. Avec Elle, c'est tout le monde de Raph qui va s'écrouler. Et si son monde s'écroule, Jim aura toute latitude d'être le seul, l'unique. Comme avant.

Mais pour toujours.

Alors ces avatars, il s'en contente, heureux de constater le chemin qu'il a fait depuis ses débuts. Il n'est plus le Jim balbutiant ses premiers crimes en les maquillant en suicide. Quand il y pense, il se ferait presque pitié. Elles n'étaient que des brouillons. Des étapes. Un apprentissage. Il a bien évolué depuis. A dépassé ses limites, parfait sa maîtrise, augmenté sa cadence.

Ce n'est plus qu'une question de jours. Deux mois à peine.

Alors, il sera prêt.

51

Trente-deux semaines d'aménorrhée, l'échographiste promène son capteur, s'arrête, repart, prend des mesures. Pour la première fois depuis une éternité, Anne et Raph regardent dans la même direction en se tenant la main. Et plus la forme se déploie sous leurs yeux, plus leurs doigts se resserrent, plus leurs yeux se gonflent et plus le praticien se tait. Ce n'est pas ce qu'il voit à l'écran qui l'alarme mais ce qu'il ne sait pas deviner du silence des jeunes parents. Étonné puis inquiet par leur attitude béate, mutique, presque hypnotique.

À ce stade du septième mois, les couples sont en général bavards, bruyants, joyeux, impatients mais jamais encore il n'a vu deux personnes aussi statufiées devant leur progéniture. Tout va bien pourtant. Le bébé pèse 1,6 kg pour 38 centimètres. Tous ses organes fonctionnent et il a même cette fois-ci, daigné les renseigner sur son genre. Ce qui a eu pour résultat, quand le médecin a demandé s'ils voulaient savoir, de resserrer un peu plus encore le silence autour d'eux. Aussi hésite-t-il à poursuivre. De plus en plus mal à l'aise. Comme s'il n'existait pas et que là, sous ses yeux se tramait un scénario dont il est parfaitement exclu. Si ce n'est malvenu.

Et c'est vrai. Au moins pour l'exclusion. Anne et Raphaël sont pris au piège de leurs propres émotions. Impressionnés avant même de franchir la porte, ils n'ont pas prononcé un mot de tout le trajet. Ils ont franchi ces dernières semaines comme des automates, retranchés dans leur silence et leur compromis.

Ce qui se joue aujourd'hui équivaut à une nouvelle étape. Et donc une nouvelle peur. Depuis sept mois leur relation fait le yo-yo. À chaque fois qu'il est question du bébé, tout se dérègle. Aussi sont-ils pétrifiés. Aux aguets. Incapables de laisser déborder leur joie. D'être soulagés. Et d'oser dire oui à cette question laissée sans réponse.

Ce n'est que très tard dans la nuit de ce même jour que les amants oseront les mots qu'ils ont retenus toute la journée. Des mots dilués, entre soupirs et chuchotements.

À la troisième tentative du médecin, Anne a hoché la tête, Raphaël a cligné des yeux et le verdict s'est faufilé entre eux comme un secret à retenir. Encore. Un peu. Le temps de faire le chemin. Celui qui mène au cœur. Ce cœur comprimé, remplacé par la raison, soumis à leurs incertitudes. Deux longs mois d'agonie à effacer, caresse après caresse. Baiser après baiser.

Le ventre d'Anne limite leurs jeux, oblige à d'autres enlacements. À fleur de peau, les amants se reniflent, leurs mains s'égarent, convoitent la source, tracent des cercles, se rapprochent, repartent, puis reviennent. Cela ressemble à ces danses où les couples glissent en surface, d'abord lentement puis de plus en plus vite. Ils enchaînent les figures de style, le public retient son souffle, électrisé, impatient, cramponné au bord du vide avant de se laisser tomber en arrière. Alors le cœur pulse et on le sent battre, enfin, partout, dans chaque terminaison nerveuse. La tension retombe.

Le corps alangui, en sueur, allégé de toute pollution retrouve son souffle. Celui qui unit dans une extase similaire, proche de la délivrance. Le sexe de Raphaël se replie et glisse de la main d'Anne. Celui d'Anne se rétracte et s'écarte de celle de Raphaël. Chaque millimètre de peau a parlé, s'est offert, dans ce qu'ils avaient de mieux à donner à l'autre. Ils restent ainsi, côte à côte, repus, heureux et leurs mains se rejoignent, mêlant leur sève et leur plaisir et leur jouissance.

Au premier frisson pourtant, ils se tournent l'un vers l'autre, se rapprochent, s'enlacent, se regardent et enfin, sourient. Ils sont si proches que leurs paroles ressemblent à un murmure, un marmonnement aussi léger qu'une brise de printemps. Comme une onde qui transforme les mots en chants et vient gazouiller directement à leur oreille. Pour qui apparaîtrait, ce ne serait que silence ou quiétude, pour Anne et Raphaël, c'est plus de bruit qu'ils ne peuvent en concevoir.

Ces mots-là s'appellent Lison, Marie, Elena, Victoire, Louise, Emma, Chloé, Alice, Camille, Rose… Et aussi féminin, grâce, fossette, rose, robe, danse…

Ces noms-là ont, à n'en point douter, le sourire d'Anne, sa voix, sa patience, sa volonté, son ADN, sa psyché.

Ces projections sont comme des espoirs, un tour de magie, la seule chose à laquelle Raphaël n'aurait jamais pensé.

Une fille. Son enfant est une fille.

Pour Raphaël, c'est plus qu'il ne peut en contenir.

Un garçon aurait tout pris de lui. Tout.

Surtout le pire.

Il est sauvé.

Pour la « femme-écran », c'est le bain de jouvence à tous les étages. Tout juste si elle se retient de cabrioler. Ce qu'elle entend, perçoit, ressent confirme sa décision. Elle va devoir accélérer le rythme, insuffler encore un peu de jus. Anne est tout entière dévouée à sa cause maintenant. Raphaël l'incarnera bientôt. Deux parents parfaits.

Si ce n'était Jim, elle débrancherait tout et s'en remettrait aux aléas, à la vie, à l'univers. Parce qu'après, elle le sait, il sera trop tard. Elle aura tout oublié. Et ne pourra plus rien prévenir.

52

– Moi quand je serai grand, je veux être vétérinaire pour étudier le foie des girafes.

– Ah bon ?

– Oui. Ou alors dentiste pour les mammifères marins.

– Ah bon mais ils ont des dents énormes.

– Ou mieux encore, « spermatologue » pour les escargots.

– Sperma quoi ? Hein ? Tu me charries encore, hein, dis-moi ?

– Bah oui. Un peu. Allez, viens, je vais te montrer…

Dans le souvenir de Jim, ce jeu du « quand je serai grand » résonne comme un coup de tonnerre. À l'époque, il pouvait inventer n'importe quoi. Il était le Roi. Raph suivait, admiratif, soumis et même parfois volontaire. Aujourd'hui, il l'a bien baisé. Et pourtant, il avait une chance sur deux. Une putain de chance sur deux.

À toi la femme, à moi l'enfant. Tu parles qu'il s'est bien foutu de sa gueule. Maintenant que son chiard est une nénette, il tourne sa veste. Il n'a laissé à Jim aucune latitude de négociation et quand ils en sont venus aux mains, Raph a tenu bon.

Jamais Jim ne l'a vu si grand, si droit, si fort. Si hautain.

– Fini les négociations. Les menaces. Les cauchemars. Les violences. Dégage de ma vie, lui a-t-il hurlé sans sourciller d'un poil ni frémir d'un muscle.

Et tout ça, quelques heures à peine après sa nuit avec sa pétasse. Il a suffi qu'il recouche avec elle. Et encore couché, du touche-pipi de gamin, oui. À se branler comme deux adolescents. Des chialeurs, brouteurs à la petite semaine. Papa, Maman et que je te la fais à la « lèche-moi pendant que je te remue la queue ».

Il a préféré battre en retraite. Les mots n'ont jamais gagné une partie. La vie ce sont des actes. De ceux qui te clouent au pilori et ne te laissent aucune chance. Avec Raph, c'est ainsi que ça marche. Le jour de la renarde aussi il ne voulait pas. Jim l'a pourtant fait.

Et il ne va pas se gêner ni attendre.

Anne est tellement prévisible. Tous les jours à faire le même circuit. Tellement lourde et empotée avec ses 19 kg en trop. Comment il a pu baiser une baleine pareille. Et on voudrait lui faire croire que c'est lui le gros dégueulasse.

Il va faire d'une pierre deux coups. La femme et l'enfant. Alors seulement il s'occupera de Raphaël. Ce traître. Ce faible. Ce crevard de la culotte.

Ce demi-frère qui ne l'est plus. Ne l'a jamais été. Ne le sera jamais plus.

Et dire que pour lui, il s'est oublié pendant si longtemps.

Et dire que pour lui, il a tout encaissé.

Et dire que pour lui, il a même accepté de mourir.

53

Trois jours. Peut-être plus. À quel moment Anne s'est-elle réellement aperçue qu'on la suivait ? À quel moment a-t-elle ressenti comme une présence ? Une force dans le dos qui la propulsait en avant. Accélérant ses pas.

Vingt fois elle s'est retournée prête à en découdre. Pensant trouver quelqu'un de si proche qu'elle l'aurait bousculé. Vingt fois elle a failli basculer dans le vide, d'elle-même, surprise que sa volte-face ne rencontre aucune résistance. Et pourtant elle en est sûre, depuis une semaine, elle perçoit quelque chose d'anormal. Comme si une ombre l'épiait, la frôlait, se tenait plaquée dans son dos, marchant dans ses pas, respirant dans sa nuque.

Et plus les jours passent, plus la psychose s'amplifie.

Le premier jour, ça n'a duré que le temps de descendre faire les courses. Aussitôt dehors, elle a eu comme une appréhension, une sorte d'angoisse de se retrouver seule. Elle s'est sentie vulnérable, comme en danger, trop grosse pour le bout de trottoir le long duquel les voitures, les bus et les motos surgissaient, de plus en plus maladroite dans ses déplacements et lente dans ses réactions. Elle s'imaginait obèse, incapable de se relever si on la bousculait, inapte à revenir sur ses pas dès qu'elle faisait plus de cent mètres. Elle a mis cela sur le compte de sa grossesse. Ses hormones. La fatigue. Le compte à rebours.

Le second jour le phénomène s'est accru. Chaque regard, chaque rencontre était passée au crible. Elle était telle une proie face à de dangereux prédateurs. Seule contre tous, elle défiait pourtant quiconque osait la regarder. Elle se sentait comme un animal pris au piège, réagissant à l'instinct, prête à défendre sa pépite. Là encore elle avait pensé qu'elle « psychotait », que l'approche du terme forçait sa paranoïa.

Rien ne s'était passé. Aucune mauvaise rencontre ni conflit ni accident. Et pourtant au troisième jour, c'est comme si son esprit était possédé. Elle avait même pensé à ne plus sortir. Puisque aussitôt chez elle, le calme revenait, elle en avait conclu qu'en son état, le repli était préférable. Qu'elle ferait mieux de couver au chaud plutôt que d'aller se risquer pour une baguette, quelques fruits et un bout de forêt sans âme qui vive.

Au cinquième jour, quand Raphaël l'avait trouvée prostrée sur le canapé, elle lui avait tout avoué. Il l'avait écoutée sans broncher, la mâchoire crispée et le regard fixe. Puis ensemble, ils avaient téléphoné à leur médecin.

La conversation, triangulaire, entrecoupée de questions posées à Anne par l'intermédiaire de Raphaël, s'était soldée sur un verdict somme toute banal. Dépression. Comme il en arrive souvent au cours d'une première grossesse, avait précisé l'obstétricien.

– Du repos, une alimentation saine, un peu d'activité physique, marche ou natation, du dialogue, on évacue le stress et si ce n'est pas suffisant, une aide psychologique. Je vais vous donner le numéro d'un confrère. Au cas où. Vous verrez, avait-il parachevé, ça va aller. C'est bientôt fini.

Cette dernière phrase dite avec humour glaça le sang de Raphaël.

Anne le dévisagea, dubitative.

Qu'est-ce qui est bientôt fini au juste, marmonna-t-elle ? Moi, nous, la pépite, ma dépression, ce bordel sans nom qui dure depuis sept mois, continua-t-elle, pour elle-même, avec rage. Pourquoi c'est si compliqué, depuis le début ?

C'est bientôt fini. Exactement ce que le cancérologue lui avait dit trois jours avant que Marcus ne rende les armes.

54

Raphaël a passé une partie de la nuit à tenter de répondre à cette question. Il sait qu'Anne subit les assauts répétés de ses propres tempêtes. Sa grossesse à l'image de son chaos. Il ne peut rien faire de plus. Juste se taire. La préserver. Encore.

Cinquante foutus jours pendant lesquels il doit trouver une solution.

Il a ordonné à Jim de disparaître. Peut-être est-ce lui qui rôde malgré tout. Anne n'est pas si fragile, elle n'invente pas ses peurs. Ses angoisses sont la conséquence d'avoir osé défier Jim. Il doit le retrouver. Ce salaud n'est pas réapparu mais ça ne veut rien dire. S'il veut pouvoir le toucher lui, Raphaël, il doit passer par Anne, le provoquer, lui faire payer son arrogance et sa folie de se croire le plus fort.

Il n'attendra pas. Plus. Le pacte est mort.

Il va s'en prendre à Anne, au bébé et à lui. Ils vont y passer tous les trois. Et comme pour la renarde, Raphaël sera piégé. Mis devant le fait accompli. Incapable de se relever. De repousser le pire. Ou d'oublier.

Cette fois-ci, il ne restera que Jim. Définitivement. Diaboliquement.

Jim. Ce frère intraitable. Son double. Son miroir.

Inutile de penser à en parler à quelqu'un. Même pas Anne. Surtout pas Anne. En même temps que de la sauver, il la perdrait à jamais.

Le pacte, c'est entre Jim et lui, depuis toujours. Un secret auquel personne n'a jamais rien compris. Ni les médecins, ni ses parents adoptifs. Pas même lui en fait. Jim et lui, c'est l'obsession originelle dans son obscure dualité.

Que l'un des deux meure et l'autre disparaît.

55

La garce n'est pas réapparue. Il l'a pistée quatre jours. Glissant son ombre sur la sienne. Respirant presque son parfum quand dans les allées boisées, ils se sont croisés.

Le cinquième jour, certain de ses périples journaliers, il s'était décidé à passer à l'attaque. Il avait prévu son offensive à quinze heures quand elle descendait faire sa promenade en lisière de bois. Au lieu de tourner à droite vers l'avenue commerçante, elle tournait alors à gauche vers la première allée et s'enfonçait doucement entre les arbres. Elle marchait sur trois cents mètres avant de s'asseoir sur le premier banc qui ponctuait son parcours. Elle y restait dix bonnes minutes avant de parcourir encore deux cent cinquante mètres et de s'asseoir sur un autre banc. Trajet immuable et parfaitement rodé au cours duquel elle n'avait jamais croisé personne. Il pensait la surprendre à l'approche du troisième banc. Elle y restait moins longtemps que sur les deux autres mais l'endroit avait l'avantage d'être le plus éloigné de la route et surtout, au pied de son assise, une souche morte offrait un réceptacle idéal au piège qu'il lui avait tendu.

L'idée était de lui foncer dessus à vélo au moment où elle se lèverait. Dans son état elle perdrait l'équilibre, un coup sec en passant sur le couvercle bricolé au-dessus de la souche et la vipère jaillirait, hargneuse d'avoir été retenue prisonnière. Avec un peu de chance, la peur tétaniserait sa volonté et la salope resterait ventre contre terre toute la nuit.

Mais voilà, la garce n'est pas sortie. 24 heures qu'il poireautait pour rien.

Jim enrage. Il se gèle le cul à faire les cent pas sous sa fenêtre. Par deux fois, il a profité d'un voisin qui sortait pour pénétrer leur résidence. Il a monté l'escalier et s'est collé à la porte de l'appartement. Pas un bruit. À peine l'écho d'une chasse d'eau. À croire qu'ils sont morts. Ou calfeutrés dans le coin le plus reculé.

56

Nathalie Magne a tout prévu. Dans moins d'une semaine, elle ira rejoindre son fils. Quinze jours au vert, loin d'ici, de ces longs mois d'agonie à veiller son père, l'enterrer, vider son appartement. Loin de cette réalité et surtout loin de sa rencontre avec Raphaël. Ce demi-frère tant attendu. Qui ne donne aucune nouvelle. Et ne daigne même pas répondre aux messages qu'elle laisse.

Elle se fait l'effet d'une belle idiote à attendre comme ça, jour après jour, que quelque chose se passe. Quoi, elle ne sait pas au juste. Mais elle ne s'attendait pas à ce vide. Ce silence. Cette absence.

C'est plus d'émotions en quelques mois que dans toute sa vie.

Plus de doutes et de larmes aussi.

Elle sent qu'elle n'a plus rien à faire ici. Plus maintenant. Tout est en ordre.

Ne reste qu'à partir. Rejoindre son fils.

– Prends des vacances, lui a-t-il conseillé. Quelques jours pour toi. Tu l'as bien mérité, non ? Et moi aussi, a-t-il rajouté, un brin de reproche dans la voix.

Cette dernière phrase l'a prise au dépourvu. Elle a senti tout le poids de son attente. Son cœur de mère a failli y rester. Dans l'heure qui suivait, elle s'occupait de réserver un vol pour Manaus. Maintenant elle a presque hâte. Elle s'imagine déjà en train de siroter un vrai jus d'orange, parfumé, fruité, glacé, les pieds nus dans ses sandalettes et un chapeau de paille sur la tête. Elle imagine les couleurs et les musiques, les couchers de soleil, les passants aux accents chantants, image de carte postale idéalisée qu'elle fait défiler en boucle dans sa tête pour contrer sa peur de se retrouver à des milliers de kilomètres, en terre inconnue.

Voyager n'a jamais été dans son vocabulaire. Pas plus que partir. Et tout quitter.

Mais la vie, a-t-elle l'impression, lui enseigne depuis quelque temps que c'est ainsi que l'on tourne des pages, que l'on met fin aux regrets, aux illusions. Elle se rassure en évoquant les retrouvailles avec son fils. Il a promis de se rendre disponible, de ne pas lui lâcher la main. Inversion des rôles, c'est peut-être cela après tout qu'il lui faut. Qu'on prenne soin d'elle. Qu'on la guide. Le temps d'y voir plus clair. D'apaiser les douleurs. De réfléchir autrement. Au repos et en silence.

Et tant pis pour Raphaël !

Ou tant mieux.

Peut-être a-t-il besoin de temps lui aussi.

57

Raphaël referme doucement la porte sur Anne endormie, emmitouflée sur le canapé. Il l'a prévenue qu'il comptait sortir en promettant d'être rentré avant qu'elle ne se réveille. Il a besoin de se dégourdir les jambes, a prétexté l'obligation de quelques courses. Il sent que quelque chose cloche. Cette nuit, dans sa paranoïa, Anne a évoqué un homme à vélo croisé lors de ses déambulations dans le bois.

– Il est là à chaque fois. Un sportif sûrement. Toujours à la même heure. Il ralentit quand il passe devant moi. Mais ne me salue pas. C'est bizarre, tu ne trouves pas ? Quand on croise les gens plusieurs fois, on finit toujours par se parler, non ?

Raphaël a tenté de minimiser l'anecdote mais

un détail l'a alerté. Quand il lui a demandé si elle avait vu son visage, elle a répondu que non.

À chaque fois, il avançait tête baissée. Mais vu le terrain, ça ne m'étonne pas. C'est bourré de crevasses, de racines et de gros cailloux.

Elle semblait vouloir se rassurer et le rassurer. Comme si tout compte fait, cela n'était que le fruit de son imagination et de cette espèce de dépression prénatale.

Raphaël, lui, voulait en avoir le cœur net. Il est donc sorti, a remis ses courses à plus tard et a pris la direction du bois. Un plein soleil inonde le sous-bois en ce 20 mars, la température est douce. Il se sent presque guilleret, en est surpris et aussitôt honteux, ces dernières heures enfermé l'ont vraiment desséché. Il respire à pleins poumons et sent comme un air neuf lui traverser le corps. Neuf mais pollué. Ses bronches le lui rappellent bruyamment en toussant.

Il songe à Roussillon et se maudit d'avoir suivi Anne ici. Pour le bébé, il vaudrait mieux qu'ils déménagent. Vincennes est un poumon certes vert mais trop petit. Il le comprend en pénétrant la forêt, il l'a parcourue tant de fois. Elle a des limites, des routes aux abords et des immeubles en vis-à-vis. Dès les beaux jours, des milliers de prétendants viennent la fouler. Au final, on y respire mal. Ils ont besoin de plus que ça. Beaucoup plus.

Et puis, rejoindre Roussillon c'était aussi rejoindre Lucille, l'amie d'enfance d'Anne. Ne plus être seule, se sentir épaulée quand il travaillera. Il songe qu'il devrait l'appeler, elle aurait dû être au courant depuis longtemps. Il a laissé à

Anne le soin de ses décisions mais il sent qu'elle n'est plus à même de prendre les bonnes. Il doit reprendre la main. Appeler Nathalie aussi. Elle lui a laissé trois messages. Le dernier pour dire qu'elle partait. Il se demande bien où et pourquoi.

Toutes ces pensées et questions s'égrènent sur le chemin de Raphaël, pourtant à mesure de ses pas, il les laisse s'éloigner.

Est-ce le printemps ? Le bonheur de marcher. ? De sentir à chaque foulée sa volonté s'affermir, son corps croître et son souffle se revivifier ? Raphaël sent qu'il reprend des forces. Il est prêt même à agir.

Il dépasse pourtant le troisième banc sans qu'aucune alarme ne vienne le perturber.

Au pied de la souche gît ce qu'il reste d'une vipère, coupée en petits morceaux et disposée par tranche. Grouillante d'insectes, aspirée jusqu'à la moelle, elle offre un spectacle répugnant.

L'idée d'un sacrifice qu'il a tort d'ignorer.

58

C'est décidé, la « femme-écran » renonce. Elle est à bout. La seule façon de mettre un terme à ce chaos est d'en créer un autre. Quitte à se sacrifier. Une fois encore.

Anne n'est plus qu'une chiffe molle, apathique, centrée sur sa peur, bouffée de l'intérieur par une valse de pensées négatives, de stress, d'irritabilité, de tristesse et un sentiment de désespoir proche du suicide. Elle ne mange presque plus rien, dort mal, en proie à un vieux cauchemar qu'elle refoule chaque matin.

« La femme-écran » s'est trompée. Le danger est tapi dans l'inconscient de la jeune mère. Raph et Jim n'en sont que les stigmates extérieurs. Accouplée à leurs névroses, celle d'Anne semble se réveiller.

Sept mois, l'étape fatale. Ce stade où la réalité prend racine dans le conscient. Inutile de lutter contre la réalité. Le fœtus est là, bien visible, en surface. Il pousse pour bientôt sortir. C'est inéluctable. Anne ne le sait pas mais elle subit le souvenir de sa propre gestation. Dans son histoire, le même scénario se répète.

Tout au long de sa grossesse, sa propre mère, a vécu dans le déni de son état. Quand il est devenu physiquement incontournable d'y faire face, elle est tombée dans une dépression sévère avec une envie de meurtre sur le fœtus. Hospitalisée d'urgence alors qu'elle tentait de se faire avorter en se fouettant le ventre avec un câble électrique, Anne était née cinq heures après. À six mois et demi.

Elle est restée neuf jours entre la vie et la mort.

Ces neuf jours sont à l'image de ce que ses cauchemars récurrents lui assènent chaque nuit, depuis une semaine.

De l'extérieur, une sorte de cylindre blanc, opaque, d'environ vingt centimètres. À chaque extrémité du cylindre, un tuyau en caoutchouc noir flotte dans un liquide rouge. Le cylindre tourne sur lui-même plusieurs fois et les tuyaux emportés par le flux forment comme des arabesques sanguinolentes. Puis tout s'arrête et le cylindre explose. Les tuyaux se détachent. Ils tombent dans une sorte de vase malodorante et aussitôt une bouche énorme surgit. Sur ses lèvres est posée en équilibre une paire d'yeux. L'image est monstrueuse. Un visage réduit à trois cavités, pétrifié d'horreur, grimaçant de douleur. Puis l'image se dissout. C'est le noir total.

Anne ne sait rien de sa naissance. Du rejet profond de sa mère. De son déni. De sa monstruosité. Mais son inconscient, lui, le sait. Pour « La femme-écran », le traumatisme refoulé cherche à se dégager du passé. Il veut ressurgir.

Le décès de son grand-père, Marcus, a occulté le caractère profondément morbide de la jeune femme. Morte symboliquement dans le ventre de sa mère avant de naître, quel autre choix avait-elle des années plus tard d'embrasser la carrière de Médecin légiste ? De farfouiller le corps de ses patients ? D'en déceler l'étincelle ? Ou d'en exorciser la peur ?

Anne perd pied, met la vie de sa pépite en danger.

La « femme-écran » n'a plus les moyens d'y faire grand-chose.

Cette part de l'histoire ne lui appartient pas.

Et la sienne va bientôt finir.

Il lui faudra quitter les hautes sphères pour renaître à son propre chemin.

Peut-être vaudrait-il mieux que personne n'y survive.

59

Jim se régale. Il est temps de s'amuser un peu.

Après délibération, son choix s'est porté sur la dernière vidéo que renferme son album souvenir : Florence Labbe, éventrée, le cordon ombilical enroulé autour du cou et le fœtus posé sur la bouche.

Nul doute que ce joli petit film devrait faire son effet. Une qualité de son et d'image extraordinaire. Trente-trois secondes, les dernières, filmées en gros plan et en direct. Presque de l'art. Vivant !

La technologie d'aujourd'hui déborde d'ingéniosité et facilite son travail. Un iPhone X, un profil Snapchat, un forfait 4G illimité et le tour est joué.

La petite pute va s'en prendre plein les mirettes avant que tout ne s'efface. Elle aura du mal à prouver quoi que ce soit. Dernier avertissement. Elle n'avait qu'à pas se plaindre.

Avec ses conneries de tout raconter, Raph s'est pointé dans le bois et a bien failli le toper alors qu'il déchiquetait la vipère.

Il est plus que temps de passer à l'action.

Posté derrière la porte d'Anne, excité, impatient, tendu, il appuie sur la touche envoi. Et attend.

Lorsque le bip de réception retentit sur son propre téléphone, Jim dévale l'escalier en courant. Aidé de la rampe, il survole les marches trois par trois, tournoyant, heureux, souriant, alors qu'un hurlement traverse les cloisons et le cueille sous le porche de l'immeuble.

Satisfait, dans sa tête se met déjà en place la phase finale de son plan.

60

La panique d'Anne au sortir de son cauchemar, est totale.

Est-elle encore dedans ou bien chez elle ? Sa lucidité lui échappe. Elle baigne dans un jus froid et dans son corps, c'est l'anarchie à tous les étages. Elle voudrait ouvrir les yeux mais la peur de rencontrer une bouche immense prête à l'engloutir l'en empêche. Elle voudrait hurler, le fait-elle ? Elle ne s'entend pas. Tétanisée par une douleur comme si on lui plantait un pieu dans le cœur. Elle se sent partir, d'un coup son rythme cardiaque ralentit et la douleur s'efface. Elle se sent légère, aérienne même, comme une bulle de savon virevoltante dans un rayon de soleil. Un arc-en-ciel se dessine sous ses paupières et un sentiment de bien-être accompagne son envolée. Elle passe au travers d'un rideau de couleur, le visage de Marcus se dessine. Il est d'un blanc incroyable, presque transparent.

Elle se sent souriante tout en courant vers lui. Mais plus elle se rapproche, plus la vision s'échappe. Elle reste en arrêt, vaguement confuse, calme pourtant. Autour d'elle l'arc-en-ciel n'en finit pas de se déployer. Rien à voir avec ceux entrevus quelquefois, avant, il y a si longtemps il lui semble. Elle discerne une immense palette de couleurs. Une infinité de tons. Des nuances qu'elle ne saurait pas nommer. Ce ne sont plus des mots mais des sensations qui la traversent. Comme si elle ressentait les couleurs une à une et que pour chaque teinte, un degré supérieur de compréhension et d'absorption lui était révélé.

Il y a en elle, à cet instant, une plénitude inédite. Une sorte d'accomplissement qui la fige et dont elle pressent l'infinitude. Ici rien de lourd, de brumeux ou de limité, juste l'essence d'une vie délestée de tout, complètement relâchée, vibrante et comme soyeuse. Un effleurement de caresse, un vertige de sensations qui apaise enfin tout souvenir et efface jusqu'à la notion même du temps.

Alors qu'elle flotte, à présent tout à fait sereine, une vibration persistante la déroute. Quelque chose de proche émet un signal. Elle sort de son rêve, ouvre partiellement les yeux et son regard encore flou capte la lumière de son téléphone portable. Elle pense aussitôt à Raphaël, tend la main, s'empare de l'appareil et se redresse.

Un message s'affiche « vous avez reçu une vidéo ». Elle sourit pour elle-même. Raphaël lui fait souvent ce genre de surprise. Une complicité entre eux et sa façon à lui, toute personnelle, de lui faire passer des messages.

Elle le sait sorti, en train de faire des courses et s'attend à ce que son partage soit de l'ordre du « et ça, ça te plairait ? »

Rassurée et heureuse, elle lance immédiatement la vidéo.

La violence des images la percute en quelques secondes. Sans en saisir toute la portée, son esprit saisit le message subliminal qu'un plan fixe imprime comme si la scène se déroulait sous ses yeux. Ce qu'il reste d'une femme dont on a extrait le fœtus pour lui enfoncer dans la bouche. Happée, terrifiée, soumise au choc, elle met quelques minutes avant de lâcher son téléphone et de se mettre à hurler.

S'ensuit une série de contractions comme si on voulait forcer ses parois abdominales et l'obliger à se déchirer le ventre.

Bilan : rupture franche de la poche des eaux couplée à une hémorragie pelvienne.

61

Raphaël regarde l'écran noir traversé d'une ligne verte. C'est fini. Ni soubresaut ni frémissement. Juste un calme plat. Linéaire. Infini. À 12 h 31, le vingt et un mars, Anne vient de rendre son dernier souffle. Son visage reflète un masque de sérénité absolue. Il sent que plus rien ne la touche ni ne la traverse. Le silence qui l'entoure est lisse, souple, tranquille. Lui par contre ressent une pesanteur vieille d'au moins mille ans, aussi épaisse et glaciale que la chaîne himalayenne.

Treize heures avant, au bout d'un labyrinthe de couloirs, une autre vie a pris le relais, le 20 mars à 23 heures 30. Une infime pulsation se débat encore entre la vie et la mort. Sa pépite a survécu au drame, à la folie et au chaos de ces dernières heures.

Il a fallu choisir. La mère ou l'enfant ?

Un miracle ou un sacrilège, Raphaël n'a pas encore tranché.

Qui de la mère ou de l'enfant aurait-il voulu garder ? L'enfant bien sûr et pourtant sa tristesse est mêlée de colère, d'abandon, de rancœur, de rage. D'une multitude de sentiments qu'il ne parvient ni à hiérarchiser ni même à comprendre. Il est comme sidéré. Incapable d'admettre la tragédie. D'en ordonner le déroulement et d'en comprendre le sens.

Les cris et la foule en montant les escaliers au retour de son escapade, l'ont pétrifié et depuis c'est comme si son écho revenait en boucle le harceler. À peine s'il a eu le temps d'ouvrir la porte que les pompiers le bousculaient et l'écartaient sans ménagement. Anne avait hurlé si fort que le voisin d'en face avait appelé les pompiers. Sachant la jeune femme enceinte et le plus souvent seule, il n'avait pas attendu pour réagir. Mais même cette promptitude ne l'avait pas sauvée.

Au moment de l'intervention, elle était déjà inconsciente. Il avait fallu pallier le plus urgent et concentrer ses forces à sauver le bébé. Raphaël était resté les bras ballants à regarder agir les secouristes et depuis, c'est comme s'il n'avait pas changé de position. Son corps est raide, sa mâchoire serrée et le cri qu'il retient semble serti dans un étau dont on aurait perdu la manette de serrage.

Impossible à extirper.

Loin au fond des entrailles de la terre, pourtant, une bulle d'air vient d'être arrachée à l'ensevelissement. Un microcosme de vie se fraye un chemin, laboure le sol et ressurgit telle l'écume à la surface de l'eau.

Une âme, morte et enterrée depuis 31 ans, vient de reprendre souffle.

Sa dette est effacée. Cette âme, c'est celle d'un vieil homme, témoin malgré lui d'un cycle de vie qui s'achève et se réincarne enfin.

C'est celle d'une mémoire imprimée sur une plaque d'immatriculation qu'un chêne ancestral a malencontreusement abritée. C'est celle d'une conscience enterrée que la vie libère. Pardonne. Et réinjecte dans le grand cycle.

Sur le grand écran de l'univers, l'antique plaque rouillée d'une Citroën verte « 203 AMN 94 » peut enfin tomber en poussière.

Et l'histoire se répéter.

Ou pas.

62

La frustration de Jim est au moins proportionnelle à l'indice neuf sur l'échelle de Richter. Sa rage a besoin d'être assouvie. Immédiatement.

Quel fiasco ! Et quel gâchis !

Ce n'est pas ainsi que ça devait se passer. La salope ne devait pas clamser seule en accouchant du chiard. Raph est scotché à l'hôpital depuis des plombes. Les seules infos qu'il a, tiennent dans un mouchoir sale. La morve du voisin héros. Qui n'en finit pas de raconter à qui veut l'entendre la façon dont les pompiers ont sorti la femme.

– Jamais vu une pâleur pareille. La pauvre femme. On aurait dit qu'elle était déjà morte. Elle respirait pourtant, quand les pompiers l'ont emmenée, l'un d'eux m'a même remercié. Ils pensaient encore la sauver. Paraît qu'elle est morte quelques heures après que la petite a poussé son cri. Vous vous rendez compte et son mari qui a tout vu…

Jim se sent volé, dépossédé, trahi. Il lui faut une compensation. Énorme. Et à cette heure de la nuit, il ne connaît pas d'autre endroit que le coin à putes à la lisière du bois de Vincennes, à deux cents mètres du Parc Floral. N'importe laquelle fera l'affaire. Suffit qu'elle soit seule. Même pas qu'elle soit jeune ou belle ou enceinte. Juste isolée des autres. Loin de ses copines qui pourraient donner l'alerte.

Ces femelles vivent en bande. Jamais totalement seules dans la nuit. Mais il en connaît une qui se la joue perso. Elle possède une camionnette, toujours posée là entre 23 heures et deux heures du matin. Ses clients ne sont que des habitués. Jim va se pointer quand elle sera sur le point de déguerpir. Il lui proposera plus que ce qu'elle demande. Un billet de cinq cents euros a souvent ce pouvoir-là.

Retourner les situations à son avantage.

63

Obligé de regarder à travers une porte vitrée. Pas même autorisé à intervenir.

Le CHU de Créteil n'est pas son fief.

Ici, il n'est qu'un père comme les autres. Qui attend et se lamente.

Pris dans un vertige de sensations qui le recroqueville jusqu'à devenir un fantôme chaque foutue minute qui passe.

Sa pépite a été placée sous bulle. Elle repose au chaud, raccordée à des tubulures qui assurent son confort et lui prodigue une assistance respiratoire.

Raphaël sait ce que tout cela veut dire. À quel point, à ce stade, une vie se résume à un fil tendu. Un souffle d'air, une défaillance, un crachin du diable et tout bascule. Les alarmes sonnent. Les pas se précipitent. Les mains s'agitent. Et c'est pile ou face. La lumière ou une nuit d'éternité.

L'équilibre ne tient à rien.

Rien qu'il ne puisse influer de sa propre initiative en tout cas.

Il regarde ses mains. Ses mains vides d'un poids d'au moins 2 kg.

Ses mains crispées sur un bout de tissu. Une écharpe en soie multicolore qu'il a choisie avec Anne pour le bébé. Ce n'est plus qu'un chiffon mou, entortillé, une sorte de doudou qu'il triture et dans lequel il plonge son visage.

Aucune autre odeur que la sienne. Une odeur métallique, froide, sans consistance. Mais peut-être aussi un peu du parfum d'Anne. En se concentrant, en fermant les yeux, en aspirant comme un forcené. Peut-être est-ce la dernière image qu'elle a eue avant de fermer les yeux ?

Peut-être qu'elle y a laissé un peu de son âme, de son amour, de sa vie, de ses espoirs ?

Peut-être qu'il ferait bien lui aussi de le gorger de son odeur, de son essence ?

Peut-être que sa pépite saura un jour y percevoir leur aura à tous les deux ?

Peut-être qu'il devient fou à ne rien savoir, à toucher le bout de son impuissance ?

Lui qui a accouché tant de femmes, serré contre lui tant de nouveau-nés et qui s'en trouve dépossédé aujourd'hui.

Ça ne peut donc être que cela sa vie ? Des absences, des deuils, des abandons.

Et Matthias, et Inès, et Jade ? Que sont-ils devenus ?

À quel moment leur destin s'est mêlé au sien ? Pourquoi ? Dans quel but ?

Le souvenir d'eux reste gravé au fond de sa mémoire.

Leur façon de dormir aussi.

Matthias, les deux poings fermés. Assurément sérieux.

Inès, un soupçon de pli entre les yeux.

Et Jade, deux fossettes qu'une grimace amère venait balayer à chaque expiration.

Ils étaient là tous les trois. Puis ils ont disparu. Emportés ailleurs.

Comme Jim un jour. Dont le souvenir s'est ravivé. Jour après jour.

Comment n'a-t-il pas compris à ce moment-là ?

Comment s'est-il dupé lui-même ?
Jade. Inès. Matthias.
JIM.
Rien moins qu'une anagramme de douleur.
Enfin incarnée.

64

À peine entré dans la camionnette, Jim se jette sur Barbie. Un nom à la con et une raison de plus pour que son choix s'avère judicieux. Grosse, moche, défraîchie, enlaidie d'une bouche monstrueuse dont il imagine qu'elle gardera pour mille ans l'odeur du foutre, Jim lui envoie une droite, direct dans les dents. Il stoppe net le cri qu'elle s'apprêtait à pousser. En même temps qu'une molaire saute, des larmes jaillissent de ses yeux épouvantés. Sa pupille dilatée émet un SOS de supplique.

Jim la dévisage, indifférent, détache la ceinture de son pantalon et la bâillonne. Le cuir lacère ses lèvres souillées de sang et la boucle déforme son expression d'un drôle de rictus. Jim la juge pitoyable. Elle peut le remercier.

Il va la débarrasser de cette vie de misère, de honte et d'esclavage. Une existence à faire éjaculer des hommes qui ne lui ont jamais extorqué autre chose qu'un enfouissement toujours plus profond dans les ténèbres. Et les ténèbres, Jim les connaît. Il en vient, n'en est jamais sorti. Une histoire de gènes qu'il perpétue avec rage.

Sa violence à la hauteur de sa frustration. Qu'il défonce à coups de poing et de pied. Dont il injurie Anne comme si elle était là. Aucune ressemblance pourtant mais l'image vient s'interposer. Il ne voit de ce corps en sang, labouré de part en part, qu'une saillie violente dont il a été privé. Il s'acharne sur le visage, bien décidé à lui ôter le droit de regard. Et ses doigts plongent au fond des orbites. Personne n'a le droit de le juger. D'oser le défier. De se soustraire à sa vindicte.

Qui peut comprendre que dans cette extermination, il cherche à déraciner le mal qu'on lui a inoculé. Se repaître de cette chair inerte, c'est comme combler un vide. Assouvir une faim. Se défaire d'une absence. Prendre enfin de cette chaleur humaine qui lui a tant manqué.

65

Ils l'ont poussé dehors. Rejeté hors de la bulle. Sur le parking du CHU de Créteil, Raphaël est comme un oiseau mort, tombé du nid. Il lève les yeux au ciel convaincu que plus rien ne le relèvera. Il cherche dans ce bleu insolent un filet d'ange, une trace. Quelque chose qui le rattache encore à l'espoir.

La violence du jour et de sa lumière crue le

percute de plein fouet. Comment peut-il faire si beau ? Presque chaud. Comment tout est éclairé et vivant et bruyant et si dangereusement mobile. Une voiture le frôle et il ne bouge pas. Le chauffeur ouvre sa vitre et l'insulte en le dépassant.

– Eh la statue, tu bouges ton cul. Si tu veux mourir, va jouer sur l'autoroute. Ici c'est blindé à tous les étages… Pauvr'…

Le reste de la phrase se perd dans une brusque accélération. La BMW est déjà loin quand l'invective prend sens aux oreilles de Raphaël.

Deux mots surtout. Mourir et Étage.

Il se souvient alors pourquoi il est dehors. Obligé de vivre.

Il entend son prénom, murmuré dans un sanglot. À ses côtés, une femme s'est approchée qui tente de lui prendre la main. Elle veut qu'il la suive. Lui précise que ça ira vite. Que c'est à lui de le faire. Qu'il faut garder confiance.

Raphaël esquisse un sourire. Il reconnaît Nathalie. À la première sonnerie, elle a répondu à son appel. Il prend la main de sa sœur comme le ferait un enfant, il est plus grand qu'elle pourtant, plus fort aussi mais dans ce maillage, il sent bien que les forces sont inversées et que sa démarche s'appuie sur le rythme têtu de cette femme qui le tire et le dirige avec fermeté.

66

Il y a en elle deux forces puissantes, presque insoutenables. Deux lumières distinctes. Deux courants contraires. Pour l'instant la pépite navigue entre les deux. À fleur de résonance. Selon une musique qui lui échappe encore. C'est comme si deux bandes-son se superposaient et la ballottaient sur un flux tendu. Elle n'a de conscience que cette grande absence et ce vide tout autour, qui la maintiennent dans une sorte de statu quo.

Parfois elle glisse d'un côté du bruit, parfois de l'autre. Jamais trop. Juste au bord. En équilibre. Elle sent qu'il serait facile de choisir. Que c'est même là son seul pouvoir. Mais il y a encore en elle trop d'imprécations qui brouillent son jugement.

D'un côté, un souffle chaud, maternel, qui l'aspire et lui promet une vie meilleure.

De l'autre, le ronronnement des machines qui ne disent rien, n'émettent aucune vibration, n'instaurent aucun dialogue. Des voix qu'elle ne reconnaît pas. Des mains gantées. Des gestes efficaces mais douloureux. Qui eux aussi l'informent d'une vie possible.

Ce n'est pas qu'elle hésite ou réfléchisse ou même conçoive, sa pensée est autrement diluée. C'est plutôt qu'elle se sent là, posée, suspendue, en attente. Existe-t-il un mot, une expression, une image pour décrire ce no man's land.

Est-ce un mi-parcours ? Un pont ? Une rive ? Le haut d'une montagne d'où se jeter ? Le fond d'un gouffre à escalader ? Est-il question de force, de courage, de préférence ? La pépite n'en sait rien. Elle est là, juste là. Complètement connectée à ces ressentis, ces ambivalences, ces énergies de pensées.

Au fond d'elle quelque chose est en train de se déchirer. De s'inscrire dans son ADN. De tracer un chemin. Quelque chose dont elle ne sait pas encore si c'est à vivre ou à mourir. Et si même, à choisir, il y aurait réellement une différence.

67

Dans le salon, le désordre est en l'état, l'odeur prégnante et le constat morbide. Une scène figée par l'urgence et l'abandon. Un rayon de soleil planté sur l'auréole rose du canapé résume à lui seul toute l'horreur de ces dernières heures.

Pour Raphaël, c'est comme si d'un coup la réalité prenait corps. En lieu et place de cette tâche, c'est Anne qu'il voit. Anne seule, certainement terrifiée, qui appelle. Hurle. Se débat. Anne au bord du vide, paniquée, souffrante.

Anne inconsciente.

Pour Nathalie Magne, c'est histoire de silence. Comme un voile compact. Une espèce de vélum tiré sur le bruit du monde. Symbole iconique censé protéger le sanctuaire sacré tout autant que linceul du temps.

Deux impressions opposées qui les laissent distants l'un de l'autre et pétrifiés au seuil de la pièce. Dans cette immobilité, c'est comme s'ils avaient oublié de respirer et qu'il faille un élément extérieur pour le leur rappeler.

Un nuage vient obscurcir la pièce. Pendant quelques secondes, l'intensité lumineuse baisse et leurs yeux en cherchent la cause. Une ombre plane qui les ranime simultanément. Ils se regardent, hébétés et d'un même mouvement s'élancent. Heureux d'échapper au jour et de retrouver le gris adéquat aux circonstances de leur venue ici.

Nathalie va se réfugier dans la cuisine et cherche frénétiquement de quoi faire un café. Ou un thé. Elle ne sait pas, ne sait plus. Elle se fait l'effet d'une intruse en train de fouiller les placards. De violer une intimité.

Le temps pour Raphaël de se diriger vers la salle de bains, prendre une douche, rassembler quelques affaires et de fourrer le tout dans un sac.

Vingt-cinq minutes plus tard, ils claquent la porte et bientôt leurs pas résonnent dans le hall de l'Hôtel de ville.

Le bâtiment situé en miroir du château de Vincennes n'a rien à envier à celui-ci. Son architecture massive et imposante témoigne d'une aisance et d'une grandeur propre à son passé royal mais aussi d'un savant mélange entre le style néo-Renaissance et le style Art déco. Issu de deux périodes de construction distinctes, l'Hôtel de ville s'illustre surtout par son escalier monumental dont les rampes en acier et fer forgé servent pour l'heure, à Raphaël, de béquilles transcendantales. Courbé sur sa marche, il n'a rien vu de la coupole en béton armé translucide composée de ses dix mille éléments de verre.

Quand il relève enfin la tête, deux fresques monumentales décorent le palier du second étage. L'une retrace l'histoire du château de Vincennes de Saint-Louis à Charles V ; l'autre représente une chasse royale dans le Bois sous le règne de Louis XIV.

Raphaël suffoque. La chasse, une traque, une mise à mort, un vainqueur. Dans sa tête, les époques se mélangent, les personnages se confondent, la fresque s'anime. Et les couleurs disparaissent au profit d'un patchwork de rouge, bordeaux, vermillon, brique, corallin, purpurin. L'enchevêtrement est tel qu'il se sent aspiré dans un bain de sang.

Il faut à Nathalie beaucoup de patience et au moins autant de force pour l'écarter de sa vision et le ramener à la réalité. C'est là, dans une salle à droite de cette toile guerrière que Raphaël est venu déclarer sa pépite.

Derrière un bureau, une femme sans âge et sans sourire, est occupée à répondre au téléphone. Elle les dévisage, mimant un pauvre geste d'excuse, leur tend un papier et d'un doigt pointé, les repousse au fond de la pièce où siègent une table basse et deux fauteuils.

Raphaël et Nathalie s'exécutent, ébaubis.

Cinq minutes plus tard, c'est comme si la scène s'était figée.

Une émotion incontrôlable empêche Raphaël d'écrire. Sa main tremble, sa vue se brouille et devant ses yeux dansent à présent des prénoms qui tous lui échappent. La voix d'Anne semble accompagner cette transe et avec elle, le souvenir d'une conversation inaboutie.

– On a le temps encore. Ce n'est pas à nous de choisir. Écoute, pose ta tête et écoute. Elle finira bien par nous chuchoter celui qu'elle a choisi. Ce n'est pas rien un prénom. C'est comme une seconde peau, un vêtement pour la vie. Il faut du temps, au moins neuf mois pour en décider. Le temps que la pépite trouve son envergure et que dans ce prénom elle voie danser sa vie.

Raphaël avait interrompu sa litanie nominative et posé sur Anne un regard transparent. Cette histoire de prénom et de seconde peau lui en rappelait une autre. Il avait hésité, prêt à prononcer l'imprononçable.

Et maintenant il se retrouvait là, obligé de statuer sur un mystère qui n'avait pu se résoudre de lui-même. Cette déclaration de naissance venait trop tôt et le contraignait à un choix épouvantable. Nathalie se tenait en retrait, légèrement décalée, une main posée sur son cœur. Elle voyait Raphaël devenir gris et perdre tout pouvoir sur la feuille blanche. Plus il tremblait et plus elle sentait sa paupière réagir de concert. Une nouvelle crise de fasciculations s'annonçait.

Ils étaient comme deux naufragés au cœur d'une tempête.

Perdus.

Seuls.

Ballottés.

Impuissants.

68

Il y a longtemps que l'âme de la femme n'est plus dans le corps qui repose au fond d'un tiroir. Il y a longtemps qu'elle n'est même plus une femme ou quoi que ce soit d'approchant. Elle. Anne. La fille de sa mère. L'amante de Raphaël. L'ex-future maman.

Elle n'est plus qu'une entité céleste qui erre et vole encore dans les couleurs chatoyantes du dernier arc-en-ciel de sa vie. Ce qu'elle perçoit de son errance se résume à du vent. Une espèce d'onde au gré de laquelle elle se laisse porter. Bercer. Caresser.

Un espace infini qui s'achève pourtant brutalement au moment même où Raphaël se décide à écrire. Brutalement, elle sent une trame se tisser autour d'elle. Ça ressemble à une plainte, un écho. Comme si de là où elle était, elle entendait encore qu'on l'appelle. Elle reconnaît cette onde, elle en perçoit le gémissement mais ne peut rien de mieux que d'y poser sa propre vocalise.

Aussitôt, elle voit se dessiner plusieurs microfils. Des fils aussi ténus qu'une traînée de poussière blanche. Un éclair jaune illumine leur trajectoire au bout de laquelle apparaissent et le visage de Raphaël et la forme inerte de sa pépite.

La fusion en est brève, immédiate, quasi irréelle et pourtant, à cet instant précis, quand elle reçoit l'info, il est trop tard.

Son grand-père, Marcus, la regarde s'éloigner et disparaître avec la trame.

Elle est piégée.

Devenue à son tour une « femme-écran ».

69

La pépite s'appellera Anne, Manon, Nathalie.

Trois prénoms qui ont jailli d'un coup. Comme une évidence. Comme si la main de Raphaël ne lui avait plus appartenu. Stimulée par un impératif hors contrôle.

Il s'est presque vu en train d'écrire malgré lui ou en dehors de lui. Cela lui a fait un drôle d'effet. Il a ensuite rempli toutes les cases. Signé le formulaire. Et est resté longtemps à le contempler. Dans sa tête, il s'est mis à répéter « Anne, Manon, Nathalie », « Anne, Manon, Nathalie » plusieurs fois.

Il a senti qu'un nœud se desserrait en lui. Une sorte de relâchement. Comme si quelque chose se résorbait ou s'en allait ou se diluait. Une espèce d'ivresse l'a fait sourire. Une moue béate et enfantine. Alors seulement, une larme a glissé sur sa joue. Ses yeux se sont embués et les prénoms se sont effacés. Il a fermé les yeux. Comme pour les retenir. Les invoquer. Les faire réapparaître.

Un écran s'est ouvert devant lui. Une lumière a clignoté et trois lettres en majuscule se sont imprimées « A.M.N ».

Elles se tenaient là, inscrites blanc sur noir,

immobiles et lumineuses, auréolées d'un cercle d'or. Il a pensé à sa pépite endormie sous sa bulle.

Sa pépite réduite à trois initiales. Trois lettres majeures pour une formulation sacrée

« Amen ».

Et malgré lui, malgré Jim, malgré tout, il a pensé que c'était gagné.

Comme par magie. Ou par miracle. Celui-là même que seuls les enfants peuvent encore se prévaloir de demander et parfois d'obtenir.

70

D'un monde à l'autre, les « femmes-écrans » veillent, se passent le relais.

Que l'une d'elles vienne à quitter les hautes sphères pour se réincarner et une autre apparaît. Mémoire du monde, de la connaissance, du passé, elles sont à l'homme ce que la psyché est aux ailes de papillon : un fil conducteur.

Puissante, animale, instinctive, une transhumance qui se révèle dans toute forme de vie. Tapie dans l'inconscient, l'intuition ou l'imagination, « La femme-écran » ne peut pas grand-chose mais elle sait. Elle sait que son souvenir déforme les névroses, obsède les esprits, frappe les cœurs, consume les destins. Nous ne la connaissons ici qu'au travers de Raphaël : Manon. La mère toute-puissante. Absente. Inconsolée. Inconsolable.

Prisme traumatique par-delà lequel l'enfant s'est constitué.

A grandi.

En fécondant la pépite, Raphaël prolonge sa mère. L'incarne. Et de fait sacrifie une autre mère. Anne. Afin qu'elle devienne à son tour femme-écran.

« Anne, Manon, Nathalie » née le 20 mars à Créteil (94) enchâsse ainsi une destinée qui mêle plusieurs territoires.

Un point de ralliement sur des destins croisés.

Une sacrée filiation !

« 203 AMN 94 »

Alors que Jim rôde toujours. Et que Raph se tait.

De ce côté du miroir, Anne devenue « femme-écran » se découvre une impuissance qui la pousse à rugir. C'est un cri sans écho, sans voix, sans son, sans volume. Rien d'autre qu'un silence qui la recouvre de solitude.

Elle ne sait pas encore que dans cet espace, d'autres femmes gémissent à l'unisson et que bientôt leur douleur s'alliera à la sienne. Dans leur ventre gonflé d'un vide immense est en train de naître une tornade. De celles que les hommes redoutent mais que de temps à autre, les dieux libèrent.

71

Urgence. Néon rouge. Bip d'alerte. Et une décharge d'adrénaline dopée de colère.

Jim éructe. *Du grand n'importe quoi.*

D'abord Anne puis la pépite et maintenant Nathalie. Ça ne finira donc jamais.

Il aurait dû agir aussitôt. Ne pas laisser réapparaître la sœur. Tout ce cirque n'a que trop duré. Raph n'est pas à la hauteur. Et Jim en a assez de l'entendre couiner.

Fin du plan. Du contrat. Du pacte. Redistribution des cartes. Aller à l'essentiel.

Un, tuer la sœur.

Deux, s'occuper de Raph.

Trois, surveiller la mioche.

24 heures qu'il y pense. Qu'il tergiverse. Persuadé que Raph va réagir. Mais en le voyant sortir de la Mairie au bras de Nathalie, c'est le déclic. L'urgence. L'état d'alerte. Et tout devient clair. Aussi clair que le jour où il a éviscéré la renarde. Comme une impulsion électrique, son cerveau capte ce qui, ce jour-là, a tout fait disjoncter. L'erreur à ne pas répéter. Cette deuxième chance qui lui est accordée. Il lui faut la cueillir à la source. Avant qu'il ne soit trop tard et que Raph ou Nathalie n'en gangrène la promesse.

Dans sa tête, les images défilent à une allure vertigineuse. Sa vie n'a été qu'une lutte funeste, un vain combat. Aucun enfant ne gagne jamais dans un monde d'adultes. Il pourrait tuer mille ans que rien ne changerait. Il a vécu à contre-courant.

Toujours contre quelque chose. Toujours sans quelqu'un.

C'est à la genèse qu'il faut revenir. Au commencement du monde. De son monde.

Et donc en premier, buter la sœur. Un jeu d'enfant. Qui n'intéresse Jim que pour la conclusion, avoir le champ libre. Nul besoin de prendre de risque et de chercher la perfection. Revenir à la bonne vieille méthode. Un chiffon imbibé de Vx et plouf, dodo la sœurette. Tes fantômes t'attendent. Après tout, elle n'avait qu'à rester où elle était. Dans les couilles de son père, cet enfant de salaud. Dommage qu'il ait déjà ravalé son dentier, Jim se serait régalé. Il imagine un instant le vieillard, livré à sa merci. Jim lui expliquant qu'après les ricochets vient toujours le boomerang. Qu'il serait bien avisé d'en causer à son pote, Régis Barnus, quand il le rencontrera, là-haut. Qu'à cause d'eux, des femmes ont morflé. Et que Nathalie, elle non plus, n'en réchappera pas.

Direction son grand appartement vide. Avenue des Ternes. Sûr qu'à un moment ou un autre, elle va lâcher la main de son frère et vouloir rentrer chez elle. Une bourgeoise du 17e, ça se lave au moins deux fois par jour. Et au gant de crin encore. Surtout quand ça s'égare dans les banlieues sales du 94.

Puis, en second, s'occuper de Raph. Un tantinet plus compliqué. Il a passé une demi-heure à son appart, l'autre demi-heure à la mairie, et Jim a vu Nathalie le raccompagner à l'hôpital. Il va y végéter un bon moment, pleurnichard comme il est.

Jim s'en rassure. Sourit même. Cette constance

dans l'hébétude lui laisse le temps de peaufiner ses plans.

Car, enfin, en troisième donne, il y a la pépite. Ce morceau de vie tout neuf. Cette seconde chance. Offerte sur un plateau. Comme un miracle.

Une fille.

Qui, si Jim sait y faire, deviendra un jour une femme.

De celle par qui tout commence et où tout finit.

Enfin.

72

Qui des machines, de la pépite ou d'Anne, à présent « femme-écran », planant au fond de sa conscience permet à la vie d'accrocher un souffle d'espoir ?

Est-ce la présence du père, Raphaël, chaque jour à son chevet ou la voix de Jim chaque nuit à son oreille ?

Autour de la bulle bruissent en permanence des prières.

Y a-t-il en particulier un son, un vœu, une lumière qui dirige l'envie ?

Ou est-ce histoire d'alchimie, de divin, de mystères ?

Chacun pense être la source, le repère, la force qui peut encore faire basculer le destin. Vivre ou mourir. Mais à qui appartient cette décision ? Ce choix sur lequel chacun au moins une fois dans sa vie se retourne pour le remettre en question ?

Et en l'instant, à qui cela importe-t-il de le savoir ?

Raph et Jim ? Certainement.

Eux seuls savent exactement ce qu'il en coûte de vivre.

Pour Raphaël, à certaines heures, sa détresse jalonne l'espoir que tout s'arrête. Il plaque son errance sur celle de sa fille et n'entrevoit aucun possible salvateur.

Pour Jim, l'attente est une douleur qu'il surveille comme le lait sur le feu. Si elle venait à déborder, nul doute que ça serait un carnage.

La « femme-écran », elle, vacille, rugit, commence à entendre. Elle sait maintenant ce qu'il faut savoir de ces deux hommes. La trame a clairement tissé les fils qui relient tous ces personnages depuis la nuit des temps.

Quant à la pépite, nul doute que son esprit capte l'étendue des menaces sans en comprendre le degré d'implication.

Alors les machines pallient le manque. Et la vie se faufile… subrepticement.

73

Nathalie est rentrée chez elle. Aussitôt, elle a appelé son fils et repoussé son voyage. Il s'est montré compréhensif et particulièrement doux. Peut-être a-t-il senti toute sa lassitude et sa peine. Quand elle a raccroché, sa propre voix lui a fait l'effet d'une houle embourbée dans un crachin d'hiver.

Elle s'est assise sur son lit et est restée longtemps à contempler le vide. Perdue au milieu de ses pensées, elle a revu le visage de Raphaël au moment de remplir le formulaire. Ce teint crayeux qui accentuait encore son regard noyé. Un poids énorme semblait peser sur ses épaules et puis subitement, sa main dissociée du reste, en train d'écrire les trois prénoms : Anne, Manon, Nathalie.

Elle a pensé que c'était une folie. Une déclaration d'amour terrible. En même temps qu'un testament difficile à honorer. Elle a pensé à ces trois destins dont elle était l'unique survivante. S'est demandé jusqu'à quel point Raphaël comptait sur elle. À ce moment-là, une douleur aiguë lui a traversé la poitrine en même temps que se déclarait une nouvelle crise de fasciculation. Elle a réprimé un cri puis son frère a levé les yeux sur elle. Dans ce bref échange, c'est comme si l'univers s'était employé à n'exister que pour eux. Elle a senti tout le courage dont elle allait devoir faire preuve. Comme si sa vie était maintenant liée plus qu'elle ne l'avait jamais été avec quiconque.

En y songeant, à présent avachie sur son lit, elle devine que sa lassitude n'est que le prélude à une fatigue plus grande encore. Ce qu'ils viennent de vivre n'est que le début du calvaire. Celle que Raphaël nomme sa pépite est un héritage auquel elle n'est pas préparée. Si cette enfant survit, il lui faudra des montagnes d'amour comme garde-fou. La mort n'est jamais une sève juteuse pour prolonger ses racines. La vieillesse non plus. Et Nathalie n'a tout au plus qu'une quinzaine d'années à offrir en partage.

74

Pour Jim qui observe la scène, c'est le moment idéal. La sœurette n'a pas fière allure, une vieille cruche ratatinée qui pleurniche.

Ces femmes et leurs jérémiades, c'est plus qu'il n'en faut pour lui donner raison. Que ferait sa fille accompagnée d'une baudruche pareille ? Le monde n'a que faire des timides et des sourds. Des faibles et des geignards.

Elle est tellement à fond dans sa tête à se faire des nœuds qu'elle n'entend pas le danger arriver. Tu parles d'une « tata » protectrice.

Sa fille saura se défendre, elle. Et elle n'aura besoin de personne.

Jim en connaît assez de la vie et de ses tours de passe-passe. La force ou le courage n'ont rien à faire là-dedans. Il suffit d'être malin. Pertinent. Patient.

Il suffit de savoir dire exactement ce que les gens veulent entendre. Comment s'en serait-il sorti, sinon ?

Ses six années d'enfermement à lutter au lieu

de lâcher prise lui auront au moins appris ça. *Dis et fais ce qu'on attend de toi. Puis agis à ta guise.* Le secret de la vie c'est justement ça : le secret. La réponse est dans la question. Depuis la nuit des temps. *Offre une apparence pour pouvoir être toi le reste du temps. Ainsi au moment opportun et quand les gens dorment, endors-les un peu plus.*

Parfume un mouchoir, plaque-le sur le nez d'une vieille rombière et poursuis ton chemin. Ce sommeil-là, c'est un cadeau que peu d'humains peuvent espérer.

Pas même une seconde de souffrance. Et hop, la révélation du néant à prix réduit. Après tout, il ne fait que devancer l'inéluctable.

Jim s'en féliciterait s'il avait le temps. Parce qu'évidemment, personne ne le fera à sa place. Mais ça, il a l'habitude.

Flash Info. Un pic de crue de la Seine est attendu à Paris.

Le fleuve devrait atteindre entre 5.80 mètres et 6 mètres, selon « Vigicrue ».

À l'origine de ce phénomène : des précipitations importantes sur des sols gorgés d'eau. Des voies sur berge sont inondées et la navigation est interdite.

D'autres villes de la région parisienne ont été touchées, comme Créteil (Val de Marne-94).

Au total, en Île-*de-France, 666 personnes ont déjà été évacuées, selon la préfecture de police.*

75

Quand Raphaël apprend la mort de Nathalie, il est trop tard de deux jours. La dernière fois qu'il l'a vue c'est lorsqu'elle l'a déposé à l'hôpital. Elle avait promis de revenir et lui avait oublié de s'en souvenir.

Sa vie est accrochée à une bulle. Il ne la quitte que contraint et forcé. Sa pépite, c'est tout ce qu'il lui reste. Demeurer à l'hôpital c'est la protéger. Continuer de fuir. Repousser le problème.

Il sait de quoi Jim est capable. Il le vit au fond de ses tripes. Nuit et jour.

Nul doute que l'assassinat de sa demi-sœur est un piège tendu pour le faire réagir. Il sait comment tout ça finira. Il l'a toujours su. La renarde n'en est que l'illustre exemple. Mais avant elle, il y a eu un chat, une poule et même un oisillon.

Aussi quand les policiers viennent interroger Raphaël, celui-ci capitule. Fatigué de porter ses secrets. Certain qu'il n'y a plus d'autre issue. Ce qu'ils veulent savoir, il le leur dira. Mais à une seule condition. Qu'on ne l'oblige pas à bouger d'ici. Ou alors qu'on plante un flic devant la couveuse de sa fille.

C'est à prendre ou à laisser.

On est le 26 mars, il est 18 heures 20.

Dans une salle de garde transformée en cellule de crise pour l'occasion, Raphaël Borde dépose les armes en même temps que le jour, entre chien et loup, s'arrime à la nuit.

Et que le vent se lève.

Un vent qui n'était pas là une minute avant. Qui aurait attendu cet instant pour s'engouffrer dans la pièce et tout envoyer valser sur son passage. Une bourrasque tellement énorme qu'elle décontenance le jeune flic et fige Raphaël dans son aveu.

Remis à plus tard.

Le temps de réagir qu'une seconde secousse s'engouffre dans la pièce. Aussitôt suivie d'une averse de grêle. Des billes grosses comme le poing échouent au centre de la pièce. Tapent les carreaux. Déferlent en avalanche.

Les deux hommes se sont enfin levés et tentent de rabattre la fenêtre.

En quelques secondes, le vent semble avoir redoublé d'ardeur. La nuit est tombée. Masque ténébreux qui engloutit tous les reliefs. Seuls les grêlons fusent comme de brefs éclairs et giclent par centaines. Faisant voler en éclats la dernière illusion de contrôle.

Puis, soudain comme surgi du néant, un bruit d'apocalypse explose à leurs tympans. Au-dessus de leurs têtes, le plafond tremble, se fissure. Une odeur de brûlé pénètre leurs poumons. Des sirènes se déclenchent suivies de pas précipités, de cris, de bousculades. Abandonnant la fenêtre qui a explosé sous les impacts, ils s'élancent vers la porte et se heurtent à une marée humaine en proie à la panique.

Outre les dégâts matériels qui entravent les issues de secours et ont mis en panne les ascenseurs, ce sont des centaines de personnel soignant, de malades et leurs familles qui tentent désespérément d'accéder aux escaliers.

Raphaël fonce au milieu du chaos, bouscule, piétine, enjambe. À son passage, des hommes se récrient et des femmes hurlent. Mais lui ne voit rien. Il n'entend pas non plus.

Toute sa volonté ne vise qu'à un but. Retrouver sa pépite. Vivante.

Dans son œil droit, un éclat de verre d'au moins trois centimètres occulte sa vision. Embrume sa tête. Lui donne le vertige. Il a salement l'impression de courir au milieu d'un épais brouillard. D'être prisonnier de ce capharnaüm enfumé et bruyant.

Quand il s'écroule au niveau 2 du bâtiment C, il n'a aucune conscience de devenir aveugle. La seule chose qu'il perçoit encore ressemble à une ombre.

Une ombre gigantesque que le sourire de Jim éclaire d'un funeste rictus.

76

Concours de circonstances ? Animosité des dieux ? Ire de toutes les « femmes-écrans » du monde ? La colère des cieux a joué un sale tour aux humains.

C'était écrit. Depuis le début.

Sur le toit du CHU de Créteil, un hélicoptère en train de se poser, s'est pris dans les griffes folles du vent. La masse en action n'a rien pu contre la tornade aussi subite que passagère. Le rotor a cédé, les pales ont valdingué, la carlingue s'est enflammée.

À son bord, le pilote, deux urgentistes et une petite fille victime d'un accident de la route. Tous prisonniers des flammes et charbonnés en quelques minutes.

Le bilan général, cinq heures après les faits, fait état d'une vingtaine de morts, d'au moins quarante-cinq blessés et les nuisances matérielles amputent une aile entière du CHU.

La quasi-totalité du personnel s'active encore à parer aux urgences. Toutes les infirmières ont été réquisitionnées. À l'étage des couveuses, seul, un médecin de garde assure la permanence. Situé dans l'aile ouest de l'hôpital, le service maternité a enduré les secousses atmosphériques ce qui a engendré une panique relative, assez vite résorbée. Mais l'infrastructure, elle, n'a subi aucun dégât. Toutes les familles ont cependant été priées de quitter les lieux. Le temps que tout revienne à la normale et que le médecin de garde reste disponible pour ces patients. Il règne à présent un silence étrange. Le ronflement des machines diffuse un effet d'irréalité comme si le lieu était inhabité, privé de souffle humain, d'âme incarnée. C'est une enclave, suspendue à des constantes, perdue entre deux mondes, qui cherche encore un passage vers le vivant.

Ici, rien que des prématurés, six au total, dont le sommeil est une lutte invisible et cloisonnée. Ce sont des bulles de cristal, fragiles et transparentes. Aussi friables pourtant qu'un grain de sable.

Et ce grain de sable, Jim compte bien se l'approprier. L'humeur des cieux a plaidé en sa faveur. Une chance comme celle-là est un message divin.

Il a frôlé la catastrophe. Combien de morts pour épargner Raph et sa pépite. Si ça, ce n'est pas un signe ! Un de plus.

Depuis qu'il a compris que ses meurtres étaient vains, que sa vengeance ne connaîtrait jamais de répit, que la renarde lui avait offert plus que ce qu'il n'avait pu prendre, Jim a le sentiment de fusionner avec l'esprit de vérité.

Revenir à la source. Là où tout commence. Avant d'être entaché, meurtri, mensonger. Cette idée l'entête et le booste en même temps.

La pépite saura le racheter de ses erreurs. Il va la modeler à son image, selon ses lois et lui offrir tout ce qu'il aurait dû connaître, qu'on lui a volé.

Pour cela il a besoin de Raph. Le tuer n'a jamais été une bonne idée. Sans lui et ses compétences, sa fille ne survivra pas. Il va laisser l'hôpital guérir leurs blessures et le temps grandir leurs forces. Il va être sage maintenant. Patient comme il sait l'être.

Ces derniers mois il a agi, surréagi même, en dépit du bon sens. Aveuglé par ses démons. Tellement heureux de retrouver Raph et aussitôt déçu de ce qu'il était devenu.

Il est tombé à une vitesse vertigineuse dans ses failles, ses creux, ses manques. Mais aujourd'hui, le revoilà regonflé. Les messages sont clairs. Son but noble.

Même Raph sera obligé d'en convenir. Lui qui aurait tant voulu sauver le renardeau. Jim va le bluffer, il en est sûr. Ni perfidie, ni stratégie dans son entreprise. Enfin réconcilié dans un même but.

Et puis la pépite a tranché en s'affublant de trois initiales à consonances divines.

La vie redistribue enfin les cartes dans le bon ordre.

Ce n'est que justice.

77

D'un bout à l'autre de Paris, le même spectacle insipide. La même tristesse délavée. La même liturgie dérisoire. À peine vingt personnes pour accompagner la crémation d'Anne au Père Lachaise et à peine sept pour assister à l'enterrement de Nathalie au cimetière du Montparnasse.

Que cela se passe le même jour à la même heure témoigne d'une synchronicité irréprochable. Parfois tout est dit aussi simplement. Aux humains de comprendre. La fatalité n'est qu'un rendez-vous parfaitement orchestré. Qui se passe de commentaires.

La « femme-écran » le réalise pleinement tandis qu'elle embrasse la scène d'un unique regard. Et qu'elle se satisfait de ne rien ressentir.

Le chagrin ne déborde ni des yeux de ses parents ni du fils de sa belle-sœur. Sa mère comme le jeune Damien Magne, sont en plein décalage horaire. Arrivés en urgence, ils pensent déjà à repartir de la même façon. La capitale croule sous une pluie fine et discontinue, ils n'ont plus l'habitude. Rien ne les retient plus si ce n'est le passé auquel leur exil a mis un terme il y a déjà bien longtemps.

Rien de surprenant à cela. La « femme-écran » approuverait même. Ces vivants-là n'ont pas besoin d'elle. Elle n'est pas venue pour s'en convaincre.

Sa présence, aussi éphémère qu'une goutte d'eau, s'évapore déjà.

Le seul lien qui la retienne encore s'appelle Anne, Manon, Nathalie. Ce qu'elle a abandonné sur terre s'est immortalisé là-haut. Et ce, tant que sa fille vivra.

Rien n'est écrit ou dit. Elle n'a reçu aucune information ni aucun mode d'emploi. C'est comme une prescience inhérente à son statut.

Elle l'a ressenti quasi physiquement quand le ciel a soulevé son armée diluvienne et que ses troupes ont contribué à sauver son amant de l'aveu. Il fallait le protéger de lui-même. Ne pas le défaire de ses secrets. L'autoriser à vivre encore, libre parmi les hommes.

La déclaration de naissance qu'il a faite prouve qu'il n'est pas complètement sourd.

Devenu borgne certes, mais pas sourd.

Régis Barnus aussi est devenu borgne, mais lui est mort.

Raphaël, lui, a encore le choix. Il n'est pas né de cette engeance. Qu'elle se réclame de lui est un dernier pied de nez à la mémoire traumatique.

Et pour la « femme-écran », vierge encore de sa

nouvelle situation, c'est une conjecture pleine de promesse.

L'univers est un chat agile. Patient. Qui retombe toujours sur ses pattes.

Quand elle s'adressera à sa fille, Raphaël aussi l'entendra.

Tout ce qu'il ne verra plus lui sera chuchoté par procuration.

Il ne peut en être autrement.

C'était écrit, noir sur blanc.

Une date. Des initiales. Un lieu.

« 203 AMN 94 »

78

Pour la pépite, c'est enfin le jour J, la consécration, la grande ouverture, le soleil levant au-dessus de ses paupières. Une chaleur intraveineuse coule en elle comme un flux libéré, abondant et fluide. Comme une seconde naissance. Acceptée. Embrassée. Renforcée.

Le processus vital s'accompagne d'un élan combatif. Certes, il y a eu autour d'elle des ombres cendrées qui ont forcé son vouloir. Elle s'est sentie assaillie de partout. Et pourtant un sursaut de rogne s'est déclenché, galvanisé par une énergie triplée dont elle perçoit la fortification boueuse, émergente et paradoxalement titanesque.

Une espèce de personnification est en train de

se mettre en place. Cela n'a aucune réalité textuelle car la pépite, enclavée dans sa bulle, n'a aucune connaissance du monde environnant, pas même de mémoire consciente aux existences qui l'ont précédée.

Mais c'est là. En elle. Bouillonnant.

Comme un volcan actif prêt à entrer en éruption.

Un long couloir l'aspire. Et il lui semble que même sans cette succion, elle irait s'y perdre jusqu'à l'infini. Une faim avide et phénoménale lui enjoint d'acter son corps dans ce mouvement. Elle tend ses bras au-dessus de sa tête, les ramène le long du corps et recommence. À la manière d'un nageur volontaire, hargneux, qui arrache sa masse à l'eau pour mieux s'y propulser.

C'est tout au plus l'histoire d'une poignée de secondes. Toutes vertigineuses. Pulsionnelles. Engorgées d'adrénaline. Des secondes qui valent à elles seules des générations de soumission. Et d'erreurs.

La pépite en balaie le souvenir d'une ultime brassée vorace.

Et achève sa propulsion en poussant un cri triomphant.

ROUSSILLON
UN MOIS PLUS TARD

79

Quelques averses en alternance avec de belles éclaircies, des températures clémentes en journée, rafraîchies en soirée et toujours cette lumière diaphane aux dernières heures du jour. Comme un voile posé en permanence sur le secret qu'abrite la maison de Raph et Jim. Comme ce bandeau sur l'œil éteint de Raphaël. Sa vie entachée d'un deuil. Anne. Dont la pépite lui rappelle chaque jour l'absence et la ressemblance.

Son traumatisme l'a obligé à porter crédit à Jim.

Depuis l'hôpital, où il a tout accepté de son plan, il s'en remet à ses décisions. Trop faible pour combattre, exiger, négocier. Et l'esprit trop souvent absorbé par de puissantes migraines. Ses céphalées sont à l'image de ses peurs. Elles le hantent comme des créatures de conte pour enfant dont l'unique représentant dort sous son toit et mange à sa table.

Barbe Bleue en est son pire exemple. Quand Jim sort et qu'il agite son porte-clés sous le nez de Raph, c'est comme s'il ouvrait une trappe à tous ses fantômes et que défilaient devant lui Anne, Manon ou Nathalie.

Aussitôt il se précipite sur le berceau de sa pépite et vérifie que tout va bien.

Il demeure sans bouger, presque sans respirer et dans le repos de l'enfant puise son propre réconfort. Toute sa force de vie dépend de ce corps minuscule. D'un clignement d'œil. D'un babil distendu par la faim, le froid ou Dieu sait quoi qu'il interprète mal encore. C'est là qu'il éprouve son courage et vainc ses tourments. Là qu'il refoule ses souvenirs. Et dresse des remparts.

Sa convalescence cadence celle de l'enfant. Ensemble ils sont sortis de l'hôpital, emmitouflés de silence. Un taxi les attendait qui les a déposés directement à la gare. Ils ont fait les trajets blottis l'un contre l'autre.

Retrouver Roussillon était une évidence. Raph en a convenu quand Jim lui en a soumis l'idée. Plus rien ne le retient à Paris. Pas même ces tombes dans lesquelles il a refusé d'enterrer Anne et sa demi-sœur.

Leurs familles étaient là. Il s'en est exclu de fait. Ce terme ne désigne rien pour lui. Jamais à aucun moment, il n'a su ce que cela voulait dire. Y avoir cru l'a conduit à des deuils trop lourds à porter. Jusqu'à Anne il vivait en solitaire. Aujourd'hui il reprend cette errance. Sa pépite en couverture de survie.

Sa lignée, elle, n'est qu'un tombeau où s'entassent les morts. Sa mère. Et Anne. Puis son père. Et sa demi-sœur. Même les Seydoux n'ont pas survécu à son existence. Les vies qu'il croise finissent toutes en terre.

Il est construit sur un limon pourri jusqu'à la moelle.

Jim est la seule constante dans sa vie. Quel que soit le genre d'homme qu'il a pu devenir, il est là. Vivant d'entre tous. Comme jadis.

Ils n'ont plus d'autres choix que d'unir leurs efforts pour que la morsure du temps et de ses cycles fatals épargne l'enfant.

Leur pépite c'est comme une fleur de nénuphar. Un lis d'eau dont les racines envasées offrent pourtant au monde une parade mirifique.

Brillante comme un Lotus d'or.

La fleur en général et le Lotus en particulier sont des symboles de l'accomplissement spirituel de l'être, depuis les profondeurs obscures associées aux « Eaux inférieures » jusqu'à la floraison complète dans la pleine lumière des « Eaux supérieures ».

Cet accomplissement émane de la semence qui s'ouvre sous la forme d'un bouton et s'épanouit à la pleine floraison.

La fleur incarne le principe féminin ou passif de la manifestation qui l'assimile à un réceptacle, une coupe, un vase recevant l'influence du principe masculin ou actif.

De l'union de ces deux principes naît la manifestation de l'être et de toutes ses possibilités de réalisation.

ÉPILOGUE

7 ANS PLUS TARD

C'est une tente d'enfant comme eux seuls savent en construire. Bricolée avec une couverture, un drap, deux chaises et un tabouret. Toute de guingois et sans ouverture.

Pour y entrer, il faut s'aplatir, ramper sur le sol, soulever un coin de tissu et prier à chaque fois que rien ne vienne déséquilibrer l'ensemble.

À l'intérieur, des coussins, une lampe torche, une boîte à trésors, une poupée, une gourde, un sachet de bonbons, des crayons de couleurs, un cahier et un coquillage.

Depuis ce soir sont venus s'ajouter trois galets. Trois beaux galets, légèrement bombés, lisses, brillants. Presque parfaits.

La pépite les a glissés dans sa boîte à trésors aussitôt qu'elle a pu se tenir assise au centre de son tipi et que rien ne se soit écroulé. Plusieurs fois ça lui est arrivé et ce n'était pas drôle du tout. Depuis, elle fait super attention.

Au mouvement. Et au bruit.

Dans sa cachette, elle parle à mots couverts. Sa poupée Chloé dans les bras.

Les galets, c'est Papa Raph qui les lui a offerts. Aujourd'hui, 20 mars, c'est son anniversaire. Sacrée récompense ! Il lui a fait promettre d'en prendre soin. Parce qu'un jour quand tu seras prête, ceux-là feront certainement des merveilles, a-t-il rajouté. Elle, elle aurait bien voulu les essayer tout de suite mais Papa Jim a dit non et quand Papa Jim il dit non, vaut mieux faire profil bas et attendre.

Ça fait pourtant plusieurs dimanches qu'ils lui apprennent à lancer des galets pour faire des rebonds dans l'eau. Enfin surtout Papa Raph qui lui a montré plein de fois. C'est vrai qu'il est super fort pour les ricochets. Elle, pas encore mais elle ne pleure pour autant. Elle a fait front comme il dit et répète toujours. Elle tient tête. Au moins pendant une heure. Avec la voix de Papa Raph pour l'encourager.

« La réussite c'est la transe : ne faire plus qu'un. Être à la fois un corps, une pierre, et même le lac. Fusionner avec l'esprit du caillou et de l'eau. Être tout entier dans l'action. Rencontrer l'air. Se laisser porter ».

Bah, c'est pas gagné !

Sinon elle sait très bien comment faire pour les émouvoir. Papa Jim n'aime pas ce mot. Il fait partie des mots Interdits. Comme Plaindre, Pleurer, Amis ou École et plein d'autres. Mais Papa Raph, lui, y est parfois Sensible. Encore un mot Interdit.

Le truc pour arriver à les Impressionner, un mot permis, c'est de fixer leurs yeux. Faut regarder droit dedans. Sans bouger d'un poil ni ciller d'un pli. Pendant au moins une minute. Et c'est long une minute. Surtout avec le bandeau qui cache l'œil mort de Papa Raph. Une fois son bandeau il est tombé. Elle a vu la bille qu'on avait mise à la place. C'était horrible. Y'avait même pas de couleur. On voyait comme un gros soleil blanc. Tout transparent. Ce n'était pas joli, joli. Elle n'a pas pleuré mais quand même, elle n'a pas aimé.

Il est drôle Papa Raph avec ses grandes expressions. Sans *bouger d'un poil ni ciller d'un pli.* La première fois qu'elle l'a entendue, ça l'a fait rire. Papa Raph adore quand elle rit. Papa Jim pas du tout.

Elle les aime bien tous les deux. Ils sont différents. Beaucoup même.

Papa Raph est gentil mais trop faible selon Papa Jim.

Papa Jim, lui, est fort. Il lui apprend des trucs que même une petite fille comme elle n'aurait pas le droit de faire. Dans ce cas-là, ça devient un secret. Papa Jim l'oblige à cracher et à jurer. Et comme ça Papa Raph n'en sait rien et tout va bien.

L'histoire de la souris par exemple. C'est le secret des secrets. Plus grand que tous les autres. Pour l'instant. Elle les a comptés. Dix déjà.

Y'a que Chloé qui sait. Sa poupée c'est sûr elle ne dira rien. C'est Papa Raph qui lui a offert le même jour où Papa Jim lui a offert son Opinel. Pour son sixième anniversaire. Pas un petit couteau. Non. Un gros. Avec une lame grande comme sa main. Un engin qui coupe du tonnerre de feu, il lui a dit. Regarde bien. Et hop, il a tranché d'un coup et la souris s'est ouverte en deux. Après ça, il lui a dit à toi. Et elle, elle n'a pas Hésité. Avec Papa Jim, ce mot-là aussi est interdit. Alors elle l'a fait. Et franchement, ce n'était pas compliqué. Un peu sale mais c'est tout. Ce n'est pas beau en vrai l'intérieur d'une souris. Papa Jim en a profité pour lui faire un cours d'anatomie. Parce que les boyaux, on en a tous et qu'il faut savoir comment on est fait. Ça, c'était vraiment beurk, dégueulasse. Papa

Jim a hoché la tête. Il aime bien quand elle dit des gros mots et qu'elle fait front quand même.

Enfin, tout ça pour dire, les secrets c'est essentiel. Ils vivent tous les trois toujours ensemble alors Papa Jim dit qu'il faut savoir faire des compromis et garder des choses pour soi. Sinon Papa Raph voudra plus qu'ils apprennent ensemble. Il voudra l'envoyer à l'école et à l'école, Papa Jim crie qu'on n'y apprend rien de la vie.

La vie selon lui, c'est beaucoup de dangers auxquels il faut être préparé.

Il répète toujours *Que Papa Raph se contente de continuer à pouponner dans son hôpital, lui s'occupe du reste. C'est une question d'équilibre.*

Et quand il parle comme ça, tout penché sur elle, c'est pas bon signe.

Après les ricochets, il lui expliquera la loi de la spirale. Mais pour ça, faut être grande. Au moins 13 ans. Elle a hâte en vrai. Il paraît que c'est un âge important dans leur famille. Avant qu'elle soit née. Il lui racontera tout. Même l'histoire de sa Mamie Manon. Et de sa Maman Anne. Tout. Vraiment. Sans tricher.

Il a promis aussi de lui apprendre à tendre des pièges. À se défendre. À être forte. Et quand elle sera vraiment fortiche, à passer inaperçue.

Elle, elle a dit comme Invisible ?

Lui, tout de suite, il fait son air de mystère et après il a chuchoté à son oreille : *Mieux que ça. Tu es là. Les gens te voient. Mais ce n'est pas toi.*

Quand Papa Raph est intervenu pour dire que non, il n'était pas d'accord. C'est là qu'elle a compris. C'est comme le jeu de cache-cache.

Pris. Pas pris. Un, deux, trois, Soleil selon Papa Raph. Ou Ombre si c'est Papa Jim qui joue.

Alors elle a promis. Un jour, elle aussi, elle sera comme eux.

Et pour une fois, tous les deux en chœur, ils ont répondu :

Non, encore mieux.

Je vous laisse le choix du mensonge
qui vous paraîtra le plus digne d'être la vérité.
Paul Valéry.

ACOUPHANGES

Au fond, le seul courage qui nous est demandé
Est de faire face à l'étrange, aux merveilleux,
À l'inexplicable que nous rencontrons.
Rainer Maria Rilke.
Lettre à un jeune poète – 12 août 1904

Ce sont les enfants que le monde a failli briser
qui finissent par le sauver.
Blacklist. Réplique de la saison 3.

Elle a vu le sang couler toute sa vie. Elle y est habituée. Rien de différent cette fois-ci. En vrai, il n'est jamais aussi rouge ni brillant que les films le montrent. En séchant, il a même tendance à devenir marron. Presque sale.

Autour de la tête, ça fait une grande tache brune. Autour du corps, c'est épars. Des moyennes et des grandes, aux formes incertaines. Des rigoles aussi, çà et là, et quelques traînées sombres comme lorsqu'on essuie mal une surface. Dans les joints du carrelage, tout a été absorbé, le blanc a noirci. Quelques insectes, au début, sont venus coller leurs pattes. Pas beaucoup en vérité, mais aujourd'hui, elle a peur. Il y en a vraiment trop et puis ça sent mauvais. Cela devient écœurant. Toute cette mélasse agglutinée, presque en train de se battre, à croire que c'est leur premier cadavre. Elle devrait bouger, elle le sait. Une voix qu'elle connaît bien le lui scande depuis un bon moment « Sors, Athéna, sors, ou sinon ça sera ton tour ». Mais non, elle reste encore, elle veut voir. Jusqu'au bout. Jusqu'à ce qu'il ne reste plus rien. Juste une carcasse vide. Parce qu'alors l'âme sera bien obligée de sortir.

Un homme, ce n'est pas différent d'une bête. Quand ça meurt, l'âme s'enfuit. Tout de suite. Elle ne peut pas dire en vrai qu'elle l'a vu, mais elle l'a senti, quand pour la première fois, elle a tué un lapin. C'est ce qui l'a le plus surprise. Aussitôt il y a eu un murmure, à son oreille est venu un son qui ne ressemblait à aucun autre. Comme lorsque le vent fait frissonner un rideau, une espèce d'envolée invisible venue froisser le silence. Qu'elle n'avait jamais entendu ! Elle s'est sentie frôlée, ça n'a même pas duré une seconde, mais elle a su. Le lapin était mort et l'âme, de suite, s'en était libérée. Elle a filé aussi vite que le vent et Athéna, pour la première fois, a failli pleurer. C'était une émotion trop forte. Jamais elle n'avait ressenti cela. Et toujours, le même phénomène s'est reproduit, elle en est certaine. Pour tous les animaux. Des dizaines de fois.

Là, ça fait des heures qu'elle attend, sans bouger, sans dormir, sans sourciller, à en avoir les yeux qui brûlent et les membres tout endoloris, mais il ne se passe rien. Pas un souffle. Pas un bruit. Pas un frôlement. Elle ne comprend pas. S'entête. Se questionne.

Où et quand est partie l'âme de son papa ?

Qu'attend-il pour s'enfuir ?

Pour une fois qu'elle aurait eu le droit de pleurer !

1

C'est une scène de crime comme on en voit peu. Et même jamais. Surtout ici, à Roussillon, dans cette enclave paradisiaque, fief du plus grand gisement ocrier de France. L'odeur vous saute à la gorge en même temps que l'image foudroie le regard. Toutes les synapses en sont immédiatement anarchisées. L'information s'arrête net, incapable d'agencer de façon cohérente la pagaille qui agite les neurotransmetteurs.

Pour les témoins, liquéfiés sur le seuil de la pièce, il y a un mouvement de recul, une subite envie de faire demi-tour, une bile acide ravalée de justesse. On peut être gendarmes et ne pas savoir faire face pour autant. L'uniforme a des limites qui s'arrêtent à l'homme qui le porte. Il faut un temps pour voir, un autre pour encaisser et un dernier pour oser affronter ce qui peine à émerger d'un probable scénario de film d'horreur.

La femme qui les a alertés a été mise KO au premier round. Elle est ressortie aussi vite qu'elle était entrée, mais a tout de même trouvé le courage de les appeler. Ça n'a pas été facile de comprendre au travers de ses pleurs, à moitié hystériques, à quel point l'urgence était réelle. Et les faits avérés.

Quand ils se sont garés, gyrophare hurlant, elle était assise par terre, devant le portail, sonnée. Il avait fallu l'éloigner avant d'entrer. Elle répétait en boucle que ce n'était pas possible, pas possible du tout, qu'elle avait dû se tromper. Dans son état, et selon ses indications, tous n'avaient encore qu'une confuse idée de ce qui les attendait. Il y a souvent un gap entre ce que l'on croit visualiser dans sa tête et la réalité qui ne fait qu'un tour dans les tripes. Et si peu de temps, jamais assez, pour réduire la distance qui sépare les deux quand rien ne nous y prépare.

Ce qui fut autrefois un salon est devenu l'antichambre d'un massacre aberrant. Un homme git à terre, tout habillé, raide comme un pic, au milieu de son sang séché et d'une centaine de voraces en train de parfaire sa décomposition. Un couteau planté dans le cœur acte la finale tragédie. Pas moyen de se tromper ou de se leurrer. Il est mort. Violemment.

À l'autre bout de la pièce, couchée dans un coin, sous une console rectangulaire, se trouve une adolescente, repliée sur elle-même, au regard hypnotique. Elle, elle est bien vivante. D'ailleurs, plus les gendarmes la fixent, plus ils ont l'impression qu'elle se replie sur elle-même. Capable d'enrouler son corps pour ne plus en faire qu'une boule compacte, à l'image d'un escargot rentrant sous sa coquille. Ou d'un fœtus.

Il leur est impossible d'englober la scène en une seule fois. Leurs regards vont de l'un à l'autre, en totale dichotomie pendant qu'un bourdonnement néfaste amplifie la puanteur et s'incruste dans chaque pore de peau.

Il y a comme un refus spontané de relier toutes ces occurrences entre elles. Et pourtant, c'est bien de cela qu'il va s'agir. Rendre cohérent un chaos auquel ils n'ont jamais été confrontés.

Si leur chef daigne, un jour, sortir de sa stupéfaction.

2

D'un côté l'agitation, le branle-bas de combat, de l'autre une interpellation en douceur. Il a fallu baliser bien au-delà des limites du jardin, fermer l'accès de la rue, agiter le blason tricolore sous la pression de riverains trop curieux et simultanément établir les premières constatations. Procédure tout à fait salvatrice pour reprendre pied et sortir enfin d'une espèce d'apathie consternante. Un ballet orchestré à la perfection dès lors que l'adolescente s'est dépliée spontanément. L'instant d'avant elle n'en finissait pas de se recroqueviller, celui d'après elle se dénouait. C'est ce lent mouvement telle une volte-face imprévisible qui a activé le processus. Aussitôt, les ordres ont fusé à la manière d'une mitraillette impatiente de loger sa cible. Toutes les cibles.

La gamine s'est levée et s'est rendue d'elle-même. Comme si elle avait fait cela toute sa vie. Les mains derrière le dos, le regard baissé. Sans défier quiconque ou vouloir opposer la moindre résistance. Toute son attitude trahissait plutôt un immense soulagement et l'envie d'en finir rapidement. Elle était habillée d'un pyjama qui sentait la sueur et l'urine, mais n'était en aucune façon souillé. Un pot de fleurs, retrouvé au pied de la console, lui ayant servi de latrines, elle avait pu tenir son poste d'observation sans s'éloigner. Ses déjections flottaient au milieu d'un abondant éparpillement de papiers toilette. Jetée pas très loin, les racines encore embourbées de terre et les fleurs toutes rabougries, une orchidée avait été sacrifiée. C'est peut-être cela qui l'a fait se déployer après s'être ratatinée. Quand les gendarmes sont rentrés, l'instinct du fœtus a été le plus fort. Puis elle a vu la fleur, offerte pour son treizième anniversaire. Alors lui est revenue en mémoire cette dernière joie avant que tout bascule.

Papa Raph. Ses 13 ans. L'orchidée.

3

– Est-ce qu'elle a parlé ?

L'homme qui a ouvert la porte, passé la tête et posé la question ressemble à un gigot. Taillé dans un même bloc. Tête, buste, jambes, un gros gigot tout ficelé dans sa tenue de policier. Je pourrais, si je voulais, lui raconter toute sa vie et même celles d'avant. Il est facile à lire celui-là. Carrément transparent. À ce point creux, que j'oublie en un instant, les images qui me traversent. Trop dégoûtantes. À lui, c'est sûr, je ne dirai rien. Il ne comprendrait pas. Un pur 3D !

– Non, pas un mot. Ni bougé d'un poil. T'en es où avec la prof ?

À celle qui répond, non plus, pas un mot. Un peu moins 3D et rigide que le gigot, mais aussi poreuse qu'une éponge. Si je lui déverse un dixième du truc, elle ne va pas s'en remettre. Un biscuit, la gendarmette. Pas taillée pour ce boulot, mais elle ne le sait pas encore. Faudrait déjà qu'elle divorce. Elle a encore pleuré cette nuit. Ça se voit. Elle a le fond de l'œil tout vague. Mon Dieu ce qu'elle est triste. Plus que moi je crois. Comme elle n'a pas compris le problème, elle ne voit pas la solution et ça la mine. La pauvre !

– Elle est encore avec Jean-Jean. Tu le connais, il y va mollo. C'est un tendre. Il la laisse parler à son rythme. Bon j'y retourne. Et ne t'endors pas, hein ?

Ce que je disais, un pur 3D, peut-être même un 2D, du genre basique, avec tout juste le QI d'une limace. Pas compatissant pour un sou, le gigot. Échange d'infos, mais sans voir que sa collègue est sur le point de dégueuler tout ce qu'elle retient. Il ne lui a même pas proposé un café et pourtant elle en aurait bien besoin. Elle a même dû espérer qu'il revienne avec un gobelet, mais non. C'est vrai que ça commence à faire long. J'ai un peu perdu le compte et je me mélange avec le temps d'avant, quand j'attendais encore, mais ça doit bien faire des milliers d'heures sans bouger. Je commence aussi à avoir sacrément soif. Pourtant, valeureuse empathe que je suis, je ne dis rien et j'essaie de ne pas trop la regarder pour pas la faire paniquer. Dès qu'elle croise mon regard, je sais que ce n'est pas moi qu'elle voit. En tout cas, pas moi en ce moment. Elle me voit là-bas, quand ils m'ont trouvée et toute la merde autour. Ça la démange de me questionner, mais elle a peur. C'est fou d'être flic quand on a peur comme elle. À 99 %, suis sûre qu'elle n'a pas choisi. Je pourrai dire 100 %, mais je laisse toujours le 1 % d'espoir réglementaire. Des fois que je me trompe.

Même si ça n'arrive jamais.

4

Ledit gigot s'appelle en réalité Patrick Bouffon. Évidemment tout le monde l'appelle Le Bouffon. Il en rigole facilement, mais rajoute toujours « Monsieur Le Bouffon svp ». L'histoire n'en retiendra que cela. C'est déjà bien assez. De fait, cette enquête, à peine commencée, le dépasse. Ou le dérange ? Ou l'effraie ? Disons qu'elle pourrait désorganiser son planning et que ça, ce n'est pas envisageable. Ici à Roussillon, on s'épargne les emmerdes. On est là pour la forme parce que sur le fond, y'a jamais eu trop de méchants. C'est un bon plan pour une fin de carrière (à trois mois de la retraite, c'est presque une fin actée) et il ne faudrait pas que ça change. Que sa caserne soit dans le paysage rassure les villageois et les satanés touristes. Ceux-là, par contre, il s'en méfie. Ils peuvent foutre un sacré boxon l'été. Deux à trois mois sur douze, c'est peu, mais déjà de trop. Enfin, dans l'ensemble, le Commandant de gendarmerie « Monsieur Le Bouffon svp » s'en tire bien. Sa commune est sécure comme on dit aujourd'hui. Il connaît tout le monde ou presque, boit des coups quand ça tempête un peu au cœur des familles, il se la joue paternaliste et la vie file. Jusqu'à aujourd'hui. Où il se dit rageusement qu'il fallait bien que ce soit des Parisiens pour foutre un binz pareil.

Dans son maigre dossier, à peine constitué, il y a trop d'emmerdes en perspective. Il est soulagé que ses deux OPJ, Alice et Jules, s'en saisissent aussitôt. Il n'a pas envie de se taper la corvée d'emmener la gamine à l'hôpital et de se farcir tout ce qui pourrait amoindrir son jugement. Est-ce une enfant battue, violée, contrainte, enfermée, il s'en fout. Son jugement est fait. Elle a tué son père. Point barre. Vu l'état du mec quand ils l'ont trouvé, avec le couteau planté pile dans le cœur et la gamine, prostrée depuis des jours dans un coin de la pièce, son verdict est sans appel. Elle n'a même pas tenté d'alerter qui que ce soit !

La professeure principale, Geneviève Hue, leur premier témoin sur la scène du crime, ne leur a rien appris de plus que ce qu'ils savaient déjà. Le père, Raphaël Borde et sa fille, Anne Manon Nathalie Borde, alors tout bébé, se sont installés, ici, il y a 13 ans et depuis, c'est comme s'ils avaient fondu dans le paysage. Lui était « sage-femme » au centre hospitalier d'Apt, elle, une élève studieuse, sans histoires. Pas causants. Vivant entre eux. Sans femme ni amis. Deux vrais sauvages ! La fin du povr' homme le prouve bien, du reste. Jusqu'à aujourd'hui, ils étaient quasi invisibles aux yeux de la communauté. Tout le monde, enfin surtout la prof, a mis ça sur le compte de leur passé. La maman est décédée en couches. Le papa est venu refaire sa vie ici. Sans jamais se plaindre ni rien demander. Réglo quoi !

Jusqu'à aujourd'hui !

Le 23 mars.

Trois jours après l'anniversaire de la gamine. Faut croire qu'au jour J, elle n'a pas voulu souffler ses bougies ou que le père n'a pas acheté le bon cadeau. En tout cas, ça s'est fini à coup de couteau. Et franchement, à part l'ado, il ne voit pas à qui d'autre imputer ce crime. C'est moche, carrément barbare, mais c'est limpide.

Pour couronner le tout, la gamine ne parle pas. Si au moins, elle avait désigné quelqu'un d'autre. Mais niet, nada, pas un son. Muette et teigneuse. Elle l'a regardé de travers à plusieurs reprises. Il n'a pas aimé ce qu'il a vu. Deux lasers lui sont rentrés dans le crâne. Il en a eu les poils tout hérissés. Ce n'est pas qu'il ait grand-chose à cacher, mais c'est comme si elle l'avait foutu à poil. Comme ça, en un regard. D'un coup, il s'est senti vieux, moche, et sans avenir. Pour qui se prend-elle ?

Même, Fanny, la jeune recrue en est ressortie bouleversée. Pas sûr qu'elle tienne le coup. Un mois qu'elle est là et bim, son premier cadavre, une vraie boucherie. Elle non plus, n'a rien tiré de la petite. Elle est restée confinée deux heures à attendre que quelque chose se passe, mais non. Elle est pourtant bien jolie et toute douce, la

Fanny. Entre femmes, elles auraient pu se serrer les coudes.

Tu parles !

Fiasco sur fiasco.

Enfin, tout ça, ça sera bientôt derrière lui. D'ici à ce que la brigade des mineurs s'en mêle et embarque la môme, le tour sera joué. Quand ses gars auront fini de fouiller la maison, elle sera mise sous scellés. Et roule ma poule…

Bon débarras !

5

La jeune et trop jolie Fanny a escorté la prévenue jusqu'à la voiture. Il lui a semblé que c'était la dernière chose qu'elle soit encore en mesure de faire. Après ce seul et ultime acte de bravoure de toute sa mince carrière, c'est sûr, elle partira. Ce qu'elle a vu ce matin, là-bas, dans la maison et les deux heures de tête-à-tête ont fini de l'achever. Peut-être avait-elle besoin de ça ? Comme une alarme au fond d'elle qui vibre enfin et qu'elle entend. Peut-être est-ce le regard de la gamine ? Ces mots, non dits, mais qu'elle a cru entendre. Comme une injonction qu'elle se force à maintenir en surface, pour ne pas qu'elle lui échappe. Pour qu'elle trouve le courage.

Partir maintenant. Et ne pas revenir. Ne jamais revenir. Échapper à Tristan. À son despotisme.

Elle ne s'appelle pas Iseult. Qu'il en trouve une autre pour son conte maudit à deux balles. Et puis, poser les armes, se défroquer d'un uniforme trop lourd pour elle. D'une lignée en laquelle elle ne croit pas. Plus.

Par la vitre baissée, elle croise une dernière fois les yeux bleu nuit de la gamine. Ils sont là, en dedans d'elle. Comme un soupir ou une consolation.

Comme une affirmation.

Tout est juste. Elle n'a pas besoin de se forcer.

Quand la voiture démarre, elle esquisse un sourire et dans un geste presque enfantin, timide et maladroit, agite la main jusqu'à ce que la poussière se disperse à l'horizon.

6

Geneviève Hue a quitté Jean-Jean comme il lui a gentiment demandé de l'appeler. Un gendarme, poli, patient et prévenant qui a vraiment fait son possible pour la rassurer. Elle est maintenant chez elle, revenue d'entre les morts. Dépitée ? Accablée ? Choquée ? Lessivée ? Tout à la fois et sacrément culpabilisée.

Elle a dit tout ce qu'elle savait. C'est-à-dire à peu près rien. Quand un élève ne pose pas de problème, on ne va pas chercher plus loin que ce que le dossier scolaire indique. Elle s'en veut, elle a dû louper un truc. Elle aurait dû voir, pressentir, reconnaître un signe. Des cataclysmes pareils n'arrivent pas sans préavis.

Il y a quelques heures encore, sa vie était parfaite. Elle ne le savait pas, n'aurait peut-être même pas pensé y apposer un tel adjectif. Il y a tellement à faire, tellement à souffrir, tellement de problèmes journaliers à régler, qu'elle se serait sûrement plainte comme il est futile de le faire chaque minute, sans même s'en rendre compte.

Et pourtant, elle le sait à présent, oui sa vie était parfaite.

Elle n'avait pas cette odeur qui semble avoir pris le pouvoir à chaque fois qu'elle respire. Elle n'avait pas cette abominable image incrustée dans sa rétine. Elle n'avait pas ce bombillement d'insectes cannibales qui lui martèle le crâne.

Si elle avait su à quoi s'attendre en poussant la porte de la famille Borde, y serait-elle allée ? Trois jours que l'adolescente n'était pas venue au lycée. Trois jours sans nouvelles, avec un téléphone qui sonne dans le vide. Évidemment elle s'est inquiétée. Elle n'habite pas si loin. C'était rien d'y faire un tour et de vérifier que tout se passe bien.

Quand elle s'était tenue derrière la porte, à attendre que quelqu'un veuille bien lui ouvrir, un mauvais pressentiment l'avait traversée. Elle avait tourné la poignée d'entrée comme si elle n'avait pas eu le choix, comme si elle savait que c'était non négociable et qu'il fallait le faire. Après cela, c'est comme un grand trou noir. Elle s'est retrouvée au poste. Sa vie avait chaviré. Lui restent en mémoire, figés en une scène, le couteau, le sang séché, les insectes, la gamine recroquevillée, l'odeur. Et le silence. Abyssal. Qui l'avait fait reculer d'un bond comme si elle venait de le profaner.

Le cri qu'elle aurait voulu pousser alors est encore au fond de sa gorge. Elle voudrait qu'il sorte. Qu'il lui libère le goitre. Qu'il s'en aille en dehors d'elle.

Elle voudrait revenir en arrière.

N'avoir jamais vu.

Sa vie ne sera plus jamais parfaite.

7

Le trajet est court, rapide, efficace. Et silencieux. Personne ne me pose de questions.

Je suis accompagnée d'une femme et d'un homme. Des officiers de la police judiciaire. J'ai bien compris qu'ils prenaient le relais. A priori, ils sont plus doués que le gigot pour un cas comme moi. Je suis soulagée. Je n'ai pas aimé ce que j'ai vu du gendarme. Même pas un 3D, mais un 2D aussi dense qu'un mollusque. Je sais, c'est pas « zen » de juger ainsi les gens, mais ça n'a plus d'importance, papa Ralph n'est plus là. À partir d'aujourd'hui, je pense comme je veux. Tout ce que je veux. Et je fais comme bon me semble.

Aujourd'hui, je suis seule. Aujourd'hui, je suis libre.

La gendarmette, elle, a saisi le message. À ce point poreuse, je confirme toujours, qu'elle m'a entendue quand j'ai murmuré à son âme de fuir. Je sais qu'elle va le faire. Un jour, elle me remerciera. Ça ne va pas être simple, mais elle réussira et puis il était temps. À trop rester figée dans son malheur, elle aurait fini par se suicider. Même une 3D ne mérite pas ça. Surtout qu'elle était gentille. Trop, ça, c'est sûr, mais ça changera.

Je n'ai pas croisé Madame Hue. Je le regrette. Elle ne méritait pas de subir tout ça. Je sais qu'elle va culpabiliser. Elle a sûrement dit tout ce qu'elle sait, la mort de maman, papa Raph, mes bonnes notes, mes grands silences. Tout ce qui était possible de montrer au-dehors. Mais elle va se poser des questions. C'est bien son genre, à toujours s'inquiéter pour tout le monde. Elle va s'en vouloir. Ça va la poursuivre. Elle a trop de cœur. Je prierai pour elle. Avec mon Kalimba, on lui jouera un air. Ça la protégera. Elle s'en sortira.

On est presque arrivé. Faut que je me concentre. Que je me mette de côté tout ça. C'est leurs vies, à présent. On ne s'est pas croisés par hasard. Ils évolueront, aux aussi.

La femme flic qui est assise à côté de moi est légère. Elle me fait du bien. Elle me laisse dans ma bulle. Elle n'attend rien. Ça ne doit pas être la première fois qu'elle transporte un colis comme moi. Elle est là, sereine. Elle sait déjà que toutes les portes ne s'ouvrent pas de la même façon.

Son collègue, celui qui nous conduit, est un chouïa plus nerveux. Il ne cesse de scruter son rétroviseur. Il cherche mon regard ou celui de sa collègue. On dirait qu'il redoute que quelque chose se passe mal. Il est moins tranquille qu'elle. Pourtant ils se connaissent bien. Ce n'est pas leur première vie ensemble. Ils le pressentent. Ils savent qu'ils ont une connexion spéciale. C'est bien. Ça me rassure. Ils sont encore dans la 3D, mais bien plus proche de la 4 que les zigotos de ce matin. Ils vont me laisser tranquille. Savoir attendre.

Ce n'est pas tant que je refuse de parler, c'est que je ne veux pas le faire avec n'importe qui. Et puis je suis fatiguée. Il s'est passé du temps avant que les gendarmes me trouvent. J'ai peu dormi et ça me donne mal au cœur. Va falloir que je reprenne des forces si je veux retrouver papa Raph.

Je ne comprends toujours pas comment il a fait.

Ni où elle est.

Son âme.

8

Les officiers de la police judiciaire, Alice Duarte et Jules Barré patientent. Ce premier voyage s'est bien passé. Ils sont arrivés à l'hôpital sans dégâts. La gamine n'a toujours rien dit, mais eux jugent cela normal. Et même préférable. Hier encore, ils ont eu affaire à un gamin de 15 ans, en pleine décompensation, totalement hystérique. Ils ont cru ne jamais arriver à temporiser, avec le père d'un côté qui hurlait et la mère qui pleurait à rendre jalouse une armada de veuves éplorées. Au moins, là, c'est gérable. Mais bon, ils sont sur leurs gardes, surtout Jules. Lui sait bien que tout peut partir en vrille, à n'importe quel moment. D'expérience, il a admis que rien ne prévient jamais le mauvais moment. Un mot, un regard et c'est l'éruption.

Un jour, il y a longtemps, il bossait encore en banlieue parisienne, une enfant, à peine sept ans. Une collègue qui vient déposer un papier dans son bureau et c'est le déclic. Deux secondes avant, la môme était sagement assise quasi apathique (soupçon de viol par le grand frère), quand d'un coup, elle voit leur collègue, elle se met à hurler, à se jeter dessus et à la frapper de toute sa force. Bilan, ils ont mis trois jours à comprendre que leur collègue portait le même parfum que celui que portait la mère de la petite. Présente dans la pièce voisine, accusée de complicité, la môme avait à sa manière tenté de dénoncer ce qui, au-delà de ce qui allait s'avérer être des attouchements, était en train de la miner.

Des cas de la sorte et pire encore, il en a plein sa besace. Alors il se méfie toujours. Alice, elle, temporise. C'est une vraie optimiste. Elle a pris des coups, mais n'en tient pas rigueur. Jamais. À personne. Elle se juge chanceuse comparée à tous ces gosses qu'elle croise et à qui la vie ne fait pas de cadeau. À eux deux, ils forment un chouette duo. Ils peuvent rester des heures, comme maintenant, à attendre sans parler et puis d'un seul coup, l'un regarde l'autre et la conversation reprend. Ils se disent souvent qu'ils ont dû être siamois dans une autre vie.

– Tout dedans. Rien dehors. Si elle ne parle pas, ça va être coton.

Jules a parlé, Alice a souri. Ils sont arrivés à la même conclusion. Une des pires, s'il fallait encore oser les classer. Le bilan médical n'a rien révélé. La gamine est encore vierge, son développement est en parfaite adéquation pour son âge et elle n'a apparemment subi aucuns sévices corporels. À part une déshydratation, certes plutôt limite et un retard de sommeil conséquent qui lui vaut une hypertension caractérisée, elle va bien. En tout cas, au-dehors.

Pour le dedans, c'est une autre paire de manches. Vu ce qu'il s'est produit, c'est peut-être encore une bombe à retardement. Si elle ne lâche rien sur ce qui a pu se dérouler le jour de son anniversaire et qu'elle enferme tout ça en elle, un réel danger existe. Sur lequel personne n'a de prise et qui peut à tout moment se déclencher. Maintenant, demain ou dans 20 ans. Mais un jour, c'est certain.

– Tout à l'intérieur. Dans sa tête, ses tripes, sa mémoire. Qui on a, sous la main, pour ça ?

Alice pose la question pour la forme. Pour terminer de digérer le constat qu'ils font de la situation. Dans le fond, elle a déjà compris. Les miracles n'existent pas, Dieu non plus. Ils vont devoir être réactifs et judicieux. La justice n'a pas vraiment le temps d'attendre qu'une gamine se mette à table pour trouver une solution idéale de placement. Dès demain, il faudra bien qu'elle dorme quelque part.

9

Elle a le regard qu'ont certaines vieilles âmes. Profond. Stable. Compatissant. Elle n'est pas si âgée pourtant. La quarantaine, je dirais. De jolies rides et un sourire qui doit faire tourner bien des têtes. Déjà un pied dans la 4D.

Elle me regarde sans me scruter. Ni me juger. Elle n'a encore posé aucune question, mais elle m'écoute, en silence. Comme il se doit dans ces cas-là.

Mon mutisme n'est pas une façade ni un rejet. C'est un endroit où pour l'instant je suis bien. Elle l'a compris, le respecte. Je soutiens son regard. Moi aussi je la fouille. Elle le sait. Nous ne nous affrontons pas. On est là, pour la même chose.

Savoir si on peut se faire confiance.

Je décide que oui et je baisse les yeux. Sur son bureau, il y a une feuille blanche et un stylo. Celui qu'elle devrait utiliser pour prendre des notes. Je le fixe et relève la tête.

Elle sourit. Tout est là.

J'aime quand les choses sont aussi simples. Fluides. Sans accroc. Quand les esprits se croisent et se reconnaissent. Ça me ferait presque pleurer.

La psy le sent. Une ombre passe et son sourire se voile en une fraction de seconde. Tout le poids de ma tristesse pèse à présent sur ses épaules. D'un mouvement d'épaule, elle s'en dégage, en profite pour attraper la feuille, le stylo et me les tend. Puis elle se lève, se pose devant la fenêtre pour scruter le parc de l'hôpital et me laisse faire.

10

Cinq mots, deux initiales et un point d'interrogation. Posés l'un derrière l'autre. C'est plus que ce qu'elle espérait. Le Docteur Pauline Brousse, psychiatre-référent de l'Urgence médicale judiciaire au centre hospitalier de Gordes ne s'est pas investie pour rien.

Cette écriture appliquée, sibylline et, on ne peut plus nébuleuse, dans le cas de la petite Borde, c'est un succès que les enquêteurs ne devront pas négliger et dont ils devront se satisfaire dans l'immédiat. L'adolescente n'est pas prête à parler. Elle sait tout pourtant. Trop peut-être. Ils vont devoir lui trouver quelqu'un à la hauteur. Et être patients.

Ce n'est pas un cas classique. Elle n'est même pas sûre qu'elle soit coupable de quoi que ce soit. Témoin certainement. Responsable aussi. Mais pas coupable. Elle en jurerait. Question d'intuition. Une valeur sûre qui ne l'a jamais trahie. Elle l'a vu dans son regard, aussi limpide qu'une goutte d'eau et dans sa façon toute particulière d'essayer de rentrer en contact avec elle. Cette gamine est dans les limbes. Perdue entre deux mondes : la réalité et ce qu'elle construit autour pour s'en défendre. Elle garde de lourds secrets. Elle est intelligente. Plus que la moyenne, très certainement. En pleine mutation hormonale. Plus une enfant et pas encore une adolescente. En pleine construction de son identité de femme. Des restes d'enfance qui veulent être compris d'instinct et déjà, une maîtrise d'adulte qui cherche le bon interlocuteur.

Pauline aurait aimé être de la partie. Mais son rôle s'arrête là. Elle va rendre compte aux OPJ et la gamine passera entre d'autres mains. C'est un long chemin qui l'attend.

Et un rébus « Kalimba – Moi : Athéna – Cahier – PJ/Âme ? » qui devrait soulever beaucoup de questions.

11

Alice et Jules ont laissé un gars devant la chambre. La jeune Borde a besoin de repos. Dixit le Docteur Fouenard. « Pour l'instant, vous me la laissez tranquille. C'est un ordre ». Le flic en faction sera relayé au petit matin. Et eux reviendront dans l'après-midi. Alors le grand ponte Fouenard décidera, si oui ou non, elle sera en état d'être transférée.

D'ici là, ils ont du pain sur la planche. La psy est bien gentille, mais son rapport ne les aide pas beaucoup. Sa feuille de mots, qu'elle a brandie comme une victoire, non plus.

A priori, la gamine veut qu'on l'appelle Athéna. Pourquoi ? D'où cela vient-il ? Alors qu'elle possède déjà trois prénoms. Évidemment, ils ont tenté le coup. Un par un, les uns derrière les autres. Anne. Manon. Nathalie. Quand ils sont arrivés à

Athéna, elle a hoché la tête. Ils se sont regardés, comme si ça y est, ils ouvraient une porte. Dans ses yeux, Alice a vu comme un soulagement. Un signe qu'ils étaient sur le bon chemin. Pourquoi pas après tout, si elle veut qu'on l'appelle ainsi, si ça lui délie la langue. Parce que pour le reste, chou blanc.

Quoi ou qui est « PJ/Âme ? » avec un point d'interrogation, qu'est-ce qu'un « Kalimba » et où se trouve le « Cahier » ? Le mystère reste entier. Elle n'a rien lâché. Un regard à décrocher la lune, ça oui, mais pour le reste, elle a botté en touche et elle s'est endormie. Comme ça. D'un coup. Ils ont cru qu'elle faisait semblant. Ils ont attendu. Mais non.

Elle les a mis sur la piste.

Ils n'ont plus qu'à se démerder.

Tout seuls.

12

C'est un cauchemar terrible, presque réel, ce train qui m'emporte, à reculons, à vive allure et moi qui crie plusieurs fois, à m'en étouffer « non, je ne veux pas, j'ai peur ». Pour la première fois en treize ans de vie, ma mère est assise à côté de moi. Je la vois, elle est là, je la découvre, en vrai, je pourrais la toucher. Elle est vivante, mais elle ne dit rien. Le train continue de foncer à rebours, il remonte le temps. Il me force à revenir sur mes pas. À me souvenir. Je ne veux pas. Et je me réveille.

Dans le noir.

Je suis à l'hôpital. Je m'en souviens. La nuit est traversée d'éclairs jaunes. Des rais de lumière sortis d'immenses lampadaires. J'ai l'impression qu'ils pointent tous dans ma direction. Que le cauchemar se prolonge. Qu'on me force à regarder en deçà du brouillard. Ma mère a disparu. Son image s'est envolée.

Je suis seule.

C'est la première fois qu'elle m'apparaît aussi nettement. La première fois que je peux presque caresser son visage. Que je suis sur le point d'entendre sa voix. Je me sens triste. Je sens que je pourrais pleurer, mais je bloque.

Ce n'est pas le moment. D'ailleurs ce n'est jamais le moment. Je dois mobiliser mes forces. Me ressaisir. Continuer de veiller. Ils ont au moins compris qu'il fallait m'appeler Athéna. S'ils respectent ça, c'est que j'ai déjà gagné une bataille. Si en plus, ils me rapportent mon Kalimba et le cahier, les égrégores sombres ne reviendront pas. Quelques notes, toujours les mêmes et je serai dans ma bulle. Même ma mère, en songe, ne pourra pas faire que je retourne en arrière.

Le cahier, c'est pour eux. Pour qu'ils comprennent. S'ils sont assez malins pour le trouver. Moi je dois juste avancer. C'est ma priorité.

Qu'importe, plus tard, ce qu'ils feront de moi. Qu'ils m'envoient en prison, en camp de redressement, ou encore chez les fous, je suis protégée.

PJ ne doit pas savoir.
Pas pour l'instant.
C'est tout ce qui compte.

13

Le gigot est content. La maison est bourrée d'ADN, l'arme du crime aussi. Deux empreintes, partout les mêmes, qui matchent avec celles du père et de la petite. Il avait raison depuis le début. C'est un parricide.

Si ces deux OPJ veulent en savoir plus, qu'ils se démerdent. Manquerait plus qu'il soit obligé d'aller dénicher, je ne sais où, un foutu Kalimba, sans même savoir à quoi ça ressemble. Paraît que ça fait de la musique et que la petite l'a réclamé. Il a failli leur demander si elle ne voulait pas cent balles et un mars non plus. Il s'est contenu et leur a tendu les clés d'un air de dire « Carte blanche les gars. La maison, on l'a déjà visitée, mais si ça vous amuse ».

Alice et Jules y ont passé la matinée. Non que ce soit leur priorité, ni même leur job dans l'immédiat, mais ils ont à cœur d'avoir quelque chose dans les mains quand ils réinterrogeront la petite. Créer du lien. Prouver qu'ils sont de son côté. Le temps qu'une enquête approfondie confirme ou infirme sa culpabilité. Et ce, quoiqu'en pense Monsieur le capitaine Bouffon. Ils ont bien vu que pour lui, le débat était clos. À croire que ça l'arrangeait même.

Ce qui leur importe, dans l'instant, c'est de retrouver le cahier. Le Kalimba, c'était facile, il était en évidence sur sa table de chevet. Mais le cahier, ils ont eu beau retourner toute la chambre de la gamine, ils n'ont rien trouvé.

Ils en ont profité pour inspecter la maison. Une vieille bâtisse, plutôt bien entretenue, à la décoration sobre et parfaitement rangée. Mis à part le boxon dont on voit nettement qu'il a été laissé par leurs collègues précédemment et la salle à manger où s'est déroulé le crime, c'est un modèle de propreté et d'efficacité. Chaque chose à sa place, de la cuisine au garage.

La chambre de la petite ne déroge pas à la règle. Un lit, un bureau, une armoire, une petite coiffeuse. Mais aucun poster au mur ni aucune fringue sale qui traîne. Une seule photo, dans toute la maison. Elle et son père quand elle était enfant dans ce qui ressemble au jardin qui se trouve à l'arrière de la maison. On dirait qu'ils posent et que ni l'un ni l'autre n'en sont heureux. Pourtant, elle est là, encadrée dans un joli porte-photo doré, posée toute seule sur une étagère blanche.

Son cartable est soigneusement rangé. Tous les cahiers ou classeurs qui s'y trouvent témoignent d'une scolarité exemplaire et assidue. Mais aucun n'a l'air de receler ce qu'ils sont censés trouver. Ce cahier doit avoir une valeur, un contenu, une symbolique forte pour que Athéna ait choisi de l'écrire sur la feuille de la psy. Et pourtant, il reste introuvable.

Cette maison est à ce point transparente qu'ils ont du mal à imaginer une trappe, un tiroir secret ou une cachette supposée contenir autre chose que ce qu'ils ont sous les yeux : de la normalité. Un chouïa rigide et austère, mais c'est toujours mieux que les bauges insalubres qu'ils visitent parfois.

Et même si cela les rassure, ils repartent, dépités.

14

Athéna a trois raisons de s'être rebaptisée ainsi. Trois raisons qui lui semblent suffisantes même si elle n'a jamais poursuivi ses recherches plus en avant.

La première, outre que cette déesse est communément celle que l'on associe à la guerre est surtout celle que l'on nomme la protectrice de l'effort héroïque. Parfaitement ce qu'aurait pu dire PJ (effort) ou même Papa Raph (héroïque).

La seconde raison est que cette déesse aurait dit un jour « Je n'ai pas eu de mère pour me donner la vie ». Ce qui d'emblée lui donnait un point commun crucial.

La troisième raison est plus obscure. Elle vient de l'origine supposée de son nom qui vient de la racine « ath » signifiant « tête » ou « sommet », car il est de légende qu'Athéna serait née de la tête de Zeus. Et, mis à part que c'est dans ce chakra-là que tout se passe dans la 3D, elle n'a pas encore réussi à en percer le mystère.

Et c'est souvent ce qui l'a fait trébucher.

Pourtant, elle a exagérément simplifié les choses. D'une multitude de connaissances, elle a su se faire un répertoire efficace, certes tranchant, mais imparable.

De un, il y a les 3 D. La majorité des gens. Grossiers, égoïstes, carriéristes, matérialistes, individualistes. Esclaves de la matrice. Pantins hypra dépendants de la matérialité. C'est le monde dominant du « moi je », de l'égo, de la personnalité, du mental, de l'émotionnel, de la survie. Tout est basé sur la différenciation entre moi et les autres à tous les niveaux : physique, sexe, âge, race, caractère, famille, social, travail, richesse, pouvoir… C'est l'humain dans sa plus vile expression avec un niveau de conscience proche du néant.

De deux, les 4 D. Un faible pourcentage de la population, mais tout de même une nouvelle majorité de gens qui sont sur un vrai chemin d'éveil spirituel. De plus en plus souvent, le moi s'efface devant le nous. Le partage prime, le pardon l'emporte, la vengeance n'est plus. Dans la 4D, on commence à voir ce qu'on ne voyait pas avant et on se rend compte des comportements délirants. La dualité existe encore, mais moins qu'en 3 D. C'est une sorte de passerelle comme une transition obligée entre la 3D et la 5D. Une sorte de purgatoire où des forces antinomiques s'affrontent encore, mais où l'éveil se fait et où le discernement augmente. Il y a un véritable éveil de la conscience qui comprend qu'il y a bien plus que ce que l'on vous avait fait croire et en même temps, la réalité matérielle reste encore compliquée à travers l'argent, les relations et autres dépendances.

De trois, les 5 D. Ces grandes figures de l'humanité qui ont œuvré pour le bien commun. Pour qui, la terre n'est qu'un plan d'expérimentation. Soutenus en cela par le grand mystère, l'univers. Ou Dieu ou Bouddha ou, ou, ou.... C'est le retour vers les origines, le voyage astral, le divin supérieur. Là où la dualité n'existe plus. Dès lors, il n'y a plus de séparation, plus de jugement, c'est le monde du « nous Un », où l'on considère les autres comme soi dans une autre expérience. Tous sont reliés, et ce qui arrive à un autre arrive aux autres, et forcément à moi. Donc, je veux le bonheur des autres, je les aide, je leur rends service naturellement, et ce bonheur me revient. Il y a fusion des énergies individuelles à tous les niveaux. Ce niveau supérieur ouvre à la multidimensionnalité. C'est le début du véritable chemin spirituel. L'origine qui se rappelle à elle-même. Qui œuvre avec une conscience élargie et éveille à de nouvelles capacités et perceptions. Qui reconnecte avec l'âme et la source et permet de jouer le rôle, la note, la fréquence spécifique de son âme traversée par le souffle vivant s'incarnant sur terre.

Là où Athéna voudrait bien être, mais vivante. Pas comme Papa Raph qui lui a tout appris et l'a payé au prix fort. C'est grâce à lui qu'elle en sait autant, qu'elle peut instinctivement ressentir les énergies des gens, les classifier, interagir ou pas et surtout ne plus se faire avoir.

Dans la 6D, la « femme-écran » pourrait presque sourire si l'enjeu n'était pas si grave. Sa fille est sur le chemin, en train de comprendre. Elle saura sûrement réussir un jour. Chaque jour elle, sa mère, depuis les limbes lui insuffle de quoi progresser. Elle et ses comparses d'ailleurs. Toutes ses entités ascensionnées qui logent dans les hauteurs pour guider les vivants. Mais elle ne peut pas intervenir plus. Tous les signes que sa fille croit reconnaître ne sont que le début. Elle s'y accroche et persévère, mais oublie dans le même temps qui elle est, d'où elle vient, ce qui s'est réellement passé. L'oubli la protège, mais peut tout autant la faire basculer. L'adolescence est un carrefour pernicieux. Contre elle, il y a maintenant les forces du mal. Elle les a vus, ces égrégores sombres et redoutables. Elle craint que l'histoire ne se répète. Encore et toujours.

15

La vie n'offre jamais une seule version des faits. La vérité n'est qu'une illusion. Changeante de surcroît. Qui s'adapte et s'éclaire à travers un prisme qu'il nous est donné de percevoir à un instant T. Aussi vite remplacé l'instant suivant. Le mouvement en est la cause. Et la solution. Le mouvement dans l'évolution, vu dans son ensemble. Quand chaque détail a pris sa place et que plus aucune pièce du puzzle ne manque.

Le dossier de la jeune Anne, Manon, Nathalie Magne est un bon point de départ. Encore faut-il en posséder toutes les données. Quand le Docteur Pauline Brousse en a pris connaissance, elle a d'abord trouvé une liste de noms, de dates et de faits. Lesquels lui ont fourni un socle. Elle a pris le temps de bien lire, plusieurs fois. Puis elle a oublié, en surface. Elle a privilégié le regard, l'attention au mouvement présent. Athéna, ici et maintenant, dans un lit d'hôpital. Dans ce nouvel environnement, à ce stade de son parcours.

Athéna, puisque c'est ainsi qu'elle veut être appelée, rentre dans le cas classique de ces jeunes gens trop tôt et trop vite touchés par la cruauté de la vie. Sa mère est morte en la mettant au monde. Premier abandon. Son père s'est, seul, occupé d'elle pendant treize années avant de disparaître à son tour. Second abandon. Qui sait ce qui a pu se passer entre ces deux époques qui n'est encore écrit nulle part. Elle a été retrouvée prostrée près de son corps en décomposition et Athéna a gardé le silence.

Première fuite de la réalité et premier rejet des autres. Ou pas ?

Pauline Brousse est revenue ce matin s'assurer que… Au cas où… Pour apaiser sa conscience. Mais le miracle d'hier ne se reproduira pas. Athéna n'a rien dit de plus. De mieux. Une force de non-communication qui la met à distance et la fait évoluer dans un autre monde. Le regard absent, plongé ailleurs, dans d'intenses réflexions qu'elle ne souhaite pas partager.

Pauline est certaine que ce silence lui sert d'équilibre, d'armure, de bouclier. Pas seulement contre les autres, mais aussi contre elle-même. Enfermée en elle, plus rien ne peut lui échapper. Aucune pression n'est possible. Ni même aucun débordement. Il y a chez Athéna une espèce d'immobilisme qui force le respect. C'est un bloc qu'aucune gesticulation ne semble émouvoir. Et qui, à la limite, repousse toute tentative de percée.

Elle a souvent vu cela dans son métier. Elle sait que ce n'était qu'une façade. Personne ne reste en repli bien longtemps.

Alors elle la regarde une dernière fois et s'en va.

Le cœur meurtri par un énorme vide.

Elle aura au moins essayé de comprendre.

16

En une fraction de seconde, le silence. Implacable, muet, tétanisant. Là où habituellement la ruche hospitalière fourmille, du bruit des chariots, des portes qui s'ouvrent et sans cesse se referment, où les familles pleurent, quémandent, supplient et parfois remercient. Là où règne en permanence une tension, de l'agitation et même de l'agressivité, la stupéfaction saisit chacun dans son dernier geste, gèle tout mouvement, s'abat comme un dernier souffle qu'on ravale jusqu'à l'étouffement. Ça ne dure que quelques secondes et pourtant. Pour toutes ces paires d'yeux hypnotisés par la vision grotesque, l'éternité vient d'apposer son empreinte. Plus rien ne sera jamais comme avant.

Le docteur Stéphane Fouenard vient de se suicider. Ça ne fait aucun doute. Sous ses pieds, le tabouret rouge de la salle de repos, celui-là même qui sert à atteindre les portes de placards les plus élevés, est renversé. Ses orteils ne sont qu'à quelques centimètres d'en atteindre le point d'équilibre. Mais ce n'était pas le but évidemment. C'était tout le contraire. Et c'est réussi. Son corps pend, inerte au bout d'une corde. Il est nu.

Peut-être est-ce cela que les gens voient en premier ? Cette nudité affichée, tellement obscène. Érection post mortem. Mort rapide et violente.

Il a fallu réagir vite. Le garde en faction devant la chambre de la jeune Borde a été le premier sur place. Il a fait évacuer tout le monde.

En matière de suicide, la colère remplace souvent la peine. Surtout au début. Surtout si l'élu n'a laissé aucun mot, lettre ou signe qui pourrait expliquer son geste. La confusion prolifère à chaque question restée sans réponse. Il faut en extraire la culpabilité. Dans le service du Docteur Fouenard, les pronostics vont bon train. Chacun aura son mot à dire et le fera entendre. C'est l'heure des comptes.

Pour Athéna, c'est le signe. Même si ce bon Docteur, qui l'a reçue à son arrivée, était à coup sûr un 4D, elle ne prend pas le temps de le plaindre. Il reviendra vite. Dans sa future incarnation, le chemin sera déjà tracé. Il retrouvera sa place. Elle l'a senti à la façon qu'il a eu de l'ausculter, de prévenir le moindre de ses gestes, de ne poser que les questions nécessaires, c'est une bonne âme. Il le prouve encore. Lui offre une porte de sortie. Un dernier geste d'humanité.

Elle ne s'inquiète pas de lui.

Elle profite d'être seule.

Elle s'enfuit.

Redevenue libre.

17

C'était écrit, l'univers l'accompagne. Un scooter est posé là, devant les urgences, les clés sur le contact et le casque sur le siège. À croire qu'il n'attendait qu'elle. Sûrement, un coursier qui doit avoir ses habitudes et ne se méfie plus.

Athéna en profite.

Les urgences c'est toujours l'endroit idéal pour passer inaperçu. Et passer inaperçue, ça, elle sait faire. Elle a une courte fenêtre pour rallier Roussillon. Vu la panique ambiante, c'est jouable. Elle laissera le scooter en évidence derrière la maison et repartira à pied. Ils trouveront enfin ce qu'ils auraient dû chercher en premier. La brèche ! Celle que PJ lui a fait creuser. Cette minuscule issue de secours, creusée près de la haie de thuyas, au fond du jardin. C'est là que se trouve son sac, au pied du jeune érable, sous le banc. Une mini trappe et une cavité d'environ 50 centimètres. À l'intérieur son kit de survie. En attente. Depuis longtemps. Au cas où… Le Cahier. Un second Kalimba. Des fringues. Des vivres. Une lampe torche. Des bougies. Toutes ses économies. Chaque semaine réactualisé.

Elle va enfin tester, grandeur nature, en live, des années d'entraînement, de préparation et régler tout ça à sa manière.

Solder ce qui doit l'être.

Une bonne fois pour toutes.

***

Trois heures pour arriver à Gordes. Même pas 10 bornes. Une heure de plus que la normale. Mais elle y est arrivée. Le chemin, elle le connaît par cœur. D'habitude elle le fait sans problème. Mais d'habitude, elle n'a pas passé trois jours près d'un cadavre sans manger ni boire. D'habitude, elle n'a pas subi de garde à vue, de séance psy, d'interrogatoire. D'habitude elle n'a pas à se cacher pour de vrai. D'habitude, elle est en pleine forme.

En situation extrême tout est plus compliqué. Même si PJ l'avait prévenue et lui avait fait faire au moins cent fois le même chemin, en la réveillant en pleine nuit, en la privant de repas pendant 48 h, en plein hiver, sous la neige, pieds nus parfois, ça n'a rien à voir. Ce soir elle est épuisée. Ce n'est plus une répétition. Aujourd'hui, c'était une vraie cavale et ça change tout.

Heureusement, son évasion est balisée. Des planques dans les environs, elle en a une bonne dizaine en réserve. Celle de ce soir, un tombeau abandonné, dans le fond d'un cimetière peut enfin servir, pour de vrai. Elle va y passer la nuit. Il n'y vient jamais personne. Elle n'a pas le choix de toute façon. Son corps le lui réclame. Elle a déjà rempli sa gourde deux fois au tuyau et mangé trois barres de céréales. Une de plus que ce qui est prévu. Mais c'est nécessaire. Elle se privera quand elle aura repris des forces.

Une nuit à la belle étoile et toutes ses énergies seront renouvelées. La magie de la Voie lactée et de la lune. Un des remèdes les plus puissants qu'elle connaisse. Plongée dans le berceau du puissant. À ciel ouvert.

Un air de Kalimba avant de dormir à la lueur d'une bougie. Pour protéger tous ceux qu'elle a croisés. À qui elle a laissé une empreinte. Qui étaient là, comme le sont tous ceux qui nous frôlent et dont les énergies se mélangent. Qui vont et viennent. Traversent nos vies. Ne sont jamais appelés à rester.

C'est ainsi. Peu de gens partagent la route longtemps. Tout au plus, une poignée de fidèles. Le reste des âmes ne sert qu'à orienter le chemin. Prendre des leçons. En donner. Échanger des informations. Parfois faire basculer des vies. Comme la jeune Fanny et la pauvre Madame Hue.

Les deux OPJ, eux ont l'habitude. Ils feront leur

boulot. Lanceront l'alerte. Lui courront après. Ils se retrouveront. Ou pas. C'est si peu important.

Ce qu'elle avait de plus précieux, elle l'a perdu. Papa Raph poursuit sa route, sans elle. Un bout d'âme en suspens dans son cœur, qu'elle entendra peut-être quand elle ne cherchera plus.

Les ténèbres le lui soufflent. Elle a beaucoup à conscientiser encore. Un long chemin.

Son seul souci, ne pas croiser PJ. D'aucune façon.

D'abord rejoindre Avignon. Prendre le train. Revenir aux sources.

Boucler la boucle.

18

Elle est partie au petit matin, l'aube tout humide de rosée, dans une clarté vacillante comme une allumette qui peine à s'enflammer.

En suivant les sentiers, loin des routes, elle était certaine de ne croiser personne. Elle connaît ces champs par cœur, sait quand va surgir un carrefour, quand elle va devoir rouler dans un fossé ou se fondre dans l'obscurité. Plus loin, oui, elle s'attendait à des barrages, des patrouilles, mais non, c'est Bastos, qu'elle a croisé. Une sacrée veine. Il dormait, avachi sur son siège arrière, dans sa voiture garée sur le bas-côté du chemin, en direction des Cèdres. Une fin de soirée qui l'a enfumé avant d'atteindre son but. Pas la première ni la dernière fois que ça lui arrive. Elle a tapé à sa vitre. Ils ont à peine discuté. En quarante minutes, ils étaient à la gare d'Avignon. Elle est restée cachée par terre, sur le plancher arrière, à respirer de la beuh, le nez dans au moins une tonne de gravillons, jonché de papiers gras.

Bastos, elle le sait, ne dira rien. Il n'aime pas les flics, les uniformes, la loi, les interdits. Il n'aime que son joint et sa liberté. Il est à peine plus vieux. 18 ans. C'est le frère d'un élève de sa classe. Il vient souvent à la sortie du lycée faire ses affaires.

C'est lui qui est entré dans la gare, a acheté son billet de train et a vérifié que la voie était libre. Lui encore qui est resté dans sa bagnole à attendre avec elle que le train entre en gare.

09 h 09. Une heure miroir.

À ce moment-là, elle s'est dit que plus rien ne pouvait lui arriver.

9, la fin d'un cycle.

Un chiffre angélique.

19

Elle a choisi une place isolée, s'est enroulée dans sa doudoune, a collé son sac contre la vitre et s'est endormie. C'est fou ce que la pression lui pompe d'énergie. Et pourtant, rien n'était plus normal pour elle que de se trouver là, libre, en partance. Cette date-là est programmée depuis qu'elle est en âge de savoir compter. Tout ne s'est pas déroulé comme prévu et alors. C'est souvent cela la vie. Beaucoup de hasards, d'escales, de chemins de traverse. Elle y était préparée.

Rien n'est plus délicieux que d'ouvrir les yeux deux heures plus tard et de voir à perte de vue des champs et le jour tout entier, resplendissant de lumière. Rester ainsi quelques minutes sans savoir où l'on est. Être juste en chemin. Libre de grignoter chaque minute de sa treizième année.

Hier encore les heures miroirs étaient là pour l'accompagner. Elle a même trouvé une plume, à ses pieds, juste devant le tombeau, en se réveillant. C'est rare autant de synchronicités en si peu de temps. Quand le Divin s'impose à nous, il faut le remercier et ne jamais le décevoir. Elle est là où elle doit être et n'a aucune culpabilité de ce qui se trame à des centaines de kilomètres.

Pour l'instant elle profite du paysage. Quelques îlots nuageux parsèment le ciel. Papa Raph lui a appris à les voir autrement. À en interpréter les formes. C'était un jeu entre eux. C'est un peu moins drôle quand on est seul, mais ça favorise l'imagination. Ce midi, ils n'ont rien à dire. Ce sont tout au plus des filaments, dispersés, sans attaches. Comme s'ils avaient été abandonnés, laissés pour compte par une famille de cumulus partis pleuvoir ailleurs.

Elle se sent comme eux. Flottante. Seule. Séparée.

Définitivement orpheline.

À sa montre, il est 13 h 33. Elle chasse ses ombres et sourit, aussitôt ragaillardie.

Le chiffre angélique 333 est porteur d'un message important, un message d'amour et d'encouragement on a tous un ange gardien qui nous aime et qui veille sur nous en permanence. Il connaît nos objectifs de vie ainsi que la mission de notre âme. Grâce à lui, on est en mesure d'attirer le succès et de tirer profit de chaque opportunité. Notre ange gardien communique avec nous par le biais de chiffres angéliques, des plumes, ou même des pièces de monnaie qu'on trouve dans la rue. C'est ainsi qu'il nous soutient, nous rassure et nous encourage. Lorsqu'on arrive à voir le chiffre angélique 333, c'est que notre ange gardien tente d'entrer en communication et qu'un message de la plus haute importante se cache et pourrait bien changer notre vie. C'est une occasion d'apprendre et d'évoluer à un niveau spirituel, de laisser notre énergie vibratoire se répandre et d'augmenter sa fréquence.

Le but de tout chemin.

De son chemin.

La 5D.

20

Le décor a changé. À perte de vue, la banlieue de Paris noircit l'horizon. Barres d'immeubles, cheminées d'usines, zone industrielle, l'espace est saturé. Athéna grimace. Elle ne tient plus en place. Encore quelques minutes et…

…La magie s'arrête. Dans un brusque crissement de frein, le train a hurlé et dans un long grincement de ferrailles s'est arrêté. Stoppé net dans son élan.

Dans le wagon, la stupéfaction, le cri des enfants, les questionnements et l'attente. Interrompue, plus tard, par une voix métallique qui précise un incident voyageur, qu'il est interdit d'ouvrir les portes, de sortir sur les voies. Et que la police est en route.

Athéna respire. Trente minutes au moins qu'elle se retenait de le faire. Comme si les battements de son cœur portaient en eux un GPS qui aurait pu la pointer du doigt. Mais non, ce n'est pas elle qu'on recherche. Pas après elle qu'on en a ni à cause d'elle que le train a buté. Il paraît qu'un individu s'est jeté sur les rails.

Celui-là, elle le discerne bien quand après une heure trente de confinement les portes s'ouvrent. Le périmètre, cerné de rubalise, résonne de gyrophares et grouille de flics, mais Athéna sait qu'elle ne risque rien. Tout le monde a les yeux rivés sur la scène de l'accident alors même qu'il se trouve de l'autre côté. Tout le monde cherche à distinguer, mais elle seule arrive à se faufiler. Et personne ne l'en empêche. La méthode de PJ est imparable. « Tout le monde peut ou pourrait te voir, mais, si tu sais utiliser les circonstances à ton avantage, personne ne te remarque. Tu es là et pas là en même temps. Je t'apprendrai ».

Il lui avait appris. Et ça avait été facile. Pas facile du premier coup, mais quand même. Pour une seule et simple raison, les gens sont majoritairement focalisés sur eux-mêmes. En règle générale, ils ne regardent jamais que le bout de leurs pieds et en particulier quand leur attention est à tout autre chose. Et un corps déchiqueté par un train est une tout autre chose. Assez hypnotisant en tout cas pour que son tour de piste passe inaperçu, qu'elle recule jusque l'arrière du train, grimpe sur une échelle de secours, se retrouve à ramper sur le toit du train en prenant soin d'éviter le côté droit où est réunie majoritairement la foule, aller au plus près du flanc gauche et tomber nez à nez avec une tête décapitée, sans globes oculaires.

Le vis-à-vis est sidérant.

Rien à voir avec le jour où elle a énucléé sa poupée Chloé et rien à voir non plus avec l'œil mort de Papa Raph. Non, là c'est bien plus sale, bien plus brut, bien plus sanguinolent. C'est du sale boulot, de la vraie charpie. Le vide des yeux est un énorme trou noir comme un long tunnel. L'âme du gars a dû en être éjectée avec une violence inouïe. Si elle se concentre, elle va la voir cette fois-ci, son âme, elle ne peut pas être loin. Même si c'est arrivé il y a près de deux heures, elle pourrait presque la sentir qui plane encore. C'est souvent ainsi avec les morts rapides, l'âme n'a pas le temps de réaliser. Il faut qu'elle soit certaine. Elle est encore retenue par une sorte de vie en suspens. Elle attend quelque part. Athéna est presque sûre qu'elle hésite à partir. Alors dans un mouvement lent et précautionneux, elle se tourne sur le dos, se place bien au centre du toit, ferme les yeux et attend. Mais elle a beau se brancher là-haut, sentir les vibrations parcourir son échine dorsale, fourmiller jusqu'au bout des doigts, cette dimension lui échappe encore.

L'âme du défunt ne lui est pas apparue. Il est inutile de rester plus longtemps perchée à dos de train. C'est trop tard. Et cela pourrait devenir dangereux. Elle ne sait pas combien de temps a duré son absence dans les hautes sphères, mais l'agitation extérieure a cessé. D'ici à ce que le train redémarre, elle va apprendre à voler et pour de bon.

21

Si elle en doutait encore trop souvent, aujourd'hui sa certitude s'affirme : elle est protégée. Chaque incident est comme une bénédiction sur son parcours, qui lui ouvre la voie, là où, pourtant, aurait dû poindre la vigilance. Le train n'est jamais reparti. Des dizaines d'agents ont créé un couloir aux abords des voies et encadré un long cortège de gens hébétés, furieux d'avoir à marcher sur plusieurs centaines de mètres.

Elle est sortie de Gare de Lyon avec tout le monde, en suivant le courant, anonyme. Il y avait bien des militaires, en maraude depuis les attentats, sacrément armés, mais aucun comité d'accueil spécial pour filtrer sa descente. Ça l'a fait sourire. Elle s'est dit qu'ils devaient la chercher là-bas, à Roussillon. Retourner la maison et le jardin, encore et encore, en profondeur. Mais il est trop tard ! Tout ce qui pourrait les mettre sur la piste tient dans son sac à dos. Le reste se trouve ici. À quelques stations de métro. À Vincennes, là où tout a commencé. Et elle espère aussi, dans la mémoire d'un homme qu'elle va rencontrer pour la première fois. Damien Magne. Son cousin germain.

Quand sa maman est morte et qu'elle est née, Papa Raph venait de retrouver sa demi-sœur. C'est pour ça qu'elle porte trois prénoms. Anne (sa maman), Manon (la maman de sa maman) et Nathalie, la demi-sœur de Papa Raph. Un drôle de cadeau en vérité. Que des prénoms de mortes alors qu'à l'époque, née avant terme, elle était sous bulle à se débattre entre la vie et la mort. Papa Raph devait être sacrément à côté de ses pompes pour croire que de cette trilogie naîtrait la bénédiction « AMN » qu'il s'ingénierait à prononcer « Amen ». C'est ainsi qu'Athéna est née. L'idée lui est venue pour ses douze ans. Le fardeau devenait trop lourd à porter comme d'ailleurs, tout ce qui a trait à son passé. Dans sa tête, il a bien fallu qu'elle se réinvente pour faire face. Surtout maintenant que Papa Raph est mort aussi.

Nouveau prénom, nouvel ancrage. Athéna, c'est une nouvelle chance. Une nouvelle naissance. Un nouveau départ. Loin du passé. Pour couper tous les liens d'avant. Que du malheur !

Aujourd'hui, la seule personne qu'il lui reste encore de vivant est son cousin, Damien. Elle espère qu'il va l'aider. La croire. Tous les ans, elle a vu Papa Raph lui téléphoner pour la nouvelle année. C'était comme une tradition, un rite incontournable et immuable. Pas qu'ils aient grand-chose à se raconter, mais chaque Premier de l'an, à midi pile, Papa Raph appelle son demi-neveu Damien et elle l'entend lui raconter tout ce qui s'est passé d'essentiel dans l'année écoulée. Sa taille, son poids, sa réussite scolaire, la première fois qu'elle a su faire du vélo appris à nager et même l'année dernière, quand à 12 ans et 9 mois, elle avait eu ses premières règles. Elle avait d'ailleurs trouvé cela tellement humiliant qu'elle ne lui avait plus parlé pendant un mois. Il s'était fait pardonner en promettant que dorénavant, chaque appel serait précédé d'un débriefing entre eux et qu'elle seule serait en droit de choisir ce qui pouvait ou non, être dit. Elle avait conclu en affirmant qu'elle n'était plus une enfant et que tout cela la concernait au premier plan.

Pour autant, elle n'avait jamais vraiment échangé avec son cousin. Papa Raph étant toujours là. Il lui tendait le téléphone, elle remerciait pour l'enveloppe qu'elle recevait à chaque Noël, mais sans plus. C'était un lien bizarre. Comme une sorte d'obligation morale. Ponctuée de silences, de maladresses, de phrases avortées. Papa Raph était le médiateur et eux, se retrouvaient coupés en deux, chacun à un bout de l'appareil, attendant d'être sauvé par Papa Raph qui très vite, reprenait le fil et sa longue liste d'anecdotes. En grandissant, elle s'était aperçue qu'il omettait bon nombre de choses. PJ par exemple, pour ne citer que lui dans la liste des secrets qui « promets-le-moi ne doivent jamais sortir de la maison ».

Mais, voilà, aujourd'hui, ils étaient en route… les secrets.

22

Au même instant, au 77 boulevard de la République à Paris, Damien Magne sent venir les emmerdes comme une éruption volcanique en ébullition, depuis longtemps programmée. Il a reconnu la photo. En plein JT. Sur son écran LG 55C9.

Le vendeur n'a pas menti. La qualité d'image est la meilleure du marché, avec des niveaux de noir parfaits, des angles de visions larges, une superbe uniformité, des couleurs riches, vives et précises et un rendu qui reste bon dans une pièce lumineuse. Le son reste le seul bémol, mais sur ce coup-là, il en saura toujours plus que ce qu'il pourrait entendre.

Le jour J est arrivé. La gosse est là, aujourd'hui, demain, en tout cas bientôt, à sa porte, il en est sûr. Aussi sûr que la raison de sa présence, ici, en France, aujourd'hui. En même temps, c'était le deal. Depuis le début. Quand il aurait pu encore dire non, mais qu'il a dit oui. Parce que sa mère venait de mourir, qu'il était loin et que ce satané

Raphaël Borde lui a fredonné la corde sensible de la filiation.

Non, mais quel con, s'il avait su !

Cette histoire était tordue depuis le début, il aurait dû s'en douter. Mais du fin fond de son exil, il s'était dit que cela n'aurait jamais que peu d'impact. Ou alors plus tard. Un jour, peut-être…

Bah voilà, il y était. Les deux pieds plantés dans son salon à fixer un écran noir sur lequel le visage de la gamine planait encore. Dire qu'il y a une semaine, il était au Chili, et avant ça au Pérou, au Yémen, en Inde, partout où toutes ces années, ses pas l'ont mené. Depuis l'enterrement de sa mère, il n'était pas revenu en France. Il avait toujours eu la bougeotte. Mais il avait promis, il y a un mois au téléphone, quand Raphaël l'avait appelé à la rescousse. La conversation avait été laborieuse, la connexion d'un pays à l'autre étant chaotique, le réseau défaillant, cela avait ressemblé à une poignée de mots hachurés, mais sans équivoque.

Retour souhaité au plus tard le 20 mars, pour l'anniversaire de la petite.

Il était arrivé le 21, un jour en retard. N'avait pas pu joindre Raphaël. Et depuis attendait. C'était le deal. Rentrer et attendre. Si tout se passait bien, il pourrait repartir. Sinon il faudrait qu'il reste.

Lui, bien avant de rentrer, avait décidé que, quel que soit le résultat, il resterait. Depuis plus d'un an, il ressentait le besoin d'un retour aux sources. Peut-être pas définitif, encore que… poser ses valises et voir venir. Faire le point. Peut-être monter une affaire ici. Faire partir ses globe-trotteurs à partir de Paris. Se donner le temps, lui aussi, de fonder une famille. La lassitude de toutes ses demi-amours qu'on n'emmène pas dans ses bagages, qui restent à quai, qu'on voit s'éloigner à chaque fois qu'un nouvel avion décolle.

Peut-être aussi, le poids de l'âge ou la nostalgie de ce qu'il n'avait jamais vraiment vécu. Le sentiment de plus en plus prégnant d'avoir à vaincre cette incapacité à s'enraciner quelque part. Croire que cela soit possible. Qu'il n'était pas trop tard.

Il avait toujours eu peur de finir seul comme sa mère. Aussi, avait-il cru qu'en voyageant, cette menace ne le suivrait pas. Que ses voyages le protégeraient. À l'époque, un amour dans chaque port valait tous les défis. Bilan, il avait eu tout faux. Le fossé s'était creusé d'année en année et sa solitude, encore plus. Il avait tout fait de travers.

Si sa mère avait été encore en vie, il se serait vengé d'un putain de coup de téléphone. Histoire de déverrouiller un peu les nœuds à l'estomac qu'il sentait contracter son ventre. Parfois, il lui en voulait de ne pas avoir su l'arrimer, le retenir. Mais sa mère, Nathalie Magne, était morte et ne lui avait laissé en héritage qu'une foutue histoire bien dégueulasse qui lui avait usé les godasses jusqu'à la semelle.

Son grand-père maternel, un beau salaud, avait, en son temps, engrossé une jeune fille avant de la laisser tomber. Tellement laissé tomber que celle-ci s'était jetée dans les eaux troubles de la Seine, quelques heures seulement après son accouchement. C'est ainsi qu'était né Raphaël, le demi-frère de sa mère. Il avait vécu sa vie d'orphelin en famille d'accueil, avant que sa mère ne découvre le pot aux roses et cherche à renouer avec lui alors qu'elle avait 55 ans, lui 35 et Raphaël 30.

Aujourd'hui, il en avait 48 et l'histoire se répétait presque. La gamine était orpheline comme l'avait été son père et, question subsidiaire néanmoins primordiale, presque meurtrière ou quasi accusée de parricide.

Il n'allait pas tarder à le savoir et ça lui fichait une sacrée trouille.

23

Vincennes. Enfin. Le grand bâtiment de la mairie. Là où son père a signé son acte de naissance. À moins d'un kilomètre de là où vivait sa mère. Là, où…

Là où quoi exactement ? C'est bizarre, elle ne ressent rien. Comme si tous ses sens étaient endormis. Comme si elle était déconnectée. Presque en dehors d'elle. Quelque chose devrait bouger pourtant. Une mémoire. Une résurgence. Mais non. Le vide. Le froid. La nuit qui tombe. Les gens qui marchent tête basse. Une espèce de désolation qui la rend triste. Qui la pousse à s'éloigner, plus loin, jusqu'au-dessous de cette enseigne « La Pissote » où son père venait boire des cafés. Elle attend un peu, quelquefois qu'un feu se rallume, qu'une lumière clignote enfin au fond d'elle. Mais non.

Toujours rien. Ce n'est qu'une rade toute pourrie, remplie d'hommes, qu'elle dévisage, déçue.

Papa Raph lui avait raconté tellement de souvenirs, d'ici. Elle essaie de l'imaginer en terrasse, le nez dans le ciel, à lire les nuages. Mais les nuages se confondent avec le gris du ciel, bien trop bas, bien trop lourd. Alors elle s'éloigne. Le chemin sur la carte, elle l'a fait des dizaines de fois avec Papa Raph. Au bout à gauche, puis la première à droite. Et la place qui traverse la rue de la Bienfaisance.

L'immeuble de sa maman. La façade blanche. Totalement neutre. Sans âme, sans relief. Juste des murs et des fenêtres et des digicodes. Elle se concentre pourtant, ferme les yeux, attend. En vain.

Quelqu'un ou quelque chose l'a débranchée, ce n'est pas possible de ne rien ressentir. Elle se fait l'effet d'un plancton privé de CO2, d'oxygène, de lumière. Simple gamète posé là, bien en deçà de la 2D. Comme anesthésiée. Inutile. Vaincue.

Et soudain, un grand frisson. De la tête aux pieds. Une ombre qui passe et disparaît. Elle n'est plus seule. Le ciel est noir. D'un seul coup, il lui tombe sur la tête.

Elle s'évanouit.

Quand elle ouvre les yeux, un vieillard la regarde, lui tapote la joue du bout de sa canne. Il a l'air en peine, malhabile, en équilibre précaire sans sa troisième jambe. Elle sursaute, étourdie. Elle sent d'instinct les larmes monter alors elle ferme les yeux. Elle déglutit. Ravale. Enferme dans sa gorge ce que personne ne doit jamais voir.

Et elle se relève. Comme elle l'a déjà fait mille fois. D'un mouvement rageur. Brutal.

Et sans un mot pour le vieil homme, abasourdi, elle s'enfuit.

Honteuse.

24

Jim est comblé. Athéna a réussi. Elle s'est enfuie, est venue, a refait le chemin. C'est une hors-la-loi, maintenant. Comme lui. Il l'a bien préparée. Se sent fier. Elle n'a pas dérapé. A joué le jeu. A su attendre et profiter des deux bonnes occasions qu'il a froidement orchestrées.

D'abord ce bon Docteur. Il se délecte encore de le voir se déshabiller, monter sur le tabouret et tout de suite après se balancer au bout d'une corde. C'était d'une simplicité, un jeu d'enfant. Ce mec était rongé par la culpabilité. Son suicide n'était qu'une question de jours, de mois peut-être. Des lustres que ça le démangeait d'oser franchir le pas. Jim n'a fait qu'activer le processus. Donner à son fantasme, une impulsion solide. Il n'a même pas eu à se salir les mains. Juste être là, au-dessus de lui. Et ancré, une bonne fois pour toutes, que c'était la seule solution à sa vie de merde. Depuis la mort de sa femme, il y a six mois, il ne dormait plus. À ce moment-là, il était à l'autre bout de la ville en train de donner une conférence, son bipper en mode veille dans sa veste, posée sur le dossier d'une chaise. Quand il avait eu fini, deux heures après, il était trop tard. La question ne s'était jamais posée pour lui de savoir s'il aurait pu la sauver ou pas. La question était pourquoi ce jour-là était-elle dans cet immeuble en flamme, à presque cent bornes de leur maison ? La réponse, donnée par son amant cramé dans ses bras, avait suffi à l'emporter dans une spirale de remise en question qui le terrassait de culpabilité. Son boulot avait toujours primé sur tout et c'est sa femme et son mariage qui en avaient fait les frais.

Pour le second suicide, Jim n'avait fait que renouveler son ordonnance divine. Choisir une fois encore un gus fragile et lui embrouiller l'esprit au point que se jeter sur les rails apaise en lui tout conflit. Ce monde est peuplé d'âmes fragiles, empêtrées dans de faux choix. Ce qui leur manque souvent est une bonne dose de courage. Chacun d'eux le pense viscéralement. Il n'a fait que concrétiser une sourde envie, étouffée par trop de lâcheté. L'homme du train qu'on interpelait plus que par une abréviation « Le Clem » pour raccourcir son patronyme « Leclemenceau », en oubliant même qu'il s'était un jour appelé Pascal, n'était qu'un poivrot piégé dans les abysses d'un passé sans avenir. Sa vie n'aura jamais eu l'envergure du porte-avion qui, enfant, ornait l'étagère de ses rêves. Une fois dans sa vie, pourtant, il aura servi une noble cause. En encourageant le gus à passer à l'acte, Jim a détourné l'attention sur lui. Pendant une heure, il est devenu un héros. Athéna n'avait plus qu'à voyager tranquille.

Athéna, sa guerrière. Même ce changement d'identité, elle a su l'entendre. Sur ce canal-là, elle fera tout ce qu'il voudra. Raph en est la preuve. Sa première victoire.

Il la surveille, ne la quitte pas d'une semelle.

Il est son ombre.

Il est Elle.

La « femme-écran » n'a rien pu faire. Sait qu'elle ne pourra jamais rien faire. Elle assiste impuissante à la chronologie macabre. À son niveau, sa seule ressource est d'auréoler sa fille d'un halo bleu et d'une couverture de protection pour que sa lumière rayonne et qu'elle ne tombe jamais sous les forces de l'ombre.

Cette bataille, sa fille va devoir la gagner seule.

Elle a cru un instant que l'âme de Raph rejoindrait sa communauté, mais il semble coincé à un niveau inférieur. Retenu par sa fille, incapable d'en faire le deuil. Sa propre âme tiraillée, une fois encore entre les deux femmes de sa vie.

Et la présence, malfaisante, de Jim aux aguets.

25

« Note à moi-même : Souviens-toi, si tu es là, c'est qu'un jour tu as gagné sur des milliers d'autres. Cette victoire tu peux la reproduire autant de fois que tu veux. Ce gène est à toi.

(Dixit Papa Raph.) Retrouve-le, prends-le par les couilles et vas-y, fonce ! (Rajouté une heure plus tard par Papa JIM. Abréviation PJ).

Citation (trouvée seule) : « Toutes les vérités entrent peut-être dans le monde à l'état de chimère ». Claire de Lamirande.

À celui ou celle qui trouvera ce journal, je m'appelle Anne, Manon, Nathalie.

Versus Athéna.

Le jour de ma naissance, le monde entier avait les yeux rivés à la plus grande catastrophe de l'Hôpital Henri Mondor.

Il n'était pas prévu que j'arrive avant que ma mère ne soit confortablement installée dans une clinique privée à Vincennes. Tout s'est passé très vite. Trop sans doute. Elle m'a expulsée en même temps que son dernier souffle.

Aujourd'hui j'ai 12 ans.

Ceci est mon premier cahier intime. C'est Papa Raph qui me l'a offert.

PJ, lui, m'a offert ma première vraie boite à outils.

Il est presque 19 heures, ce soir du 20 mars et j'ai l'impression de goûter le crépuscule comme si c'était le dernier. Peut-être que je me trompe.

Dans un an tout sera différent.

J'ai appris beaucoup de choses, mais pas l'essentiel.

PJ me l'a rappelé dans un post-it « H moins un an ».

Sur ce coup-là comme sur les autres, il ne s'est pas foulé.

J'en ai plein de ces Post-its. Ils sont tous

regroupés dans des cahiers. 24 en tout. Petits carreaux, grand format. Ce ne sont à chaque fois que quelques notes. Des exigences. Des rappels à l'ordre. Des « tu dois, il faut. N'oublie pas. Recommence ».

Plus de 7 ans de ces Post-its, notés proprement, avec cette écriture serrée et droite qui atteste, si tant est qu'il faille encore une preuve, de son intransigeance à mon égard.

Cette nuit, je me suis dit qu'il était plus que temps d'en arrêter la compilation. Mais je suis bien trop curieuse. Encore un an et je saurai. J'attends presque avec espoir le dernier post-it qui me dira « Jour J ».

Alors tout changera.

Pour de bon ».

Son cahier sur les genoux, Athéna poursuit son récit de vie. Ou de mort ? Elle n'a pas encore fait le choix de ce qui prime le plus. L'un et l'autre sont tellement emmêlés. Depuis toujours.

Elle est à la station République, sur un banc, devant l'immeuble de son demi-cousin Damien. Quand elle s'est enfuie de Vincennes, elle n'avait plus que cette idée en tête, le rejoindre. Elle a trouvé porte close, a redescendu les trois étages, dépitée et a fait ce qu'elle fait toujours quand tout s'embrouille dans sa tête. Elle a repris son cahier. A relu ses premiers mots. Survolé les autres. Puis a choisi le feutre rouge. Elle a une couleur pour chaque humeur. Vert espoir, jaune lumière, bleu pouvoir, noir solitude, blanc repos. Depuis son anniversaire, c'est rouge sang, rouge colère, rouge plaie. Rouge calvaire.

« Voilà, j'y suis. Le jour J. Mes treize ans. Le retour de PJ et Papa Raph avec un couteau en plein cœur. Si c'était ça leur surprise, c'est réussi.

13 ans que je bataille au milieu d'eux. Écartelée, prisonnière. Ils m'ont tout donné. Tout repris. Je vais devoir faire avec. Le meilleur et le pire. La vie choisira. Je dois y croire. L'un ou l'autre, mais plus les deux.

Ils sont morts. Je suis seule maintenant. Le cousin Damien n'y changera rien.

Ce que je sais, je leur dois. Je vais faire une liste. Il faut que je me force. Quand on fait des listes, tout devient plus clair. On se fait une photo dans la tête, on l'imprime en esprit, on la visualise et après, face à une situation, y'a plus qu'à choisir.

Au vu des circonstances, je sais déjà que tout me servira. Il faut juste être judicieux, au moment opportun. Ne pas se tromper. Adopter le bon comportement.

Première liste, Papa Raph. Le côté positif, lumineux, patient, empathique. Ses enseignements : Les 13 lois universelles. Les heures angéliques. Le Karma. Les chakras. Les auras. La frontière entre la 3D et la 5D. La connexion au divin. L'ouverture de conscience. Se souvenir qu'il ne faut jamais croire ce que l'on voit (illusion de la matrice), mais bien voir ce que l'on croit. (Création de sa propre réalité en fonction de ses valeurs)

Seconde liste, PJ. La matière, le dur, le tangible.

La capacité à devenir invisible. Ne jamais s'apitoyer. Trancher dans le vif. Ne pas avoir peur de se salir les mains. Le courage du combattant. Ne jamais baisser les yeux. Se battre jusqu'au bout. Ne jamais se retourner.

Ne pas pleurer ».

26

Elle l'a senti arriver, a relevé les yeux, s'est interrompue et a rangé précipitamment son cahier au fond de son attirail de survie. Il est presque à son niveau maintenant. Deux sacs qui semblent lourds pendent au bout de ses bras. Il n'a pas l'air de peiner pour autant. Sa marche reste souple. Il ne la quitte pas des yeux. Et tout comme elle, ne sait pas quoi dire. C'est la première fois qu'ils se voient en vrai. Ailleurs que par écran interposé ou au bout d'un fil grésillant. Elle retarde encore le moment de parler. Cherche à ressentir. À être sûre.

Son aura est gris sombre, limite noire. Elle la sent autour de lui comme une seconde peau malgré son regard franc et ce sourire qui veut prouver que tout va bien. Mais en vrai, son cousin a peur. Il trimballe une rancune qui lui fait gonfler les pectoraux et une profonde tristesse qui trouble son regard. Un 3D sans agressivité, mais pas vraiment à l'aise de se retrouver, là, avec elle.

À 99 %, elle est sûre d'elle. N'en dit rien, mais

va devoir s'ajuster. Tout l'art d'un empathe quand il a su maîtriser sa clairvoyance. Pas si difficile et réellement efficace. Ça se joue en quelques secondes, suffit de se laisser pénétrer par l'énergie de l'autre. Tout le monde en est capable. Tout le monde l'a oublié. Le véritable lâcher-prise est essentiel dans ces cas-là. Pas du tout à la mode 3D. C'est sa principale force, son coup d'avance depuis le début. Nul besoin d'être un super héros avec des gadgets pleins les poches comme dans les films. Laisser l'autre vous absorber totalement et savoir se retirer. À temps. Aussi simplement qu'un bonjour Damien suffit à engager le dialogue.

– Bonjour…

Il a voulu répondre, a laissé traîner le bonjour, hésitant quant à la façon de l'appeler. Anne Manon Nathalie comme sa mère à l'époque, AMN (prononciation Amen) ou la pépite comme son père. Il ne sait pas. Ne croit même pas l'avoir déjà réellement appelée. Raph se chargeant de tout. Toujours.

– Athéna a-t-elle continué comme si elle avait déjà compris son malaise. C'est mon nom aujourd'hui, si tu veux bien.

La conversation s'est arrêtée là. Ça ne semblait même pas une question. Tout juste une information. Il a haussé les épaules, a montré ses sacs remplis de nourriture, et elle l'a suivi, convaincue une nouvelle fois que la peur et la tristesse envahissaient son cousin, bien plus que le poids de ses courses.

Deux heures plus tard, une douche prise et une plâtrée de pâtes avalée, ils se sont installés dans le canapé du salon. Le seul meuble de la pièce avec la télé XXL. Tout l'appartement était à l'avenant, aussi spartiate que semblait l'être son cousin. Dénué de chichis, en mode baroudeur. Le strict minimum pour ce qui ressemblait plus à un camping sauvage qu'à une vraie installation.

Il lui a fait remarquer qu'il ne l'attendait pas, en tout cas pas comme ça, avec un avis de recherche aux fesses et le devoir de s'en occuper. Qu'il n'avait jamais rien compris à cette famille et que cette fois-ci, elle allait devoir s'expliquer. Il a embrayé sur sa mère, ce piège auquel il se sentait acculé depuis treize ans alors qu'il n'avait rien demandé. Il a poursuivi sur sa propre vie, a tout mélangé, ses regrets et ceux de sa mère, son incompréhension sur toutes les zones obscures, ce qu'il savait qu'il savait et ce qu'il savait qu'on lui cachait.

Athéna le regardait, déjà persuadée qu'il ne ferait pas le poids, trop fragile et peu résistant à ce qu'il ne maîtrisait pas. Encore en plein jet lag, un pied dans ses contrées lointaines et l'autre dans cette envie folle de leur tourner le dos. Il s'était cherché toute sa vie ailleurs et revenait ici encore plus perdu.

Athéna a cette prédisposition particulière de faire parler les gens plus que ce qu'ils auraient voulu. Elle sait écouter. Ne rien dire. Attendre. Offrir son regard et entendre même ce qui ne se dit pas. Surtout ce qui ne se dit pas.

Alors, elle l'écoute cracher sa pastille comme aurait dit PJ en son temps, ça semble nécessaire et surtout ça lui permet de reculer le moment d'avoir à parler, pour rien.

Sa décision est prise.

Cette nuit, elle partira.

Encore.

27

« Naître, mourir, renaître encore et progresser sans cesse, telle est la Loi ».

Elle y est. 44ème division. Debout. Les mains jointes. Devant le maître. L'un de ceux qui lui a tout appris. Qui a changé ses perspectives. Et elle répète pour elle-même "Naître, mourir, renaître encore et progresser sans cesse, telle est la Loi ». Cette phrase gravée sur le monument résume les préceptes de réincarnation et d'évolution de l'âme qu'Allan Kardec défendit dur comme fer au cours de son existence. Elle pourrait, si elle voulait, poser sa main sur le socle de la statue et faire un vœu comme le font ses fidèles, mais elle s'abstient. N'en éprouve aucun besoin. Le souffle puissant du maître est là et suffit à la pénétrer totalement. Il n'y a qu'à lire son œuvre, notamment « Le Livre des Esprits » pour comprendre que ce scientifique n'aurait jamais invité quiconque à un rituel aussi superstitieux que l'imposition des mains sur sa tombe. Ce ne sont là que des propos apocryphes comme d'espérer qu'il puisse réaliser nos vœux.

Athéna n'est pas une de ces ferventes, dénuées de cervelle. Elle ne croit qu'en elle-même. Sa force. Son libre arbitre. Sa clairvoyance. Si elle est venue ici, c'est avant tout pour Papa Raph. Il aurait dû être là, lui aussi. Ce voyage, c'était leur projet. Pour ses 13 ans. Elle s'est dit que son âme y serait peut-être. Qu'elle l'avait devancée. Mais elle a beau se concentrer, droite et fière, devant le buste de bronze au centre du mausolée de pierre, elle ne la sent toujours pas. N'était-ce pas, pourtant, tout le but de cet homme : prouver qu'il existe bel et bien une vie après la mort, et l'ériger comme science. Tant pis ! Athéna devra s'en passer. En tout cas, pour l'instant. Être là est déjà une grande chance.

En quittant le canapé de son demi-cousin Damien, vers six heures du matin, elle savait déjà où ses pas la mèneraient. Elle voulait faire le chemin seule. En avait besoin. Comme un nouveau point de départ. Une recharge d'énergie pour continuer la route. Faire le point.

Son demi-cousin ne faisait pas le poids. Elle l'avait laissé parler tout son soûl et quand il s'était enfin tu et que cela avait été son tour, elle avait baillé si fort qu'il avait eu pitié et l'avait laissée se reposer en boule sur le canapé. La feinte avait été facile. Trop d'ailleurs ! Le pauvre gars était dépassé, il valait mieux ne pas trop compter sur lui. Il ne savait rien de rien, si elle lui parlait de PJ, elle allait l'achever.

Elle avait quitté l'appartement en silence et s'était dirigée tout naturellement vers le cimetière du Père-Lachaise. Le seul accès facile à escalader se trouvait rue des Rondeaux. Le mur d'enceinte avait plusieurs niveaux et pour peu que l'on soit agile, permettait en trois sauts de tenter le coup. Elle avait dû pourtant s'y reprendre à plusieurs fois. L'humidité rendait ses accroches glissantes et même avec son agilité de gazelle, dixit PJ, elle en avait sué des ronds de chapeau. Le risque valait son entêtement, pourtant. Le mythe était à la hauteur de ses attentes. Arrivée avant la foule, badauds esseulés, touristes curieux ou autres adeptes enfiévrés, elle avait pu profiter de l'énergie si particulière du lieu. Recharger ses batteries. Et vivre une fois encore, la loi de transmutation de l'énergie telle que décrite dans les 14 lois universelles.

Selon cette loi, chacun a le pouvoir de passer d'une forme d'énergie à une autre, et ce, à n'importe quel moment : chaque individu est donc en mesure de changer sa condition de vie. En outre, les pensées positives font disparaître les pensées négatives. Il suffit de se concentrer sur ce que vous voulez.

Exactement ce qu'elle était venue chercher et qu'elle avait trouvé.

Une nouvelle énergie.

28

C'était sans compter sur la 5ème loi. La loi de cause à effet. Plus connue sous le nom de karma, elle précise que rien ne se produit par hasard. « Toute action est accompagnée d'une réaction ou d'une conséquence. De façon immédiate ou quelque temps plus tard, on récolte toujours ce que l'on sème ».

Chronos avait tranché. Tout le temps de sa méditation, Athéna s'était crue seule. À ce point aveugle à toute autre apparition qui aurait dû être celle de Papa Raph et dans l'envie d'une reliance unique avec le grand maître, elle n'avait pas vu le trio s'approcher du mausolée au moment même où elle se décidait à partir. Quelques secondes trop tard.

C'est toujours ainsi que les destins basculent et que la roue tourne. Être ailleurs, dans sa tête, c'est ne plus être là. Face à l'ennemi. Bien réel.

Ils venaient de l'immobiliser par surprise. Sans même prononcer un mot ou faire un geste déplacé. Ils étaient simplement là. Tous les trois face à elle. L'empêchant d'avancer. Pourtant, à bien les regarder, ils ne semblaient pas si méchants qu'ils voulaient s'en donner l'air. Comme s'ils la jaugeaient avant de décider. Elle pouvait le sentir, l'instant bruissait de leurs échanges silencieux. Elle n'y entendait rien, mais savait que chaque regard ou mouvement, si infimes soient-ils, trahissaient un verdict en train de se poser à son encontre.

C'était dommage. Ils prenaient trop de temps. Passé l'effet de surprise, la peur initiale qu'avait ressentie Athéna s'était diluée. Elle aussi captait, à présent, très bien leurs énergies. Elles embaumaient l'espace de fragrances reconnaissables entre toutes. Ils se voulaient menaçants, mais n'en portaient que le masque. C'était tout au plus des cramés du bulbe qui s'arrogeaient le droit de défendre leur territoire. Leur foi devait se cacher dans un quelconque recoin et peser autant de grammes qu'un sachet de shit pouvait en contenir.

– Suis-nous !

Le plus grand des trois avait rompu la glace, jeté un ordre qui avait disséminé les deux autres, de part et d'autre d'elle et engendré la mise en route du quatuor. Sûr qu'ils allaient l'embarquer dans un coin sombre, vouloir la fouiller, se rendre compte qu'ils s'étaient gourés, et donc pour se venger de leur propre lâcheté, vouloir lui piquer le peu qu'elle possédait. Avec un peu de chance, elle se prendrait une baffe ou deux et s'en tirerait avec quelques bleus.

Du haut de ses treize ans, Athéna n'avait pas baissé les yeux pour autant. Elle avait compris les enjeux un chouïa trop tard et ne pouvait rien faire de mieux que les suivre. Alerter quelqu'un c'était prendre le risque d'être reconnu. Autant faire profil bas, leur donner l'ascendant et attendre. Elle devait se concentrer pour leur offrir ce qu'ils s'attendaient à trouver : une proie facile. Au moins le temps d'envisager une porte de sortie.

Elle était seule, ils étaient trois. Elle comptabilisait 36 kilos toute mouillée contre au moins 70 kilos chacun. Et bonus non négligeable, ils avaient l'avantage du terrain. Le bilan était alarmiste. Aucun moyen de gagner par la force. En tout cas, ici, au grand jour. Elle allait, au contraire, devoir faire de sa faiblesse, son atout. *Majeur aurait rajouté JM. Laisse toujours à l'autre l'idée de croire qu'il est le plus fort. Et au moment opportun, réveille le cabri qui dort en toi.*

En matière de cabri, Athéna s'y connaissait. Elle pouvait escalader ce qu'elle voulait pourvu qu'il y ait quelque chose à escalader. Et pour l'instant, Paris ne lui offrait qu'un bitume désespérément plat et lisse. Les yeux aux aguets, elle cherchait cette montagne qui la sauverait, là où son agilité aurait raison de leur poids mort. Ils empestaient la beuh, la chips grasse et les soirées vautrées dans le canapé à se refiler des bières. Ils étaient jeunes pourtant, à peine plus âgés qu'elle. Dans les 18/20 ans. À les suivre benoîtement, elle devinait pourtant ce que chacun cachait aux deux autres, bien au-delà des conversations stériles qui couraient entre eux depuis toujours.

Celui qui était le chef était le plus âgé, mais aussi le plus faible. Il avait endossé ce rôle bien avant l'âge d'en comprendre le sens. Le dos déjà voûté par la charge. Il avait pris de plein fouet le départ du père et était devenu l'aîné d'une fratrie qui encadrait Athéna. Ces deux-là, des jumeaux, semblaient marcher du même pas, les épaules rentrées comme sous la menace d'un choc à venir. Ils étaient nés en même temps que le père était parti. Et s'étaient expulsés d'un ventre comme une faute de trop. Les trois s'étaient soudés à la force du premier alors qu'une brûlure monstrueuse le consumait de l'intérieur. Ils étaient ni pires ni meilleurs que ce qu'ils voulaient paraître. Ils n'avaient encore simplement trouvé aucun sens à leur vie. Quelques joints en fin de soirée leur prouvaient qu'ils avaient tort. Ils pensaient alors pouvoir conquérir le monde. Athéna, sur leur chemin, n'était qu'une illusion de plus à leur toute-puissance entravée.

Arrivée au pied d'un immeuble, Athéna pensa que plus que sur une montagne, c'est dans un trou de souris qu'elle allait devoir trouver son issue de secours. Sitôt la porte d'entrée déverrouillée à l'aide d'un badge, ils l'avaient fait descendre en sous-sol. Un long couloir sur des caves fermées, puantes d'humidité et de crasse. L'une d'elles, en bout de course, s'ouvrit sur ce qui ressemblait à un salon privé. L'antre fraternel ! Recouvert de tissu bariolé au mur, de tapis brûlé par la cigarette et d'un canapé avec des accoudoirs en bois, sûrement récupéré sur un trottoir. Complètement défoncé.

L'endroit n'était pas si glauque, si ce n'est la lumière crue, pendante au bout d'une lampe torche. Une ampoule blanche de la taille d'un poing qui éclairait un arsenal d'objets enfantins, éparpillés sur des étagères branlantes et surchargées.

Les 3 dadais, c'est ainsi qu'Athéna les avait baptisés au fil de leur déambulation, avaient recréé une sorte de boyau à l'image d'une enfance consumée de nostalgie et de jouets brisés. Au pied des mausolées, une table basse et des cendriers débordant de mégots. Elle en ressentit subitement et la violence et la tristesse. Le lieu suintait la vengeance d'un deuil jamais fait. Leur vie mise en exil définitif dès lors que le père était parti, brûler taffe après taffe en un amas de cendres brunes que personne ne vidait jamais.

– Vide tes poches, balance ton sac et déshabille-toi.

Sitôt rentré et la porte fermée, le plus grand avait hurlé son ordre à Athéna avant de se jeter sur le canapé et d'attendre, bras croisés, qu'elle s'exécute. Aussitôt les deux autres s'étaient rapprochés de la sortie comme pour prévenir une fuite et bras croisés, torse bombé, l'avaient toisée.

Athéna s'était retenue de rire. Le simulacre n'en finissait pas de se fissurer. Chacun des trois transpirait la peur. On aurait dit des caricatures. Leur voix s'accordait mal à leurs gestes. Ils avaient l'air de mimer une réplique mille fois entendue, apprise et répétée en vue du grand jour.

Et mon Dieu, ce que ça sonnait faux.

Ils en devenaient pathétiques.

29

On ne sait jamais pourquoi on choisit une route plutôt qu'une autre. En y repensant, dix fois Athéna aurait pu se dérober avant d'arriver ici, à moitié nue, dans cette cave. Mais non, elle avait suivi… son instinct, plus sûrement qu'eux. Elle avait eu un instant de peur, surprise de les voir au cimetière, mais très vite, une voix sourde avait pris le relais. Elle n'avait pas compris tout de suite. Elle les avait suivis parce qu'au fond, elle ne savait pas où aller. Elle avait fait confiance à sa musique intérieure qui savait avant elle ce qu'il était opportun de faire. Comme toujours.

Ils avaient besoin d'une proie et elle d'un refuge. Un bel exemple de la loi d'attraction. Pas étonnant qu'ils se rencontrent. L'univers offre toujours ce que l'on demande. Que cela mérite ou pas de se foutre à poil n'était pas la question. Autant aller jusqu'au bout. Et attendre. À ce jeu-là, elle était plus forte que tout le monde. Elle avait fait ce qu'ils demandaient. N'avait pas protesté. Même pas tenté de fuir. Ils avaient scruté son sac et ses fringues puis ils l'avaient regardé se déshabiller.

Stupéfaits.

Elle leur avait offert la vision d'un corps sculpté dans le marbre, la silhouette fine, mais les muscles saillants. Les bras, le ventre, les jambes se dessinaient en un galbe parfait d'où émanait une force muette, longiligne, limite androgyne.

Au fur et à mesure, elle avait senti leur esprit s'échauffer et tenter de comprendre ce qu'il voyait. Une gamine à peine pubère dont la nudité, au lieu de la rendre fragile et vulnérable, dévoilait au contraire une puissance sereine et une vigueur insoupçonnable.

Le temps que leurs bouches se ferment et que s'impose pour eux la supercherie d'une telle dichotomie, elle avait d'un bond renversé la situation. Son pied droit avait volé à la verticale et percuté d'un coup la jolie tête blonde de l'aîné, laquelle était venue buter dans un couinement sec sur le bord de l'accoudoir. Le temps de retomber sur ses deux jambes, elle s'était penchée en avant, avait saisi deux cendriers et les avait brisés sur un coin de la table basse. Les deux jumeaux, abasourdis, en se jetant sur elle un quart de seconde trop tard, les avaient pris en pleine poire, l'un sur l'arcade sourcilière gauche, l'autre à la commissure droite des lèvres. Ils avaient hurlé en tentant de se protéger qu'elle n'avait plus eu qu'à les achever avec un double coup de pied porté à la tempe.

PJ n'en revenait pas. Une telle précision. En moins d'une minute. Du grand art ! Athéna avait toujours été une élève appliquée, docile et surtout douée. Elle possédait en don ce que lui avait appris pendant de longues années. Et une fois encore, elle l'avait bluffé. Raph pouvait bien hurler du fond de son abîme, cette victoire-là était bien la preuve que la pépite avait à présent tout pouvoir sur son libre arbitre. Toutes ces années d'enseignement portaient enfin leurs fruits. Et bien malin, celui qui pourrait démêler l'écheveau de ce qui appartenait à chacun de ses pères. À elle seule, elle formait une combinaison redoutable. Une sorte d'alliage indestructible.

Pour la « Femme-écran », le résultat est à la limite du supportable. Sa fille est un monstre. Il ne revient à personne le droit d'ôter une vie. Surtout pas sa pépite. Elle ne s'est pas sacrifiée pour endurer cela. Des années qu'elle la sait aux mains du bien et du mal, qu'elle appose son empreinte à tous ses apprentissages pour atténuer, de Raph les préceptes rocambolesques, de PJ les dérives violentes. En vain.

Athéna est en train de se frayer son propre chemin.

D'inventer ses propres lois.

30

« La terre est un lieu d'enseignement. Chaque jour que tu vis, tu apprends, tu grandis, tu t'améliores. Sinon c'est que tu renonces, que tu deviens lâche. Et la lâcheté, c'est l'apanage des faibles. N'oublie jamais ça. Fais honneur à ta mère. Toujours ».

C'est bien le seul serment où Papa Raph et PJ sont d'accord. Même si leur façon de faire diverge, quand j'échoue sur quelque chose, ils me le répètent en boucle. Seul Papa Raph rajoute « Fais honneur à ta mère ». Mais je l'écris quand même à la suite. C'est mon cahier. Au moins ici, je peux les rassembler.

C'est de pire en pire entre eux. Je suis sans cesse écartelée. Obligée de m'enfuir pour ne plus les entendre. J'aurais préféré avoir un enregistreur plutôt que ce cahier. C'est difficile de tout décrire et d'expliquer avec des mots. Mais ça me soulage, un peu. Papa Raph a raison, écrire c'est comme s'envoler. Après je me sens plus légère.

Papa Raph et PJ étaient bons copains pourtant quand ils étaient enfants. PJ dit toujours qu'ils ont fait les 400 coups ensemble. Ils vivaient à la campagne, chez les Saydoux et puis un jour ils ont été séparés. Très longtemps. Quand Papa Raph a rencontré maman, PJ est revenu. Comme ça, d'un coup, des années après, ils se sont retrouvés. Alors quand maman est morte en me mettant au monde, ils ont décidé qu'ils s'occuperaient de moi tous les deux. J'ai mis du temps à m'apercevoir que ce n'était pas aussi simple et vrai que ça. Tous les deux c'est le jour et la nuit, ils ne sont jamais d'accord. Au début quand j'étais bébé, ça marchait bien. Papa Raph travaillait et c'est PJ qui s'occupait de moi. Comme j'étais une enfant sage, ce n'était pas très compliqué. C'est à la maternelle que ça s'est compliqué. Là, déjà, ils étaient plus d'accord. Papa Raph voulait que je suive l'apprentissage traditionnel, PJ lui était contre. Il dit toujours que l'école n'apprend rien. Rien de concret pour vivre dans ce monde. Qu'il est dangereux. Et que l'école ne prépare que les moutons. Alors que moi je suis un aigle. Ils ont réussi à se mettre d'accord. Je ferai l'école à condition que PJ ait le droit de m'apprendre toutes les autres disciplines qu'on n'apprend nulle part et surtout pas dans les livres. Tendre des pièges. Dépecer un animal. Se fondre dans le paysage. Se battre. Être paré pour tout. Allumer du feu. Construire une cabane. Dormir dans le froid. Survivre avec rien en poche.

Là aussi, ça a marché un temps. Chacun son rôle. La semaine à l'école, le week-end et les vacances avec PJ. On partait en pleine nature. Sans téléphone. Sans boussole. Comme ça à l'aventure. Et rien n'était interdit pour survivre.

Mais là, une fois encore, ça ne va plus. Quand PJ ne s'occupe pas de moi, il s'en va. Des jours entiers sans donner de nouvelles. Papa Raph dit qu'il vaut mieux qu'on ne sache rien d'où il est et de ce qu'il fait.

Mais hier, quand il est rentré, ça a bardé comme je ne les avais jamais entendus. Papa Raph a dit que ça suffisait, qu'il fallait que ça cesse. Que j'étais en train de devenir une jeune fille, bientôt une femme et qu'il était temps pour PJ de partir, cette fois, définitivement. Il était tard. Il fait toujours nuit quand PJ revient. Personne autour de nous ne sait qu'il existe. Papa Raph dit qu'il ne faut rien dire. PJ n'est rien dans la famille. Les gens ne comprendraient pas. Tout le monde croit qu'y'a que nous deux. Depuis toujours et que c'est bien ainsi. On dirait parfois qu'il a honte. Ou qu'il a peur. Comme ce soir-là ».

31

Plus que le bruit, c'est le froid qui réveille Athéna. Un froid insidieux presque mouillé. Pourtant il ne pleut pas. Elle est dans un jardin, adossée à un arbre, son sac coincé entre les genoux, les bras enroulés autour de ses jambes et elle grelotte. Elle voudrait relever la tête, mais n'y arrive pas. Elle est lourde, beaucoup trop. Elle se sent épuisée. La morsure du froid la pousse à recommencer. C'est difficile. Elle est tout ankylosée.

Depuis quand était-elle là, dans cette même posture ?

Dans sa tête, les voix de Papa Raph et PJ se mélangent. Ils étaient en train de se disputer alors elle s'est enfuie. Elle a écrit dans son cahier et elle se retrouve ici. Comme si elle avait fait un bond dans le temps. Elle ne souvient plus très bien. L'hier et l'aujourd'hui se mélangent.

Là, tout de suite, pourtant, c'est le soir. Elle entend bien le cri pointu des derniers enfants qui rentrent en se chamaillant. Des gens passent devant elle et détournent le regard. Pourquoi ? À quoi ressemble-t-elle ?

Elle s'oblige à garder les yeux ouverts. Elle veut agripper une certaine réalité des choses. Dans son crâne, ses souvenirs lui jouent des tours. Naviguent entre deux époques. Tout est flou, confondant, nébuleux.

Puis une image surgit. Totalement inappropriée. Celle d'une jambe désarticulée qui dépasse d'une table basse. Un instant, elle la croit vraie, posée devant elle comme un objet flasque. Elle est enfilée dans un bas résille tout effiloché. On la croirait morte. En tout cas inanimée. Comme si elle avait été oubliée là. Laissée pour compte par une femme qui n'en avait plus l'utilité.

Alors, elle se souvient. La cave et les trois dadais. Cette jambe qui dépasse de dessous la table pendant qu'elle se déshabille. Les images qui surgissent à l'instant de comprendre qu'elle appartient à une poupée gonflable. Et elle voit. Très nettement. Comme si ça se passait sous ses yeux. La bestialité de ces jeunes loups, en train de la baiser comme des porcs. À tour de rôle. Les insanités hurlées avec joie et le fantasme aussitôt rageur d'avoir un jour une vraie femme qui puisse la remplacer.

Elle peut encore revivre cette impression fulgurante de s'être fait avoir alors que, quelques instants plus tôt, elle les prenait pour de jeunes chiots abandonnés. C'est parfois sur un détail que les destins tranchent. Celui-là a bien failli lui échapper. Sa foutue empathie à deux balles qui a sûrement un fond de vrai aurait pu lui coûter cher.

Papa Raph aurait eu raison sur le fond, PJ sur la forme. Intrinsèquement, ces trois-là n'étaient que des êtres de souffrance. Dans la réalité, ils méritaient de mourir.

Cet incident est une bonne leçon. Comme un déclic. L'entière réussite de ce que ses pères ont chacun tenté, séparément, de lui apprendre. Le bénéfice est nul pourtant. Athéna n'a plus de refuge pour ce soir.

Elle va devoir apprendre à faire mieux. Elle ne peut quand même pas tuer de ses mains tout ce qui lui barre la route !

Si ?

32

Rassurée et simultanément réchauffée, Athéna s'est remise en route. Plus déterminée que jamais. C'est ça le chemin de la 5D. Une nouvelle conscience. Un équilibre des forces. Aujourd'hui elle a compris qu'elle a fait le bon choix même si les trois dadais ont morflé. Après tout, ils n'avaient qu'à pas se mettre sur sa route.

Certes, Papa Raph aurait dû l'accompagner et

ça ne serait pas arrivé. Mais Papa Raph n'aurait pas dû mourir avec un couteau en plein milieu du cœur. Si elle n'avait pas passé trois jours près de lui à attendre que l'âme lui sorte par les narines, rien de tout cela ne serait arrivé. Alors, tant pis pour ce qui était prévu. Pour ce tour de piste qu'il lui avait promis. Tous ces endroits qu'il voulait lui montrer. En lui racontant les mille et un détails avec sa maman, avant sa naissance. Les buts changent en fonction des aléas de la route. Elle en sait assez sur le passé. Plus qu'assez même. Ce qu'elle veut, c'est vivre aujourd'hui. Apprendre encore. Expérimenter par elle-même sans plus personne sur son dos.

Qui sait combien de temps cela durera ? Les flics de Roussillon vont bien finir par comprendre qu'elle s'est fait la belle. Son portrait est partout et même si passer inaperçue à Paris est tout à fait réalisable en journée, elle ne doit pas mollir.

La nuit, les adolescentes de 13 ans ne sont pas censées traîner aux abords des bars, ni même dormir dans les jardins. Athéna en est capable. Elle y arriverait très bien si elle le voulait. Mais ça, ça serait suivre les pas de PJ. Et tout comme ceux de Papa Raph, elle veut les quitter.

Elle ne veut plus aucun des deux à la rescousse. Ils l'ont laissée seule. Tous. Maman compris. Qu'ils aillent au diable. Le chagrin et les regrets ne doivent pas gagner. Elle n'a jamais pleuré. Pas une fois. Ou alors quand elle était très petite. Et ça n'arrivera plus.

Elle est grande aujourd'hui. Elle l'a prouvé. Le prouvera encore.

La « Femme écran » frissonne. Les larmes, non versées, de sa pépite coulent en elle. Il y en a trop. Elle croit les refouler, mais c'est elle, Manon, sa mère qui s'en fait le réceptacle. Toute cette tristesse montée au ciel finira un jour en déluge. C'est écrit. Ça ne pourra pas durer ainsi. Elle la voit se débattre. Créer son propre monde. Se croire forte. Mais tout est visible depuis la 6D. Sa fille souffre. En survie perpétuelle. Depuis le premier jour. Raph n'est plus là. PJ guette. Il est grand temps qu'elle intervienne. Qu'elle assume un jour son rôle de mère.

33

Elle a trouvé refuge sous un pont, s'y est installée tardivement, seulement quand elle a été certaine que tout le monde dormait. D'autres sans-abris occupaient déjà l'espace. Somnolant, divaguant, les neurones grillés par le mauvais vin, le tabac, sûrement additionnés à d'autres substances, et en amont, dans une autre vie, l'acharnement du sort à les priver d'horizon. L'endroit ressemble à la Cour des Miracles. En tout cas, c'est l'image qui lui est venue spontanément. Une sorte de purgatoire. Mélange d'Hugo, Zola, Dante, Kafka réunis ensemble. Bien décidés à solder le destin une ultime fois.

Elle les a épiés longtemps, plutôt bruyants, pas

si méchants. Tous réunis autour d'un bidon crasseux qui crachait le feu à mesure que l'un d'eux cherchait à l'enflammer en balançant toutes sortes de détritus. Il y avait deux tentes pour par moins de douze personnes. Elle n'en était pas sûre, il y avait eu beaucoup d'allées et venues et pendant longtemps, elle s'était tenue loin. Aux aguets. Le tout s'encastrait dans des bâches tendues à la diable pour s'abriter du vent. Ou peut-être, aussi, des regards. Disposées en damier, des palettes en bois servaient à l'amoncellement d'une quantité astronomique de sacs plastiques. Étaient-ce des denrées qu'ils voulaient protéger de la pluie ou des vestiges de biens précieux qui, comme eux, survivaient à leur déchéance ?

Elle a cru compter trois enfants d'à peine 4/5 ans et distinguer avec certitude au moins deux couples. Elle en a déduit qu'il s'agissait d'une communauté entière qui se tenait chaud et bravait l'exil en restant soudée. Comme des milliers d'autres mendiants avant elle, ils avaient échoué là. En attente de….

Alors, elle a tenté le coup.

Elle n'a aucune idée de là où elle a atterri. Elle a marché longtemps. Prenant une rue puis une autre. Jamais satisfaite. Jamais décidée. Paris n'est pas fait pour se planquer comme PJ le lui a appris. Dans un trou d'herbe, en haut d'un arbre, sur le toit d'une grange. Il y a de la lumière partout. Des gens aussi. Beaucoup trop. Et si peu de silence. Elle a eu du mal à se décider.

Voir des enfants l'a rassurée et quand tout le

monde semblait s'être endormi, elle s'est approchée. Ils avaient réussi à tous s'entasser dans les tentes sauf trois adultes qui s'étaient enfouis au fond d'un sac de couchage et ronflaient à présent, serrés les uns contre les autres, sur un même matelas.

Aussitôt, elle a enfin pu goûter le silence. En apnée depuis des heures, elle s'est remise à respirer. Bercée par les ronflements libérateurs et un vague mouvement ondulatoire de la Seine, elle a eu l'impression d'être seule au monde.

La ville s'était enfin endormie.

Elle aurait eu envie de sortir son Kalimba. Jouer pour elle. Pour eux. Pour protéger les sommeils et les rêves. Pour avoir quelque chose à offrir. Mais il est trop tard. De nouveau elle a froid. Et sommeil. Alors elle se fait un nid d'un bout de palette qui ne sent pourtant pas bon, pose son sac sous sa tête et en un rien de temps, rejoint Morphée.

À son réveil, en cercle autour d'elle, six paires d'yeux la fixent intensément.

34

Instinctivement, elle sourit. Comme s'il n'y avait que ça à faire. Sourire. Surtout ne pas s'alarmer ou leur faire penser qu'elle est terrorisée. Sourire. Parce que tous ces visages, tendus au-dessus d'elle, c'est du vivant. Un rien perplexes, étonnés, curieux, mais terriblement vivants. Elle ne ressent aucune malveillance ni agressivité. Ils ont un tel point d'interrogation planté sur le front, qu'elle se retient plutôt de rire. Et elle sourit. Encore. Plus grand. Plus fort.

C'est la seule attitude correcte à offrir : les rassurer, prouver qu'elle est des leurs. Et attendre. Oh, trois fois rien, un quart de seconde... que le message passe. Vérifier spontanément que la quatrième loi universelle fait bien son effet.

« Ce qui se passe à l'extérieur a d'abord existé à l'intérieur. C'est notamment la raison pour laquelle celui qui maîtrise son esprit peut créer intentionnellement ses expériences physiques. Quelqu'un d'intérieurement négatif, en colère, jaloux ou malheureux, reflète cette négativité autour de lui. Au contraire, quelqu'un rempli de joie, heureux, enthousiaste, contaminera son entourage de cette positivité. C'est la loi des correspondances ».

Et ça marche. Aussi naturellement que le jour se lève après la nuit. En tout cas pour les enfants. Les adultes eux haussent les épaules. Ni conquis, ni inquiets. Quand Athéna se déplie, ils retournent même à ce que sa présence avait interrompu et seule, une fillette reste assise à ses côtés. Elle a de grands yeux noirs et un sourire d'une incroyable douceur.

Son âme est à nu. Sans voile ni tricherie.

Athéna comprend immédiatement pourquoi le reste de la tribu est parti en laissant l'enfant. C'est elle, plus que le sourire d'Athéna qui les a rassurés. Une véritable 4D, peut-être même déjà une 5D. Elle porte la connaissance de l'invisible en elle. Celle qui ne s'obtient que de l'intérieur, par les vibrations, les odeurs. Celle qui s'établit d'âme à âme. À ce jeu-là, et si petite, la fillette paraît pourtant maîtriser la connexion bien mieux qu'Athéna. Ses yeux lisent en elle. Athéna le ressent. Comme si elle le lui disait à haute voix. « Ne t'inquiète pas. Nous aussi on a vécu et on a dû faire des choix. Tu peux rester. Ils te font confiance ».

La fillette mime ensuite plusieurs gestes en pointant du doigt sa gorge, le ciel et ses oreilles cherchant ainsi à raconter qu'elle est peut-être muette, mais raccordée aux messages divins. Athéna hoche la tête puis ferme les yeux. Et les images viennent simultanément, qui racontent un pays en guerre, la fuite, l'exil, le traumatisme de l'enfant qui, comme elle, s'est coupée du monde des hommes pour croire à celui des dieux. Cela lui donne envie de pleurer. Consciente d'être en face du pire. Et du meilleur. Le chemin des hommes n'étant pas si différent qu'on soit d'ici ou d'ailleurs. Tout homme a tué un jour. Et si ce n'est dans cette vie, c'était dans celle d'avant.

Elles passent ainsi la matinée, en totale interaction, à se chuchoter leurs secrets, en silence, au milieu des adultes. Il émane une telle sérénité de la fillette qu'Athéna, à un moment, mime à son tour une envolée de bras dispersant les nuages. C'est une invitation à tout oublier. À se libérer. Se taire. Et à danser. Aussitôt, comme une évidence, elles se retrouvent à tournoyer ensemble, à la fin du déjeuner, dans la poussière du campement.

Ainsi est la vie, à cet instant et comme pour toujours… Une danse.

Que rien ni personne ne devrait jamais briser.

35

Ces gamines qui jouent au soleil, cette joie qui gagne le cœur des adultes et apaise, comme par miracle, les tensions et les peurs, c'est là toute la beauté du monde, la raison de tant de combats et la promesse de l'espoir. On en oublie ce énième repas qui n'en est plus un depuis que le ragoût d'aubergines à la viande est resté au pays, consumé par les flammes d'une guerre qui n'en finit pas de les exiler.

Alors, comme si le monde avait fini d'être à l'agonie et voulait célébrer sa nouvelle victoire, s'ouvre un espace hors temps, où tout le monde se lève et se mêle de danser avec elles. Les musiques en mémoire, un adulte entonne le refrain d'une chanson pendant que les femmes frappent des mains et que toute la tribu s'abandonne à l'insouciance. Ça ressemble au printemps dans sa première sève. Auréolé de soleil et de puissance. Dans un débordement de cris et de rires. Une levée d'allégresse qui répand son entière spontanéité.

Ça ne dure pourtant que le temps d'un oubli. Très court, trop court et vite rattrapé. Saisi en plein élan de joie, le campement n'a pas le temps de réagir. À peine celui de se figer. Aussitôt, ils sont encerclés.

Sans distinction. Sans ménagement. Sans discernement. Sans préambule. Et sans autre pouvoir que de se soumettre. Tous ensemble, entassés dans le même fourgon.

Laissant derrière eux le peu de dignité qu'ils avaient pris soin de ranger dans des sacs plastiques.

36

Je baisse la tête, incapable de les regarder. Je sens leurs peurs et toute leur vie défiler encore et encore sous leurs yeux. Et les miens. Ils savent déjà qu'ils vont être parqués. Trois mois qu'ils essaient d'éviter ça. Ils n'avaient rien, mais ils étaient libres. En tout cas ils faisaient comme si. Et voilà que j'arrive et que les flics débarquent. Pour eux c'est la fin. Ils ne savent pas ni où ni comment, mais cette fois-ci, ils n'ont plus rien. Que ce qu'ils ont sur le dos et dans le cœur. Avec cette peur au ventre d'être séparés. Ou pire renvoyés. La fillette, Yana, est assise en face de moi. Je sens son regard qui me cherche. Je me souviens comme elle était fière de me montrer ce bout de papier avec écrit dessus son prénom « Yana » et la traduction française « Dieu est la combinaison ». C'était comme un trésor pour elle. La preuve qu'ils étaient protégés. Qui le lui a écrit et quand, je ne sais pas, mais elle avait ça, comme un cadeau fabuleux, dans ses mains toutes fines, et elle souriait.

Entassée, bringuebalée, secouée depuis dix bonnes minutes, je la sens qui fouille quand même mon âme. Trop tard. J'ai l'impression de l'avoir perdue. Piétinée par imprudence. Par orgueil surtout. Dieu ne protège de rien. Je ne veux plus y croire. Au diable Papa Raph et ses lois universelles. Celle que je suis en train d'expérimenter serait à coup sûr la 10ème, la Loi de la relativité.

« Vous traverserez tous des épreuves dans votre vie. Des tests, qui auront pour but de renforcer votre lumière intérieure. Ces derniers doivent être perçus comme des opportunités qui vous permettent de rester éveillé en cherchant des solutions. Cette loi vous apprend aussi à comparer vos difficultés à celles des autres. Aussi dramatique que semble être votre vie, il y a toujours quelqu'un dans le monde qui est dans une situation pire que la vôtre ».

Voilà ! En plein dedans. Et ça me sert à quoi de le savoir. Oui il y a pire et c'est de ma faute. Je tourne ça en boucle dans ma tête. Punie de n'avoir su me protéger seule, comme PJ me l'a appris. Sans cesse prise au piège entre lui et papa Raph. À valser d'une leçon à l'autre. Sans mère. Ni sœur. Ni aucune femme à qui m'adresser.

Alors oui, je m'en veux. Si nous n'avions pas dansé, si je n'avais pas dormi, si la fillette avait vu le danger au lieu de s'accrocher à moi. Que vont-ils devenir ? Est-ce pour ça que je n'ai pas fui ? J'aurais pu. Nous avions l'avantage du nombre.

Je serais passée entre les mailles du filet. Mais je ne l'ai pas fait. Yana avait encore sa main dans la mienne. Ça n'aurait pas été juste. Je suis restée. Et pourtant aucun d'eux ne m'en veut. Je les entends. Ils savaient leur vie en sursis depuis toujours. Bien avant de se réfugier ici.

Quand Jim croit avoir gagné puis perdu, la « Femme-écran » soupire. Leurs intentions étaient aux antipodes, pourtant, le résultat est identique.

C'est Jim qui a décidé de cette vindicte. La bêtise est un ressort facilement manipulable. Attiser le sceau de la justice sous le nez des flics à l'égard des populations immigrées n'a rien d'une victoire. Il se devait d'éloigner Athéna de cette famille. Il pensait qu'elle en profiterait pour s'échapper, mais non. Que s'est-il passé ? Elle en a eu l'occasion pourtant. Elle est maligne. Elle aurait dû entendre le message.

Pour la « Femme-écran », il fallait que cesse la traque. Sa fille a besoin de protection. D'être arrêtée. Aidée. Soignée. Être à l'abandon, sans repères, continuer de vivre comme une sauvage est sans issue. Elle souffre pourtant de cette décision. Les choses n'auraient pas dû se passer ainsi. Jamais.

37

Certains font jaillir la lumière avec une seule couleur et peignent comme s'ils étaient eux-mêmes le paysage. D'autres obtiennent d'une seule note qu'elle vous hérisse le corps et voyage dans chacune de vos cellules. Une minorité assemble les mots et tisse le fil d'une vie en un poème qui vous met le cœur au bord des larmes. Yana, elle, a cette douceur dans le regard qui plonge à la source et fait remonter en soi tout l'horizon des possibles. C'est une véritable empathe. Sensible au visible et à l'invisible, elle lit le langage du corps, le son de la voix et tous les silences au-delà des maux.

J'ose enfin la regarder. Sa bonté tranquille me paralyse. C'est vraiment une 5D. Je ne lui arrive même pas au-dessous de la cheville. Pour elle c'est inné, pour moi c'est laborieux. Elle porte en elle le divin comme une respiration, une présence intemporelle. Dans son regard, je saisis le message. C'est certain, bien avant cette vie, elle a fusionné avec Lui. Cela me donne un espoir fou. Je l'entends me dire qu'elle saura protéger les siens. Que je n'ai pas à m'en faire. Que je dois partir. Les quitter. Nos routes se sont croisées pour que je sache que je ne suis pas folle. Que cette dimension existe, mais que je dois trouver encore mon chemin.

Seule.

Brusquement, le fourgon ralentit. Je pressens la fin. Celle qui va acter la séparation définitive. Nous ne nous reverrons plus. Les égrégores sombres sont là. Je les reconnais, je pourrais presque les toucher. Ce sont les mêmes qui m'ont prévenue que quelque chose allait arriver à Papa Raph.

À l'époque, j'avais cru que ma seule présence les dissuaderait d'agir. Aujourd'hui je sais qu'il n'en est rien. Yana et sa famille vont partir d'un côté. Moi de l'autre. Les uniformes vont vite s'apercevoir que je suis une intruse.

Alors, une dernière fois je me perds en Yana. Je veux qu'elle comprenne à quel point je suis désolée pour ce que je m'apprête à faire.

Ces forces-là sont, une fois encore, plus fortes que moi.

38

Eugène F. est un homme heureux. Il a vingt-six ans, une belle situation, une femme superbe, des projets pour mille ans et cerise sur le gâteau, là, dans quelques jours, il va devenir père. Son Moi abyssal tutoie les anges, les cieux et l'univers en entier qui n'a jamais rien fait d'autre que de subordonner ses ambitions à la réussite.

Depuis tout jeune, il façonne sa vie à l'identique de la philosophie de son père. Lequel pense que la vie d'un homme doit ressembler à une montagne. Une montagne que l'on voit de loin, comme une vision miraculeuse, un but à atteindre. Une espèce de gros aimant, puissant, aussi solide qu'une masse compacte, façonnée à partir d'un bloc unique. Dont on doit chaque jour croiser le reflet dans son miroir. Se positionner comme tel c'est l'assurance de tenir debout sans que jamais rien ne vienne saper la base.

Alors, ce fourgon qui vient presque chaque jour, vomir son lot d'exilés, Eugène n'en a pas peur. Tout juste s'il leur jette un regard quand les portes s'ouvrent. À peine s'il remarque Athéna quand elle se plante devant lui.

Aussitôt descendue, elle a quitté le clan pour venir buter dans ses jambes. Elle l'a repéré de suite, ce géant noir aux allures de colosse. Pas très grand en réalité, mais une posture qui indique clairement sa position dominante. Quitte à se mesurer à plus fort que soi, autant s'attaquer à celui-ci. Sans attendre.

La réaction est immédiate. Il recule d'un pas, fronce les sourcils, la dévisage fortement et d'un geste rageur, s'apprête à la renvoyer parmi ses semblables. Athéna saisit l'instant, juste avant qu'il ne lance son bras et tranquillement, bien ancrée au sol, la tête relevée murmure cette phrase qu'il est le seul à entendre.

– Je suis Athéna.

C'est un coup risqué, elle en est consciente.

Elle mise sur l'effet de surprise pour autant qu'il sache qui elle est. Après tout dépend de sa réaction. Ou il hurle à la rescousse et elle se retrouve avec toute la clique sur le dos ou il l'écarte vertement du troupeau et l'emmène avec lui. Ça fait beaucoup de variables pour une seule stratégie. L'idéal serait qu'il la reconnaisse et veuille s'en attribuer le mérite. Seul. Comme un héros. 10 fois sur 10, c'est l'option validée.

Aussi, elle ne le quitte pas des yeux et devant ses yeux qui s'écarquillent au fur et à mesure que son prénom résonne dans sa tête, premier bingo de soulagement, elle lui répète, aussi doucement que distinctement :

– Je suis Athéna.

Bingo bis, ça y est, il a compris. En un tournemain, il se ressaisit, lui attrape le bras, balance un ordre à ses subordonnés de finir le travail et l'embarque sans ménagement.

Elle le suit comme elle peut tant sa poigne lui meurtrit le bras et la soulève du sol. Une désagréable impression d'apprendre à voler et de courir en même temps. Pour finir par être balancée dans une pièce sombre, sans fenêtre, dont il claque et verrouille la porte après lui avoir passé les menottes. L'une pend au bout de son bras, l'autre est attachée au pied d'une chaise, elle-même scellée au sol.

Putain, ce coup-là, elle ne l'a pas vu venir.

Elle est très très loin du tête-à-tête imaginé dans son bureau, libre de toute entrave.

39

Une seule réponse à donner. Le silence. Buté. Implacable. Définitif. Une éternité que j'attends, seule, sans bouger. J'ai une envie pressante qui m'oblige à me tortiller sur ma chaise. Et puis, j'ai soif, faim, sommeil. La totale !

A priori, ils me font subir le grand jeu. J'ai déjà vu ça dans les films, je sais que le temps joue pour eux. Les privations appellent à demander grâce, d'une façon ou d'une autre. S'ils savaient, les abrutis. Avec PJ, j'ai vécu pire. Résister, je sais faire. Déjouer leur piège aussi. Ils ne savent pas à qui ils ont affaire.

Depuis cinq minutes, je pense à une parade. À force de fixer bêtement l'immense miroir en face de moi, j'ai eu une idée. Ils sont combien de l'autre côté à épier chacun de mes gestes ? Au moins deux, je pense. Je pourrais presque sentir l'impatience leur filer des fourmis dans les jambes et leur aura, traverser la paroi de verre. Ça sent le conflit interne. Leur chef dépasse les bornes. On ne traite pas une mineure ainsi. Quoi qu'elle est supposée avoir fait. Et puis, elle est française !

Je le sais, la porte va s'ouvrir. D'un instant à l'autre, quelqu'un va entrer. Je me retiens encore. Fixe avec obstination l'écran de glace sans tain. Il suffit de contracter mes muscles. Encore un peu. Sans bouger.

Ils vont en avoir pour leur grade. Tout est toujours une question de timing !

Une foutue poignée de secondes de soulagement, aussi intenses que de manger quand mon ventre crie famine. Alors je laisse le liquide chaud s'écouler de moi comme une mer de bénédictions. L'odeur d'urine gâche un peu mon plaisir, mais mon sourire de contentement est à la hauteur du dégoût que je lis sur le visage du géant noir.

Un partout, Monsieur le chef et balle au centre.

40

Vent de panique, branle-bas de combat, c'est confirmé, ils étaient bien deux. Le chef qui me retire les menottes et une femme qui m'entraîne vers les toilettes. Au passage, je récupère mon sac. L'aubaine pour eux. Le hic pour moi. Tout de suite, je m'aperçois que mon cahier n'y est plus. Ils l'ont fouillé de fond en comble, ont tout remis dedans, n'importe comment. Un vrai foutoir !

Sauf mon cahier.

La femme me laisse me changer. Indifférente. Silencieuse. Personne n'a apprécié que je me pisse dessus, que je mette leur pratique en défaut. Ou que je salisse leur uniforme. J'ai à peine fini, qu'elle m'emmène dans un bureau, me fait asseoir et repart sans un mot. À croire que j'ai affaire à un robot. Pire qu'une 3D, une 2D sans qui ce lieu n'existerait pas.

L'homme qui m'attend et qui me fait face m'apprend que je suis au centre de rétention administratif de Paris-Vincennes, que je n'ai rien à y faire, mais que pour le moment je dois attendre, tranquillement, sans faire de conneries. On va venir me chercher.

Il me demande si j'ai faim ou soif. Si j'ai quelque chose à dire.

Je ne le regarde même pas. D'instinct je ne l'aime pas. Comme je n'aime pas cet endroit et tout ce que j'y sens. Yana et sa famille y sont sûrement parqués dans je ne sais quelles conditions et de là où je suis, je sens les égrégores du diable s'agglutiner autour d'eux comme des cafards affamés.

Je tourne la tête vers la fenêtre. J'estime la hauteur au sol à un peu plus de deux mètres. Pas de quoi me casser une jambe si je tentais un plongeon. Pourtant, je me retiens. Ça ne serait pas efficace. Trop de monde grouille partout. Je dois imaginer autre chose. Penser plutôt à une diversion. Un truc costaud qui mobiliserait un maximum de personnel.

Dans un premier temps, me débarrasser du demi-cloporte m'allégerait d'un poids. Son regard pèse sur moi comme une chape de plomb. Un mètre nous sépare, mais je sens son haleine vineuse et ses yeux de fouine me soumettre à la question. Il n'apprécie pas mon silence, me bombarde d'interrogations.

Qu'est-ce que je fais là ? Comment j'ai traversé la France ? Est-ce que j'ai tué mon père ? Pourquoi je me suis enfuie ? Qui sont les Khoury pour moi, depuis quand je les connais ? M'ont-ils aidée ? Et ça n'arrête pas.

Même si je voulais répondre, je ne pourrais pas. On dirait qu'il a un minimum de temps pour tout savoir et qu'il l'utilise. Comme un chien enragé à qui l'on a tendu un os et qui le dévore d'une traite avant qu'on le lui retire.

Pas de bol l'hirsute, cet os-là a la dent plus dure que toi. Aucun moyen que je m'intéresse à toi. Tu t'es gouré de côté. Continue tes questions, et je vais t'offrir ma réponse.

D'un coup, en pensant ça, je relève la tête et le fusille du regard. J'ai saisi, il cherche la bagarre. Ses gars ont fait une bourde, il essaie de m'énerver, de me rendre dingue, que je pète un plomb, que ma rage justifie leur comportement. Qu'il ait enfin une bonne raison de me remettre dans une salle à la lumière basse, à me faire dessus jusqu'à la fin des temps. Ce type pue la haine et la bêtise. Et aussi certain soir, la faiblesse de s'en rendre compte. Dans son dos trône une bouteille pleine de Whiskey, à côté d'un verre sale et d'une autre à moitié consommée.

Dans un autre contexte, il aurait droit à ma part d'ombre. Si elle a bien une raison d'exister c'est pour cette race de méchants qui pourrissent la planète et éteignent le sourire des petites filles comme Yana. Penser à elle attise ma rage. Mais je me contiens. Lui tout seul n'est pas une bonne idée. C'est cet endroit qu'il faudrait buter.

Et tous les flics qui le gouvernent.

Dangereusement.

41

« Les égrégores sombres ont franchi le portail. Je le sais à présent. Des semaines qu'ils m'observent, me talonnent, grainent sur mon chemin toutes sortes de messages que personne ne voit et que moi je croyais avoir appris à déchiffrer. Je me suis trompée. Ou je n'ai pas voulu voir. Ou je suis tout juste bonne à me raconter des histoires pendant que le monde avance. En tout cas, aujourd'hui, la colère est là, prête à en découdre. Parce que la colère c'est comme une punaise de lit frustrée qui serait passée à l'état de cafard. C'est fourbe, nocturne, difficile à éradiquer. C'est insidieux, planqué, démultiplié. Ça aime le sang, la charogne. C'est patient. Carnivore. Il faut maintenant qu'elle s'abatte. Un cycle se termine. Seul le chaos pourra en venir à bout. Je ne peux plus rien faire. Personne ne peut plus rien faire. Il n'y a pas de machine arrière, pas de frein, pas de stop, pas de miracles.

C'est à la base qu'il aura fallu éradiquer le premier échauffement, dans l'œuf niché au fond du fond de ce qui ne se voit jamais de prime abord. Parce qu'après c'est foutu, ça ira jusqu'au bout. On a beau voir les signes, noter les stigmates, tenter des exterminations, il y a un entêtement à la colère qui frise l'admiration. Dès le premier oiseau mort, j'aurais dû comprendre. Mais, au fond, et je m'en aperçois pitoyablement, je suis comme n'importe quel humain, je crois toujours que tout s'arrange ou va s'arranger. Je fais mes prières, invoque les esprits, parle avec mes morts, mais dans le vrai, le dur, le concret, je ne fais rien.

Alors un jour les égrégores sombres sont là et il est trop tard.

Un jour, à 04 h 40, Aurioch est là. Aurioch, c'est l'ange déchu, celui que les sorciers invoquent pour assouvir une vengeance personnelle. Comment tu le reconnais ? Parce qu'il prend la forme d'une vieille femme très laide, entièrement nue, les seins pendants et flasques, aux ailes de chauve-souris et tient une torche enflammée ainsi qu'une hache. Et que c'est précisément ce genre de cauchemar à une exception près (dans mon rêve la hache était remplacée par un marteau) qui te fait bondir de ton lit en hurlant à bouche fermée « pitié » à 04 h 40 du matin. Et que de toutes les heures inversées c'est celle qui justement te prévient de la trahison. Et que tout ça, c'est beaucoup trop de coïncidences pour qu'une fille comme moi ne réagisse pas. Sinon, à quoi ça sert de croire aux heures miroirs, aux plumes, aux pièces de monnaie ? À quoi ça sert de noter chaque détail dans un carnet, d'apprendre les noms des 72 archanges, de me brancher à leurs esprits, de parler avec les absents.

À quoi ça sert de se croire supérieur alors qu'en définitive, on n'a rien vu venir ? Peut-être que ça sert à endormir la peur, à vouloir déjouer le destin, à reculer l'impensable. À faire taire le cri en moi qui refuse de sortir.

Même quand la vitre latérale droite de la voiture a explosé, je n'ai rien dit. C'était clair pourtant.

Cela n'arrive quasiment jamais, une vitre de portière qui explose sous le jet d'un minuscule caillou. Un simple et minuscule impact et des milliers de particules vertes jaillissent en désordre, le vent s'engouffre, tu fixes un trou béant et là, enfin, ça devient évident. Il y a un appel d'air grand comme l'univers. Tu sais que tu n'as plus le choix.

Même si tu ne cries toujours pas ».

42

Les 3D sont de grands vaniteux. Qui plus est, impatients et mécaniquement imbéciles. Ils ne se rendent même pas compte qu'ils creusent eux-mêmes le gouffre qui s'ouvrira fatalement sous leurs pieds. Le plus dur, c'est d'attendre. J'ai un semblant de plan en tête, mais pas encore l'opportunité du bon moment. Je suis pourtant certaine qu'il va venir. Dans ce panier de crabes, y en a bien un qui me filera le bâton pour se faire battre.

Y'en a toujours un.

Au départ, j'ai cru que ce serait le moulin à paroles qui me sert de gardien. J'en avais par-dessus la tête de l'écouter. Comme si me répéter en boucle et dans le désordre les mêmes questions finirait par lui donner la combinaison parfaite pour me faire parler.

Mais non. Ô surprise, c'est mon colosse noir qui est revenu. Tout fier de sa trouvaille. Dégainant mon cahier comme le Graal et une promesse de mise à mort. Il semblait l'avoir dépecé de la même façon qu'il devait le faire avec un magazine porno. De façon anarchique et compulsive. Sans prendre le temps. Piochant çà et là, des bribes de victoire qui avaient dû le faire jouir, précocement.

Je l'ai laissé lire des passages à voix haute. Comme si pour lui, tout était là. D'une fluidité confondante. À croire qu'il pigeait tout.

Les 14 Lois de l'univers.

Les 7 chakras.

Les 4 accords toltèques.

Les égrégores sombres d'avant mon 13ème anniversaire. Et même les heures angéliques. Il s'est fendu d'en lire quelques-unes sur les trois pages écrites comme si là, définitivement, la chose était dite, j'étais folle.

1er août 09h09/12h21/12h22/19h19

2 août 12h22/14h41/16h16/17h17/00h00

3 août 02h02/02h02/08h08/11h11/12h21/19h19/20h02/20h20

4 août 08h08/09 h 09

5 août 08h08/10h20

6 août 22h22

7 août 12h21/20 h 20/21h21

8 août 19h19

9 août 09h09/16h16

11 août 20 h 00

Il souriait de toutes ses dents en brandissant mon cahier comme un trophée. Affirmant que ce vulgaire ramassis de conneries allait me mener tout droit à la case zinzin. J'étais statufiée. Meurtrie. Honteuse. Non pas de ce que j'avais écrit, mais de l'interprétation qu'on pouvait en faire. J'avais toujours cru à ce cahier comme à mon dernier atout, le bilan de mes 13 dernières années. Tout ce qui servait à éclairer qui j'étais, ce que j'étais devenue. Et comment.

Bizarrement, il buggait sur certaines pages, en omettait d'autres. Comme si tout était à l'avenant. Un grand charabia de foldingue. Monsieur Moulin à paroles lui servait de témoin, acquiesçait, s'offusquait, se frottait les mains. Il avait enfin ses réponses.

Au fur et à mesure de leur acharnement, j'ai senti monter en moi comme un débordement de haine, une pulsion qui m'a prise d'un coup. Sans que je ne puisse plus rien contrôler. J'avais la tête en feu, les mains crispées, le souffle coupé et plus qu'une seule idée en tête, les faire taire.

Tout s'est alors passé très vite. Sans qu'aucun des deux ne voie rien venir. Tout à leur bonheur de se taper la gloire de m'avoir épinglée, moi la tueuse de Roussillon dont le portrait s'affichait partout. À ce point, sûr et certain de leur coup, qu'ils se voyaient déjà l'égo en feu d'artifice, promis à une médaille, et pourquoi pas, à la Légion d'honneur.

Ils avaient oublié que j'étais sans entrave, plus aguerrie qu'ils ne l'étaient à siéger à leur boulot, le cul vissé sur une chaise et surtout plus déterminée que jamais à leur filer le coup de grâce. Quitte à sacrifier mon précieux cahier. C'était même le nouveau but de ce plan. Leur échapper, mais avant tout détruire ce qu'il pensait être leur porte vers le paradis. Et qui, je m'en apercevais à présent, pouvait me mener droit aux enfers.

J'ai bondi comme PJ me l'avait appris. D'un seul élan, tout en force, de ma chaise au bureau, en poussant férocement sur mes jambes, avec la conviction d'y arriver. Puis j'ai balancé un premier coup de pied dans la mâchoire du moulin à paroles, qui s'est tu aussitôt et d'une pirouette, je me suis retournée pour viser le colosse, entre les jambes, bien au milieu, là où ça fait mal. Il a hurlé en tombant à genoux. J'aurais pu encore l'achever, poser mon talon sur sa tronche et lui faire bouffer toutes ses dents, mais je savais mon temps compté.

J'ai opté pour la seule chose qui pouvait encore me sauver. J'ai foncé sur la porte et l'ai barricadée en poussant le bureau dessus. Ça pesait son poids, mais je ne sentais plus rien. J'étais comme anesthésiée de tout. Consciente d'avoir sauté dans une autre dimension. Un plan au-dessus des autres plans, totalement parfait où la démesure seyait à ma rage, où tout était décuplé, rapide et permis. J'en ai même rajouté une couche au colosse qui eut la mauvaise idée de vouloir se relever. Ensuite, j'ai rassemblé tout ce qui me tombait sous la main, mon cahier compris, vidé les deux bouteilles de whiskey sur la pyramide de papier et j'ai foutu le feu.

En ouvrant la fenêtre, le vent s'est engouffré. J'ai vu des gens courir partout. Ne me restait plus qu'à sauter. Dans ce dernier élan, j'ai pensé à Yana et à sa tribu, priant pour que le feu se propage, et crame sans distinction, tous ces foutus dossiers, qui mettaient tant de vies en sursis.

43

Longtemps après, j'ai attendu que la nuit tombe, que le parc soit vide et que le froid tétanise mes muscles, pour sauter de mon perchoir. Impossible de rester plus longtemps dans les hauteurs, sans mon sac de survie. Je n'avais plus en ma possession que ce que je portais sur moi. Je n'avais pas seulement sacrifié mon cahier, j'avais abandonné mon sac, mes réserves, le Kalimba et les trois quarts de mon argent. Me restait en tout 500 euros, cachés dans mes chaussettes, contre mes mollets. Une misère que j'allais devoir utiliser intelligemment.

La panique était telle que sortir du centre avait été un jeu d'enfant. Quand le sage montre la lune, en l'occurrence la fumée au premier étage du bâtiment central, l'idiot regarde le doigt et sûrement pas la gamine au bout duquel celui-ci s'agite. Surtout quand les déracinés profitent de la confusion et créent eux-mêmes leur propre chaos.

Je suis donc sortie par la grande porte, zigzaguant à reculons dans la bousculade des gardes qui avaient aussi convergé vers les zones à risque. Seulement après, je m'étais mise à courir. Comme le loup à l'appel de la forêt. D'instinct. Sans me retourner. Comme si je connaissais déjà le chemin. Je la sentais plus que je ne la voyais. Elle était tout près, avec ses arbres à portée de bras, si faciles à escalader.

De l'autre côté, il y avait cette grande autoroute qui aurait pu me tenter. Ça empestait le fuel à chaque respiration. Elle était plus ou moins fluide pour tenter une traversée en trois temps. De quoi mettre un écart certain si d'aventure quelqu'un s'était mis à me courir après. Mais derrière la grande route, je pressentais la ville et la ville m'avait déçue. Elle était remplie de 3D, marchant comme des automates, ou d'humains, dormant sous les ponts à qui je risquais de faire du tort.

Très vite, il m'a semblé que je contournais un hippodrome, l'odeur des chevaux était prégnante, puis que j'entrais dans un parc géant qui regorgeait de petits chemins. J'ai foncé droit devant moi un long moment, jusqu'à atterrir dans un coin sombre, touffu, relativement à l'abri. J'ai choisi l'arbre le plus noueux, les racines au grand air, les branches presque à portée de main et j'ai grimpé. Nichée à mi-hauteur, j'ai fait un tour d'horizon, attendu quelques instants puis me suis installée confortablement. C'est là la très grande noblesse des hêtres qui ont des bras robustes et des feuilles en abondance. Ils sont à l'homme aux abois ce que les coraux sont aux poissons-anges, une gîte naturellement efficace.

Sauf que je n'étais pas un poisson-ange !

Au bout de deux heures, je me sentais plutôt comme le dernier Mégalodon qui s'est éteint, il y a environ 2,5 millions d'années. Seule, affamée et incapable de m'adapter à tout ce qui m'était arrivé en si peu de temps. J'avais vu un documentaire sur ce requin blanc, perçu comme le plus redoutable et le plus dangereux. Sa disparition avait été une aubaine pour la faune marine. Après avoir été le plus puissant, il avait disparu, incapable de composer avec les changements climatiques.

Peut-être que moi aussi, j'avais vu trop grand, que je courais pour rien. Je ne me rappelais même plus pourquoi. Tout s'était enchaîné très vite depuis le 20 mars. Je sortais pour la première fois de mon périmètre et je m'apercevais que je n'étais pas préparée.

Je découvrais que PJ m'avait menti. Tout ce qu'il m'avait appris ne servait qu'à créer encore plus de bouleversement. Et Papa Raph aussi avec sa zénitude linguistique.

Bilan, je me sentais inadaptée. Seule. Affamée. Sans ressources.

44

Je suis ressortie du bois déterminée à me rendre. À tout raconter. Et tant pis pour les conséquences. La cavale comme PJ me l'avait enseignée était un leurre. Après chaque séance, je rentrais chez moi. Papa Raph était là et toute sa logique à lui, pour soigner mes blessures, reprendre la vie comme elle l'était. L'école, les leçons, les grands mystères du monde qui sont tellement simples à vivre tant que l'on n'est pas confronté à l'extérieur. Treize ans de méthode, d'apprentissage et de théorie pour finir vaincue dans la pratique.

Aujourd'hui, je n'avais plus de chez-moi. Personne à qui raconter. Sur qui compter. Aucun adulte avec la solution idéale. Une immense vanité au creux du ventre qui me barbouillait l'estomac et me donnait la nausée.

Retour à la case départ. Le haut bâtiment de la mairie de Vincennes, le berceau de ma mère. Cette grande absente que PJ et Papa Raph avaient tenté de remplacer et qui me manquait comme ça ne m'était jamais arrivé.

Je n'avais pourtant aucune idée de ce que cela faisait d'avoir une mère, mais je pressentais la chose comme le dernier refuge quand tout s'effondre. Je ne savais pas si j'éprouvais de la colère, de la rancune ou de la peine. Quelque chose en moi était en train de rompre. J'ai senti que si je me laissais aller, je pourrais pleurer. Comme le font les petites filles. Comme on me l'avait toujours interdit. J'avais une grosse boule dans la gorge, je me forçais à plisser les yeux, à déglutir consciemment.

Pleurer et puis quoi encore ? Comme ça, au milieu de la rue ? Devant les autres ? Comme un bébé ? Comme si je n'avais rien appris et que j'étais née de la dernière pluie ?

Plusieurs voix à l'intérieur de moi se faisaient la guerre. Des voix que j'entendais de plus en plus depuis que tout était arrivé. Comme si elles étaient rentrées en moi, en même temps. Chacune voulait se faire entendre, plus forte que les autres.

Maman. PJ. Papa Raph.

Ce que chacun m'avait dit me revenait en mémoire. Je pouvais tout réciter du cahier. Des pages entières noircies de leur bon vouloir. M'est venue en tête, l'image de la balance avec chacun de mes pères à œuvrer de part et d'autre pour que je puisse trouver le point d'équilibre. L'un s'efforçant de compenser ce que l'autre faisait ou défaisait.

Et Maman aujourd'hui. En plus des deux autres. Qui brouille tout. Que je ne comprends pas. Un mal de crâne qui remplace l'envie de pleurer. À hurler. À sentir le voile apparaître devant mes yeux. Me sentir divaguer. Dire stop. Hurler.

Et tomber.

Cette fois-ci, la « Femme-écran » a gagné. Sa fille a compris. Toutes ses voix dans sa tête, c'est trop. Elle a refusé. S'est évanouie. A coupé le contact. Et tant pis si dans le lot, elle l'a sacrifiée aussi. De là où elle est, elle n'a jamais pu faire grand-chose de toute façon.

Pour Jim et Raph, c'est la fin de l'entre-deux. La 6D a fini par les rattraper. Ils doivent lâcher l'affaire. C'est le prix à payer pour tous les morts face aux vivants. Sortir de la matrice. Ne plus interférer.

Sa fille les a rejetés, tous les trois, en bloc. C'était à elle de prendre cette décision. Elle ne le sait pas encore, mais c'est sa première victoire. Vivre sans eux.

Se trouver elle.

Arrêter les dégâts.

45

Dans la chambre d'hôpital où Athéna ouvre les yeux, le silence fait comme un vide autour d'elle. C'est un vide qu'elle ne connaît pas. Qu'elle n'a même jamais connu. Sans son, sans murmure, sans sifflement. Sans plus aucun message.

Son regard percute le plafond, rebondit sur les murs, s'affaisse sur le sol. Et rien. Plus un mot, plus un souffle, ses acouphanges ont disparu. Elle a beau creuser le vide comme elle l'a fait des milliers de fois, fermer les yeux, sentir sa tête se hisser jusqu'au-dedans du ciel. Rien. Les abysses. Le grand néant.

Devant elle, un blanc virginal, presque obsédant, « Symbole de pureté et de propreté, caractéristique des fantômes et apparitions. Du mutisme. Couleur de la mort et de l'au-delà » et qui lui apparaît pourtant aujourd'hui, aussi cru et vide que son impuissance. Devant lequel elle s'enlise, malheureuse, frustrée. Qui nomme outrageusement l'absence, accroît le silence et amplifie la pensée. Sur lequel elle bute, se perd et s'essouffle. Isolée depuis que les acouphanges se sont tus. Que leurs voix ont cessé de lui parler.

Ces chers acouphanges qui l'ont accompagnée toute sa vie.

Toute petite, Athéna entendait des voix. Des sortes d'air, de chanson, de grelots, d'espièglerie qui lui traversaient la tête et qui l'obligeaient à faire des choses qu'elle n'aurait même pas pensé. Comme de parler tout haut ou de rire ou de chanter à tue-tête, sans crier gare, parce que d'un seul coup, elle en avait l'idée. Les premières fois, Papa Raph ne s'était pas inquiété. Il avait mis sur le compte des bêtises d'une enfant de son âge. Puis avec le temps, comme elle se plaignait d'avoir mal à la tête, il l'avait emmenée consulter un spécialiste. Le diagnostic avait été simple et rapide, Athéna souffrait d'acouphènes.

Dans le cabinet du grand ORL de génie où l'avait emmené Papa Raph, Athéna n'avait rien dit. Dans la voiture, sur le chemin du retour non plus. Mais quelques jours plus tard, elle avait rectifié le diagnostic et expliqué à Papa Raph que son grand ORL de génie s'était trompé. Ce qu'elle avait c'était des acouphanges. Une sorte de contraction entre acouphène et anges pour lui expliquer que les bourdonnements qu'elle entendait devaient être ses anges. Des messagers du ciel, peut-être même de sa mère. Qui voulait entrer en contact avec elle.

Son père l'avait écoutée, abasourdi. Elle avait à peine huit ans. Il lui avait posé tout un tas de questions, sur le comment, le pourquoi, la fréquence, si elle avait mal, si elle avait déjà clairement reçu un message. Et lequel ?

Athéna avait simplement souri. Comme si c'était son secret à elle. Elle lui avait déposé un bisou sur la joue et était repartie jouer. Les choses en étaient restées là.

Au fil des années, Athéna s'était aperçue qu'il valait mieux faire comme si tout cela n'avait jamais existé. Elle avait appris à gérer seule, ces moments où tout s'embrouillait dans son esprit.

Jusqu'à hier, où les voix discordantes avaient été plus vives que jamais. Où elle avait senti son crâne exploser sous la pression. Où elle avait dit stop.

Elle avait dû chuter de toute sa hauteur comme c'était arrivé certaines fois. Sauf que là, on l'avait transportée à l'hôpital.

Et qu'elle n'entendait plus rien du tout.

46

Cette fois-ci elle entend. Quelqu'un est là, qui s'affaire autour d'elle. Avec des gestes lents et précautionneux, une femme relève sa tête, agence l'oreiller, rabat le drap sur son corps, vérifie ses appareillages. Tout est fait en douceur, dans un parfait silence et pourtant Athéna entend. Ses déplacements, sa blouse qui frotte contre le lit, le cliquetis du doigt qui tapote un flacon, sa respiration retenue quand elle se penche vers elle.

Athéna garde les yeux fermés, encore un peu et savoure son répit.

La dernière fois, c'était le désordre et le vide. Là, elle est comme dans une bulle, protégée par une espèce de torpeur qui lui fait ressentir les mouvements sans y mettre d'images et c'est cela qui au fond l'apaise. Elle voudrait rester ainsi, dans cette sorte de cocon, avec cette femme qui s'occupe d'elle. Elle l'imagine jeune, jolie, mais timide. Ou effacée ? Quelque chose dans ce sens qui la met en retrait des autres. Par pudeur ? Par souci de son prochain ? Pour laisser place ?

Elle la devine dans ce parfum d'été qui plane, c'est une âme dédiée au dévouement, avec une belle vitalité et déjà une haute spiritualité. Elle visualise son aura violette, nuancée de mauve lavande, vibrer autour d'elle. Elle pourrait presque la toucher, elle en aurait même envie. Pouvoir s'en draper et ouvrir les yeux.

Revenir à la vie.

Et puis d'un coup, plus rien. La femme a fini, elle le lui dit, gentiment et elle s'en va. Comme dans un flottement, sans faire de bruit. Pour ne pas l'éveiller. Même si elle a deviné qu'Athéna l'entendait. Ses cils ont dû la trahir. À deviner sa guérisseuse à partir de l'intérieur de ses paupières, celles-ci ont dû bouger ou tressauter et trahir sa curiosité.

Alors Athéna sourit et maintenant qu'elle est seule, ouvre enfin les yeux.

Dans le même temps, comme par réflexe, son poignet droit est arrêté. Sa main figée sur le matelas ne répond pas au mouvement qu'elle veut lui imposer. Elle aurait bien voulu bouger, se redresser, apaiser le léger tourbillon que crée la lumière au réveil, mais c'est impossible.

Elle est entravée. Menottée. Contrainte à l'immobilité.

Au fur et à mesure de sa compréhension, ses yeux s'écarquillent, elle relève la tête, se contorsionne pour faire glisser les couches qui l'empèsent, cherche à voir sous la couverture qui tapisse ses pieds, mais le combat est vain.

La dernière fois qu'elle s'est réveillée, elle n'entendait plus rien, mais elle était certaine d'être libre de ses mouvements.

Là, de nouveau, elle entend, mais ne peut plus bouger alors, instinctivement, elle se met à crier. Et quelques minutes après, à le regretter.

L'homme qui fait irruption est petit, presque trop en proportion de l'équipement qui le tasse et le ceinture de toute part. Treillis, rangers, fusil, ceinture blindée de multiples gadgets, yeux perçants planqués dans la lunette de tir, il offre à l'adolescente une vision surréaliste, en total contraste de l'oiseau blanc qui vient de quitter la chambre et dont elle aurait aimé que ce soit elle qui accoure.

Le résultat est sans équivoque.

Son entrée imposante, sa posture offensive et son regard noir clouent Athéna au lit plus sûrement que ses menottes et la font taire aussitôt.

Pour elle, à cet instant, si elle était en train de rêver, c'est un brusque retour à la réalité.

47

Elle a refermé les yeux et s'est interdit de les ouvrir. Le réel est trop violent. Le militaire est sorti depuis longtemps. Le médecin qui est venu tout de suite après lui a expliqué, d'une voix saccadée, le pourquoi du comment.

Elle a découvert qu'elle avait dormi trois jours.

Qu'elle était très agitée. Qu'il avait fallu l'attacher. Pour son bien. Que le garde était là en attendant qu'on vienne la chercher. Qu'il servait à éviter l'intrusion des journalistes. Plus largement à la protéger. Que lui aussi avait fait ce qu'il avait pu. Au vu de son état et de ses constantes à ramasser à la petite cuillère, mais qu'aujourd'hui elle avait meilleure mine. Et que de toute façon, on attendait son réveil. La police était là. Il avait fait ce qu'il avait pu pour retarder la confrontation. Est-ce que maintenant elle se sentait prête ? Qu'elle ne pourrait pas faire semblant de dormir plus longtemps. Pas avec ce cri qui avait résonné dans tout l'hôpital Bégin.

De guerre lasse et devant son mutisme buté, il est reparti.

Depuis elle attend, les yeux collés sur sa colère rentrée.

Elle se souvient des voix qui l'ont effondrée sur elle-même. Qu'à ce moment-là, elle voulait se rendre. Qu'elle n'en pouvait plus. Qu'elle avait choisi.

Mais tout a changé. Cet immobilisme qu'on lui impose, cette violence sourde qu'elle entend parfaitement au-delà des murs, ce face-à-face que la justice lui réserve, elle n'en veut plus. C'est viscéral. Ça bouillonne dans ses tripes. Jamais elle n'acceptera d'être privée de liberté. Elle ne se sent plus faible, elle a oublié la nuit dans l'arbre, la solitude et le froid. À ce moment-là, elle était fatiguée. Elle a craqué. Mais elle n'a rien à leur dire. Rien à avouer.

Qu'est-ce que les 3D pourraient comprendre à sa vie ? De Papa Raph et de PJ ?

Les militaires, les fonctionnaires, les gradés de toute espèce, plus que les autres sont dans la matrice, formatés à obéir. À n'être que des pantins. Au service d'une cause qu'ils croient noble. Patriotes d'un pays qui les cadenasse à suivre l'unique voie qui propose toujours les mêmes choix. Travailler, consommer, faire des enfants. Mourir.

Autant aller à la case mourir tout de suite.

Personne ne croira que PJ a fait tuer Papa Raph, qu'elle était là et qu'elle n'a rien pu faire

Personne ne croira que PJ a existé. Qu'il existe encore. Qu'il existera toujours. Qu'il est là, partout où le mal existe. Dans la tête des gens prêts à mordre la poussière et rejoindre les égrégores sombres. Qu'il est capable de tout.

Elle l'a vu faire. Il sera toujours le plus fort. Si elle vit, elle devra se battre contre lui. Il la retrouvera. Il l'a toujours retrouvée. Et elle, elle le sait, elle ne l'a jamais battu.

Personne ne la protégera de ça. De lui.

Soit elle parle et elle sera enfermée et il la retrouvera.

Soit elle s'enfuit et elle devra s'enfuir toujours et il la retrouvera.

Soit elle meurt. Et PJ aussi. Peut-être ?

Pour toujours.

Dans la 6D, les voix se sont tues. Sa mère, La « Femme-écran », Papa Raph et même PJ. Ils ont définitivement quitté le plan terrestre. C'est ainsi

que les morts s'élèvent quand les vivants restés au sol s'insurgent et disent stop. La pépite n'a plus rien ni personne à qui se raccrocher. Elle a largué les amarres, coupé les fils. Le silence qui brille au-dessus d'elle est son meilleur allié. Elle va devoir faire confiance à sa guidance intérieure. Se résoudre à faire ses propres choix. Ne plus se cacher derrière son histoire. Et choisir, en conscience, de vivre ou de mourir.

48

Elle est revenue. Comme une libellule. Toute légère et quasi virevoltante. Ce n'était pas un rêve, elle existe, cette infime parcelle de vie dans tout ce marasme.

J'en suis sûre, si j'ouvre les yeux, je vais découvrir un ange. Je crève d'envie de savoir si les plans célestes ne me jouent pas un tour. Cette infirmière a une capacité et un don qui frôlent le miracle. Juste sa présence et en quelques secondes, j'oublie ma colère. Cela dure le temps du soin, le temps d'entrer, ou de déposer un plateau et de me souhaiter bon appétit. Le temps de lire dans son attitude un sourire grand comme le ciel.

Pourtant je me retiens. Peut-être que j'ai peur d'être déçue. Ce que je perçois de cette femme vient de l'âme, de son entité la plus pure. Dans la matière, tout est transformé, appesanti, engoncé dans la mascarade des jeux de rôles. La matière est toujours trop brute, si fade, et tellement grossière quand on a touché du doigt la beauté de l'âme. Mon instinct me dit pourtant que le résultat sera identique à ma perception. Il n'y a aucun mensonge chez cette femme, aucune roublardise. Elle est ce qu'elle est. Conforme à sa mission de vie. Qui est de donner du réconfort, de soigner, de soulager. D'aider.

Est-ce cela, que je redoute ? Cette bienveillance à fleur de peau. Qui, si j'ouvrais les yeux, pourrait raviver une envie de pleurer. Cette grande traîtresse qui rend faible, qui est là, à l'affût, qui cherche la brèche, le passage, la toute-puissance d'emporter ma colère et toutes mes bonnes résolutions avec.

Pourtant, à elle, c'est certain, je pourrais me confier. Tout raconter. Qu'importe qu'elle me croie. Je pourrais juste dire et laisser aller. Son rôle n'est pas de me juger, mais d'aider. Elle a voué sa vie à ça. C'est en elle. Comme ça l'était pour Papa Raph et ses petits. Ce qu'il me racontait de l'hôpital, je le comprends à présent, plus que jamais, je le ressens. Cette femme est comme lui. Avec cette vie chevillée à l'âme qui tient lieu de phare, de bouée, d'ancrage.

C'est cela qu'il tentait de m'expliquer quand il rentrait le soir, fourbu, mais heureux. Il me disait que toutes ces vies qui venaient de naître étaient un lourd fardeau, qu'il fallait les protéger, leur donner les meilleurs soins, le bon démarrage. Qu'il était là pour ça. Pour les auréoler, les rassurer. Leur donner plus d'amour en quelques jours que ce que la vie leur reprendrait peut-être. Qu'il fallait les gonfler à bloc. Leur faire sentir toute la puissance du verbe aimer dans un seul câlin, dans un lange ou un biberon offert à leurs efforts de survie.

Papa Raph s'occupait essentiellement des nouveau-nés, ceux arrivés avant terme, ou qu'on abandonnait à la naissance. Ceux qui devaient leur survie à leur propre combat.

Cet ange est comme lui. Elle me ramène à lui. À travers elle, je le retrouve et le comprends. Je pourrais lui parler.

Mais par où commencer ? Et comment ? Et quand ?

Elle entre et elle repart sans cesse.

Il faut que je lui demande de rester. Ou bien que je l'oblige à rester.

Tout simplement.

49

Au centre de rétention administratif de Paris-Vincennes, le calme est revenu. Le feu a été maîtrisé sans peine et les blessés légers, pris en charge rapidement. Quand les officiers de Roussillon, Alice Duarte et Jules Barre débarquent, l'accueil est pourtant des plus glacials.

Eugène F. ne cache pas sa colère et encore moins son mépris pour ces loosers du Sud venus lui demander des comptes. Son intégrité est mise en cause, sa procédure passée au crible. Manquerait plus qu'on le croie responsable de tout ce merdier.

Les deux OPJ n'en mènent pas large pourtant. Ce sont eux qui ont laissé la gamine leur échapper. Inutile d'alimenter la polémique ou de se renvoyer le ballon de la culpabilité. Ils restent placides et pros jusqu'au bout. Même quand Eugène F. leur jette presque à la figure, ce qu'il reste de ce foutu cahier à moitié cramé, qui en dit long sur la gamine et de ce qu'il pense. Selon ses mots « une allumée folle furieuse ».

Trop contents d'avoir retrouvé la jeune Anne, Manon, Nathalie Borde, et ses affaires, ils déguerpissent aussi vite qu'ils le peuvent pour rejoindre l'hôpital Bégin. Non pas que le temps presse, sa présence est ultra sécurisée, mais la connaissant un peu mieux maintenant, ils n'imaginent pas un instant qu'elle va les suivre sans rien tenter d'autre. Pas étonnant qu'elle ait choisi de se faire appeler Athéna. Avec son faux petit air d'enfant sage, perdu, apeuré, elle a tout de même l'air d'en connaître un bout sur les stratégies guerrières. Entre eux, ils l'ont déjà rebaptisée « le caméléon ». Sa capacité à fondre dans le paysage préfigure que le retour et la suite des opérations ne seront pas de tout repos.

Ils vont devoir être sur leurs gardes.

Sur la route qui les a menés jusqu'ici, ils ont rigolé jaune de ses aptitudes, dressant une liste à qui mieux mieux de ses facultés hors normes. En plus d'être un caméléon de compétition, elle semblait posséder l'agilité d'un singe, la morgue d'un pitbull, la reptation de l'anguille, l'acuité visuelle de l'aigle et la souplesse d'un chat. Sans qu'ils ne comprennent encore à quoi ça peut bien lui servir puisqu'elle n'a par contre aucune prédisposition à cacher ses méfaits ou effacer ses traces.

Depuis sa fugue de Roussillon, ils peuvent la suivre d'une étape à l'autre. Certes, elle a toujours un temps d'avance, mais pas tant que ça. Et même aujourd'hui, plus du tout. Comme si elle voulait l'avantage, mais pas forcément gagner. À la façon d'un petit poucet brouillon qui n'hésite pourtant pas à occire les loups qui lui barrent le chemin.

En tout et pour tout, ils ont déjà réussi à lister dix de ses forfaits, avec un certain nombre de points d'interrogation parce qu'ils ne sont quand même pas sûrs de pouvoir lui en imputer la responsabilité, à chaque fois. Ni même d'avoir une simple réponse.

1/ Son père. Le couteau ?

Pour : ADN. Anniversaire / Mésentente ?

Contre : Problème de hauteur et de force. 3ème personne ?

2/ La fugue du centre hospitalier de Gordes. Suicide du Professeur Fouenard. Vrai ou faux ? Vrai, mais bizarrement concordant.

3/ Vol du scooter. Opportunité ou complicité extérieure ?

4/ Cavité secrète. Laissée en l'état. Contenant : un couteau de chasse, une fronde, un arc, des cordes et même un révolver. Plusieurs boites de sédatifs. Une dizaine de seringues. Quantité astronomique de Vx.

5/ Cimetière de Gordes. Nuit présumée de son

évasion. Un témoin : le gardien. Ne peut rien prouver, mais est sûr que quelqu'un y a passé la nuit.

6/ Trajet Avignon. 2ème complice ? Le même ? À pied ?

7/ Suicide dans train. Deux voyageurs ont aperçu une silhouette qui rampait sur le toit. Athéna ? Ce qui collerait aux témoignages des voyageurs du wagon qui l'ont reconnue après coup.

8/ À Paris. Signalement de trois frères agressés dans une cave. Histoire d'une fille qui les aurait suivis, en demandant de l'aide avant de s'en prendre à eux sans qu'ils ne sachent pourquoi. Ont reconnu le portrait. Mais cachent quelque chose ?

9/ Rafle du camp des Syriens. Aucune info. N'a rien dit. La famille interpellée ne se prononce pas.

10/ Incendie du centre de rétention. Passage à l'acte gratuit ? Contexte de son arrestation et de sa captivité ? Néant. Tout le monde là-bas se serre les coudes.

Tout ça en à peine dix jours et sans être sûrs qu'entre chaque épisode, des faits ne soient pas encore remontés à la surface ou simplement portés à leur connaissance. Même s'ils avaient voulu qu'elle ne soit pas coupable, la liste déborde de trop-pleins. Qui ne lui laisse aucune chance. Demain, ils la ramèneront à Roussillon, elle sera une nouvelle fois auditionnée, déférée devant le juge des mineurs qui, au vu des faits, ordonnera certainement une expertise psychologique, laquelle déterminera si oui ou non, la jeune Anne Manon Nathalie a ou avait toutes ses facultés mentales au moment des faits.

Selon les résultats, deux directions sont à prévoir : le foyer fermé ou l'institut psychiatrique. Bien que ce soient des établissements adaptés et réservés aux mineurs, l'un et l'autre n'offrent pas le même room service, ni surtout la même perspective d'avenir.

D'ailleurs, à ce moment-là, il sera déjà trop tard. C'est aujourd'hui, avec eux, qu'Athéna va devoir choisir. Bien avant que la machine soit lancée et s'enraye pour toujours.

Ils doivent trouver le moyen qu'elle leur fasse confiance.

Peut-être que ce qu'il reste du cahier les y aidera.

Positivement.

50

Elle n'est pas revenue. Ou je ne l'ai plus entendue. Je dors beaucoup. Trop. À croire qu'il me shoote exprès. Une façon de maîtriser leur peur, de me contrôler.

L'asservissement, ils ne connaissent que cela. Pour l'instant, je suis à leur merci. Ils ne prennent aucun risque. Ils sont pitoyables, endoctrinés jusqu'à la moelle. Je n'ai même pas envie de me battre. Pas comme ça.

Autant en profiter pour reprendre des forces. Réfléchir. Comprendre leur routine implacable, inébranlable, tellement navrante. Elle comporte une faille. Je dois la trouver, la creuser. Les endormir à leur tour. N'être que le fantôme de moi-même. Me fondre dans le décor. Accepter. Faire semblant d'accepter. Ils se trahiront, ils se trahissent toujours.

Je dois…

– Bonjour Athéna.

Retour vers le futur, point zéro, suis bluffée. L'impression d'un bug temporel, d'avoir rêvé, d'une apparition. Rien n'est arrivé, je suis encore à Roussillon, le gentil duo, Alice et Jules, devant moi. Je les avais presque oubliés.

– Comment vas-tu ? me demandent-ils de concert.

Je reconnais leurs voix, leur unique voix. Ils fonctionnent ainsi. Il n'y a pas comme dans les films, un gentil et un méchant pour te faire passer du chaud au froid. Il y a eux deux, comme une seule entité, soudée, en harmonie. Là, devant moi, avec mon sac à dos dans les mains et mille questions dans leur regard.

Ils paraissent calmes, Jules toujours un tantinet plus crispé qu'Alice, mais sans aucune agressivité.

Ils sont là, et même s'ils ne me sourient pas franchement, leurs regards glissent sur moi avec un mélange de désolation mêlée de compréhension et un certain contentement.

J'en oublie de penser, de répondre. Je les fixe avec intensité.

Pour être sûre, bien certaine que ce sont eux, aujourd'hui et pas hier, il y a une semaine, à Roussillon.

51

Ils se sont posés près d'elle, chacun d'un côté du lit, dans une assise tranquille et puis Jules a lentement sorti le contenu de son sac à dos de survie. Alice, elle, ne faisait rien. Elle regardait Athéna avec douceur, cherchant peut-être à lire sur son visage ses réactions.

La jeune fille n'avait toujours pas ouvert la bouche. Elle les fixait comme si elle était hypnotisée. Centrée sur elle-même, elle cherchait à déchiffrer, en partant de son cœur, ce qui se passait en l'instant. Depuis qu'ils étaient entrés, depuis qu'elle attendait son ange guérisseuse et que ces deux-là étaient apparus à la place. Comme si au fond, ils n'étaient jamais partis. Qu'ils avaient toujours été là.

Ils ne lui ont rien expliqué du comment ils avaient refait le chemin. Elle ne savait pas encore qu'ils l'avaient suivie à la trace. Qu'ils n'arrivaient pas là comme par magie, parce que les 3D les avaient appelés à la rescousse, mais parce que c'était la procédure, parce qu'ils allaient la ramener, ne plus la quitter d'une semelle. Et qu'elle serait obligée de les suivre.

Elle ressentait leur présence comme une juste conséquence à ces derniers jours. Comme si elle l'avait toujours su. Parce qu'en les regardant sortir son attirail, elle s'apercevait que tout ça, c'était du bluff. Une fausse panoplie de ce qu'elle n'était pas. Et ne serait peut-être jamais. Une guerrière.

Son passé lui apparaissait comme un lointain

souvenir, un paysage brumeux d'où elle émergeait petit à petit. La faute aux médicaments qui la maintenaient encore dans une sorte de torpeur ou une sorte de libération, causée à son insu, par la perte définitive de ses acouphanges ? Elle se sentait autre sans pouvoir se l'expliquer. Dans la même position que lorsque les flics l'avaient trouvé, recroquevillée sous la table, mais cette fois-ci, totalement libre.

Rien n'avait plus d'importance que d'être là, à l'écoute, dans le présent, délivrée du passé et d'avoir à envisager l'avenir. Elle scrutait ses lambeaux de vie, étalés au pied de son lit, comme s'ils ne lui appartenaient déjà plus.

Elle n'était pas physiquement recroquevillée, mais quelque chose en elle était retranché, fermé à toute forme de pensée, à toute idée de pouvoir ou non agir en conséquence. Elle était en train de toucher quelque chose du doigt. Un truc de fou qui la laissait pantelante. Chancelante ? Confuse ? Bizarre.

Elle ne comprenait pas encore. C'était là, à portée d'elle, mais une part lui échappait. Ça flottait comme un parfum diffus, invisible et pourtant palpable. Ça lui rentrait dans le cœur à la façon d'une abeille en train de butiner son essence même. Par de minuscules à-coups, brefs, légers, imperceptibles, mais bien réels.

Une brisure. Têtue. Constante. Définitive.

Elle cherchait à mettre des mots, à trouver sens, à faire surgir de l'ensemble une réponse ou un symbole. Quelque chose à quoi se raccrocher qu'elle connaisse, qu'elle puisse mettre en perspective, comparer, évaluer. Mais toutes ses théories s'effondraient une à une.

Et puis d'un coup, alors que le fatras de son ancienne vie gisait là tels de vieux vestiges oubliés, qu'un silence monacal presque mystique emplissait l'espace, elle a compris. Entendu. Ressenti. Assimilé.

Ça n'avait rien d'une découverte, rien d'exceptionnel, rien qu'elle n'apprenne enfin qu'on lui aurait caché. Non, c'était bien plus que cela.

C'était ce qui lui avait toujours manqué.

Ce qu'elle avait toujours cherché.

Ce qui pouvait encore la sauver.

52

Pour tous les trois, quelque chose est en train de se jouer qui dépasse leur compréhension. Ils sont là, en silence, à contempler chaque objet comme si de l'un d'eux allait surgir la clé de compréhension, le point de démarrage à un probable dialogue.

Le choix n'est pas si grand. Du sac qu'Athéna a trimballé puis perdu ou qu'elle s'est fait confisquer, il ne reste que quelques habits, un couteau suisse, une gourde vide, une barre de céréales, 100 euros en coupure de 10 et le Kalimba.

Le cahier, lui, est toujours entre les mains de Jules qui n'a pas encore osé l'ouvrir. Il a hésité à le déposer au milieu du reste. S'est dit que le garder à part lui signifiait une place particulière, qu'Athéna saurait forcément décoder.

La lecture qu'il en a faite, une heure plus tôt, avec Alice a été le déclic de leur stratégie. De nombreuses pages, les premières, ont brûlé dans l'incendie, mais quand ils eurent fini de déchiffrer le reste, leur vision des choses avait changé. Radicalement.

À présent, ils attendent. Un signe, un mouvement, une permission. Ils ont le temps. Ont demandé à ce que personne ne vienne les déranger. Et ce, quel que soit le temps que ça prendrait.

Pour autant, Athéna ne réagit toujours pas.

Elle les a laissé faire en silence, comme si elle était surprise, mais n'a toujours pas bougé. Elle a les yeux rivés sur le Kalimba. C'est même le seul objet qu'elle n'a pas quitté du regard depuis que Jules l'a déposé près d'elle. Sous le drap, il a cru percevoir une ondulation, sa main a bougé, mais elle s'est retenue. Et depuis plus rien.

Il regarde Alice, cherche dans son regard une réponse comme ils le font habituellement. Sans se parler, leurs pensées suivent souvent les mêmes circonvolutions. Et devant son air interrogateur, sa bouche qui mime un mouvement vers le bas, désignant le drap, il comprend enfin.

Athéna est entravée. Cette posture immobile qu'elle tient depuis leur arrivée commençait à lui sembler suspecte alors que pas du tout. Tout à sa tactique d'approche, il en a oublié les menottes, ce que le médecin des armées lui a dit, les clés qu'il lui a confiées en disant qu'à partir de maintenant, la fille était sous sa responsabilité. Il y avait un tel mépris dans sa voix que Jules en avait été suffoqué.

Alors, aussitôt, comme s'il voulait s'excuser et prévenir son geste, Jules regarde Athéna et se racle la gorge avant de murmurer :

– Pardon, j'ai oublié… Attends, je vais te détacher…

Athéna le laisse faire, docile, comme si ça n'avait plus d'importance. Elle ne semble même pas l'entendre et ne cille pas d'un poil quand il soulève le drap pour la délivrer et qu'Alice fait de même, de l'autre côté. Elle est étendue sur le dos, son regard toujours fixé sur le Kalimba. Normalement, elle devrait avoir le réflexe de chercher à s'ébrouer, relever les bras, se frotter les poignets, mais rien ne vient. Comme si elle était ailleurs. Hypnotisée par l'objet. Dans son propre monde.

Et pourtant, étrangement proche.

53

Les premières notes sont timides, malhabiles, comme hachées ou mal agencées. Elles percent le silence d'un crissement sec comme si on les arrachait de terre et que leur soulèvement les oblige à une sorte de cri plaintif, désordonné. Puis la mélodie vient, à mesure de l'effort, tiré du néant où elle était engluée.

On pourrait reconnaître une comptine, cette

sorte de ritournelle connue de tous les enfants dont les mots reviennent en mémoire avec nostalgie dans la gorge des adultes. Mais c'est déjà fini, un autre refrain s'ensuit. Sans temps de pause. Comme si l'enchaînement ne servait qu'à l'échauffement. Une sorte de gamme pour tenter de maîtriser l'objet, la main, les doigts, la confiance avant de prendre son élan.

Tout de suite après, le son jaillit, pur, cristallin, sans crier gare. Et il remplit la pièce, traverse les corps, les murs et rompt les amarres. Ça fait comme une envolée, un vent salvateur qui décrispe les poings et pourtant, resserre le ventre. C'est ainsi que la musique dissout une peur pour la remplacer par de l'émotion. Une grande tristesse vient se planquer dans tous les vides. Elle les agite, les montre du doigt, les met à nu et seulement après, note après note, les remplit. Et ça gonfle au-dedans, ça prend la place, ça pousse au profond. Il y a comme un grand frisson, une osmose et de longs soupirs qui s'échappent.

Alors la voix demande à être entendue. Un chant, n'importe lequel, s'échappe. Un « hum » en cadence qui a besoin d'être murmuré. Les yeux se ferment, les cœurs se gonflent. Chacun entend et voit ce qu'il veut. Plonge en lui. Se souvient.

C'est la corde du vivant qui vibre à l'unisson du monde, qui se rappelle aux origines. Le temps d'un écho, d'une intériorité avant qu'un bruit violent ne rompe l'alchimie, tambourine à la porte et brise le charme.

54

Le con ! Trois notes de musique et c'est la contre-attaque immédiate. Alice et Jules ont fait barrage, ouvert la porte, refouler le gardien, mais le charme est rompu, la gamine a lâché le Kalimba, s'est réfugiée sous son drap.

Ce qu'ils viennent de vivre est un premier pas, sabré en plein élan, mais tout de même, c'est une première victoire. Athéna a parlé. À sa façon, elle leur a fait confiance, offert un bout d'elle-même, montré une facette qui conforte leur opinion. Personne ne joue ainsi sans receler un bout d'humanité au fond de lui. Même si les faits sont têtus et son chemin parsemé d'ornières, Athéna possède ce brin d'espoir qu'ils sont venus lui apporter.

Quand elle a enfin consenti à bouger et qu'elle s'est saisie de son instrument, ils étaient encore aux aguets. Tout avait été fouillé, aucun piège ne risquait de survenir, mais une part d'eux, conditionnée à la méfiance, les obligeait à la plus grande prudence.

Quand elle a commencé à jouer et qu'à un moment, la musique a comme, littéralement débordé d'elle, ils ont vécu une sorte d'ébahissement. C'en était fini du regard fixe, des muscles tendus, du rictus sauvage. Une autre Athéna se déployait sous leurs yeux. Le Kalimba révélait en elle ce qui y était caché de plus tendre, de plus doux, et même de plus joyeux. D'un premier grincement discordant, elle a su, au fur et à mesure, tirer de son objet, des sons enrobés, enrobant, vifs, chaleureux, nostalgiques. Plusieurs fois Alice et Jules se sont regardés, pétris d'une émotion, à fleur de cil, en bord de cœur.

Peut-être la voyaient-ils pour la première fois, comme elle était réellement, en tout cas une partie, totalement à nu, sans retenue. Dans ce que son existence avait de plus joli. C'était à coup sûr, la partie épargnée de son être, celle qui vivait encore dans ce que le beau et le naïf accordent aux âmes sensibles. De la note la plus grave à plus suave, ils n'ont rien compris, mais ils ont tout entendu, ressenti, vécu. Ils touchaient du doigt un possible qu'un imbécile armé venait de leur voler.

Le silence est redevenu opaque.

Pour aujourd'hui, Athéna ne dirait plus rien.

Elle en aurait envie, mais s'en abstient. Le courant est passé et le message délivré, c'est un constat qui lui fait du bien. Elle est heureuse que ces deux-là soient à l'unisson et entendent aussi bien. Elle les a sentis émus, presque bouleversés. Le Kalimba fait toujours ça la première fois. Pour peu que l'on sache l'apprivoiser. Qu'on s'y laisse prendre. Que ce soit lui qui anime nos doigts et pas l'inverse. Après c'est entre lui et les autres, une espèce de fusion qui échappe à beaucoup, mais qui soulève de terre certains autres.

Pas un instant, elle ne croit à sa propre performance. Elle n'a rien prémédité, rien voulu, rien décidé. C'était juste le bon timing et une forte envie. Retrouver son outil de médiation préféré et renouer enfin avec quelque chose qui vibre enfin en elle, qui la décolle de ces dernières heures. Qui remplisse l'espace et le ventre. C'était comme une faim immense, un besoin de se rassasier. Avorté par la mécanique infernale de la 3D.

Comme toujours !

Être sur terre, c'est ne jamais y échapper. Il faudrait savoir faire avec et rien de ce qu'elle a appris en treize ans ne semble efficace pour y parvenir. Chaque jour est un fardeau, un combat. Pour une minute de joie, tu doubles ta peine. Le présent porte mal son nom, il n'est cadeau que pour celui ou celle qui en accepte le prix.

Chaque jour plus cher et cruel que la veille.

55

Le temps s'est distendu. Il a passé comme souffle l'alizé, dans une constance d'horloge, sans sursaut ni précipitation. Athéna n'a rien fait pour y échapper, trop fatiguée, et donc soulagée d'être à la charge de ses deux lutins empathiques. Son seul regret, ne pas avoir revu sa guérisseuse angélique. C'est elle qui lui a insufflé, sans le savoir, le courage de capituler. Qui l'a ramenée aux bonnes énergies que prônait Papa Raph. Elle aurait aimé, pour la remercier, jouer de son Kalimba. Voir son visage. Redécouvrir son âme. Mais Alice et Jules, ses deux lutins, en ont décidé autrement.

C'est ainsi qu'elle s'est surprise à nommer le duo, pendant le trajet. Deux humanoïdes bizarres, non pas à la solde du père Noël, elle n'est pas dupe, elle sait bien où ils l'emmènent, mais deux lutins, vraiment, protecteurs, généreux et tranquilles qui l'entourent, l'escortent, prennent soin d'elle. Eux non plus n'ont pas aimé l'hôpital. Elle les a entendus se parler entre eux après que le gardien soit parti. Avec les yeux, dans un même élan, ils ont activé le départ. Rien n'adviendrait de bon dans cette ambiance paranoïaque. Les méthodes employées ne câblaient pas avec leurs valeurs.

C'est pourquoi, avec eux, elle se sent en confiance. Ils sont patients, gentils, conciliants. Ne lui posent pas de question. Ne la regardent jamais de travers. Ne semblent pas la juger. Ni même avoir envie de lui faire la morale. Ils lui ont même redonné son cahier. Elle se doute bien qu'ils l'ont lu, qu'ils l'ont même peut-être photocopié. Mais rien, pas un mot.

On dirait qu'ils ont compris. Évidemment il manque des pages, mais toutes celles où elle décrit l'entraînement de PJ et la liste de tous les animaux qu'il lui a fallu trucider sont tout à fait lisibles. Dedans, il y a toute l'histoire de ses papas, leur portrait, les étapes de son apprentissage, avec pour chacun, leurs spécificités. Ses propres notes sur la 3D, la 4D et la 5D. Toutes les fois où elle a senti les âmes la frôler, venir à elle. Sa mère en acouphange pendant des années. Récemment son demi-cousin Damien. Et même les trois Dadais.

A priori, ils savent tout et ça leur va. Ils ne l'ont pas traitée de folle. Elle n'a même pas douté qu'ils puissent le penser. Au contraire, ils lui ont expliqué qu'ils la conduisaient devant un juge spécial pour enfants. Qu'elle verrait ensuite un psychologue spécialisé. Qu'en attendant, avec eux, elle n'avait rien à dire. Juste les suivre. Faire ce qu'on lui demandait. Qu'ils feraient tout pour qu'elle soit en sécurité. Qu'ils seraient là, près d'elle, à chaque étape.

Ils ont rajouté, comme une confidence, qu'elle n'était pas obligée de tout dire. Ni à eux ni à personne. Qu'elle devait faire comme elle voulait au moment où elle serait prête. Avec qui elle choisirait de le faire. Et que de toute façon, avec le cahier…

Ils ont laissé la suite en suspension. Elle savait qu'ils savaient et vice versa. Et d'un coup, elle a senti comme un poids tomber de ses épaules. Comme si plus rien ni personne ne pesait sur son dos. Elle s'est sentie légère, presque trop. À moitié nue. L'envie de pleurer est revenue. Elle l'a sentie qui lui gargouillait la gorge. C'était puissant, plus que d'habitude. Elle a cru que ses yeux allaient la trahir. Non pas de peine, mais de joie. Avec le même sentiment que lorsqu'ils étaient revenus.

Ils étaient ce qui lui avait toujours manqué, ce qu'elle avait toujours cherché, ce qui pouvait encore la sauver.

Des amis.

56

« Premier jour. Qui ressemble aux autres. Avant. Dans les autres classes. Tous d'un côté et moi de

l'autre. Je crois que PJ à force de m'apprendre à être invisible m'a rendue vraiment invisible. Je suis seule dans la classe. Seule dans la cour. C'est vrai aussi que les autres ne m'intéressent pas. Les filles ne parlent que de garçons ou de chanteurs ou de mode. Elles rêvent de faire la Star'Ac ou de devenir Youtubeuses. Elles se maquillent. Ont des chats ou des chiens qu'elles appellent par des petits noms. Ont peur des araignées. Des serpents. Et même des crapauds. Les garçons, eux, jouent au foot, se bagarrent, fument en cachette. Les filles ne les intéressent pas. Ils restent entre eux. Je pourrais leur en apprendre, mais je suis classée d'office. Garçons ou filles, sur ce point-là, ils se rejoignent et me surnomment la muette. Ils ont raison, je n'ai rien à leur dire. Parfois, pourtant, je les envie. Ils arrivent ensemble, partent ensemble, se retrouvent le week-end. S'invitent. Dorment chez l'un ou l'autre. Ont des secrets. Se comportent comme des enfants.

Moi aussi j'ai des secrets, mais je ne crois pas que ce soit les mêmes. C'est certain. Papa Raph et PJ sont d'accord sur ce point. Vaut mieux ne rien dire. Et puis je ne suis pas seule, je les ai eux. Et ce qu'ils m'apprennent, aucun autre enfant ne le sait. C'est bien plus important.

Avec le temps, les années, toutes les rentrées, j'ai pris l'habitude. Il y a longtemps que je suis devenue grande. M'est même venue l'idée, ce matin, jour de mes 13 ans, que je n'avais sûrement jamais été, une enfant ».

57

Les odeurs, l'horizon, la chaleur, les oiseaux, ce socle rouge, pierreux, mon ocre natal, le sentiment de liberté… j'avais oublié. Ça me remonte partout, de plein fouet. Une grande claque. Je me mords l'intérieur des joues, je ferme les yeux et je laisse croire à de l'émotion comme une grande tristesse. En vrai, je ne suis que colère. Mes deux lutins sont devenus des ogres, des traîtres. Qui me ramènent à la source du danger, au puits, au passé.

À papa Raph.

J'avais chassé de ma mémoire son cœur ouvert et sans âme. Son corps mort, putréfié, malodorant. Il s'était passé tellement de choses depuis. Une vie entière. Combien en a-t-on quand on a fini de vivre ? Papa Raph disait qu'on renaissait chaque jour. PJ qu'on mourait chaque soir. Moi je crois qu'on naît et qu'on meurt dans la même journée. Que chaque jour est une vie en soi. Du moment où on se lève, au moment où on se couche, une vie dans la vie se passe. Tu n'es déjà plus celle que tu étais hier, pas encore celle que tu seras demain. On a plein de petites vies. Et c'est la somme de toutes ces petites vies qui peut en faire une grande. Si tu évolues. Si tu sors de la matrice. Si tu arrêtes de te comporter comme un 3D et que tu cherches à tirer parti de chaque apprentissage.

Sur le papier, c'était simple. Suffisait qu'on me ramène ici pour que je m'en aperçoive. J'avais tout faux. Retour au point zéro. Ce que j'avais fui m'était resservi.

J'attendais dans un grand couloir que le juge pour enfant me reçoive. Je n'arrêtais de penser en boucle à ce que je dirais. J'avais eu confiance en mes deux lutins. Mais c'était sans compter les odeurs, l'horizon, la chaleur, les oiseaux, ce socle rouge, pierreux, mon ocre natal, le sentiment de liberté… Et tout de suite après, l'énergie tendue, palpable, cintrée dans des costumes sombres et des visages fermés.

58

La femme hésite. Dans le grand bureau qu'elle occupe depuis cinq ans, jour pour jour, un silence de fin du monde bourdonne à son oreille. Telle une ruche en pleine activité, un acouphène nocif la pénètre. Elle n'a pas encore quarante ans, mais de grands cernes noirs alourdissent déjà son regard. La fatigue et la rage s'en disputent la dureté. Mille fois, depuis ce fameux 13 novembre, la rage l'emporte et sa mâchoire se contracte à l'excès. Tout son visage semble alors se figer et c'est comme si l'univers en entier s'arrêtait de tourner. Le silence s'abat à l'extérieur cependant qu'un bourdonnement intérieur menace de le faire imploser. Devant cette dichotomie, qu'elle ressent nettement, la femme se trouve comme écartelée, prise au piège, saisie dans l'instant. Plus rien alors n'a d'importance, de sens, de tangible. Et elle reste ainsi quelques minutes. En rupture. Au milieu de son propre chaos.

Il y a longtemps qu'elle ne lutte plus. Ses acouphènes répétés ne sont que la manifestation, folle et viscérale, de sa souffrance. Elle l'a compris il y a fort longtemps. C'est un vide à rendre fou qu'elle n'a jamais su combler. Elle n'a d'ailleurs jamais rien fait pour.

On ne lutte pas avec les trous d'air. On se laisse aspirer. On en espère même la chute. Certain que la prochaine crise ne nous relèvera pas. Et pourtant à chaque fois, la vie continue de battre. Passé le cataclysme, quelque chose s'enclenche qui ne dépend même pas de soi et qui force à vivre.

En tant que juge, le verdict est sans appel. Condamnée. Depuis cinq ans. Recluse à son bureau. Dix heures par jour. À délivrer des milliers de sentences pour une seule qu'elle ne rendra jamais. Puisque le coupable est déjà mort. Et elle avec. Jamais personne n'inventera rien de mieux pour prolonger la vie de l'homme que son propre sentiment d'exister. Qu'il se nourrisse de haine, de rage, de violence, et son éternité lui sera sans doute donnée.

Aucune pilule contre le vieillissement, aucune opération de remplacement, aucun des stratagèmes mis en place à chaque nouvelle avancée médicale ne sera plus puissant que la rage de vivre. La monstrueuse machine humaine le prouve chaque jour. Elle est au-delà de ce qui se fait de bien. Elle dégomme tout ce que le bonheur restaure. Elle a plus d'armes que toute la bonté laborieuse de quelques fanatiques du bonheur.

Contre une armée sanguinaire, une armée de bons sentiments ne peut rien. Même en nombre restreint, le désordre sait et saura toujours retourner le grain de sable qu'il faut. Un seul suffit toujours à enrayer la machine humaine. Surtout s'il est choisi, conduit, manœuvré, éduqué depuis l'aube.

Et plus facilement encore, quand il est issu de la mâchoire aveugle du diable.

Un 13 novembre à 21 h 22 quand une bombe lui a explosé au visage. Tuant net le germe d'une vie nouvelle.

Sa fille, Valentine.

59

Cécile Des Mordus. C'était écrit sur sa porte et inscrit sur son visage. Son nom figé en un rictus revanchard et greffé dans la fente des yeux. Aussi sombres que le fin fond d'une grotte à laquelle on accède en rampant et en bouffant la pierre. Un regard plissé sur une méchante cicatrice, de la commissure des lèvres jusque l'arcade sourcilière.

A-t-elle décidé d'être juge avant ou après ce qui résulte vraisemblablement d'un accident, telle est la question qui me traverse. Ainsi qu'un mauvais pressentiment. Cette femme a des comptes à régler. Son tailleur noir en témoigne. Rien ne dépasse, tout la cadenasse, elle est d'une rigidité étouffante.

J'ai beau sentir mes deux lutins, de chaque côté de moi, m'entourer de leur bienveillance, je vois mes bonnes résolutions fondre comme neige au soleil. Aucune chance que je lâche quoi que ce soit devant ce pitbull déguisé en juge. Elle joue hors catégorie. Ni 2D ni 3D. Un égrégore sombre à elle seule. Perdu dans sa souffrance.

Elle n'a pas toujours été ainsi. Sa silhouette, fine et plutôt racée indique une descendance, haut perchée. Sa façon de reposer son stylo aussi et de lever la tête à notre entrée. Inutile qu'elle se redresse. Elle a fait de son fauteuil son piédestal et elle le sait.

Aussitôt vu et analysé, mon regard lorgne déjà loin derrière elle. Dans son dos, il y a une fenêtre et dans sa transparence, un grand ciel bleu. Au milieu, un gros point vert. Dans lequel je monte illico et m'isole. Alice et Jules vont devoir faire le boulot pour moi. Ils n'avaient qu'à me prévenir. Ce n'est a priori, pas la première fois, qu'ils ont affaire à elle.

Et puis je sais bien faire l'absente. Dresser un mur. Laisser à penser qu'ils m'ont perdue. Me résigner. Je sais faire la sourde, aussi. Écouter. Mine de rien.

Mais c'est sans compter la surprise. Cette voix qui ne s'élève pas, qui est presque un murmure. Qui justement m'oblige à tendre l'oreille. Qui a ma position et mon attitude. Qui me fait tourner la tête, sauter de mon arbre, me repositionner sur ma chaise et m'oblige à regarder la juge. À presque lire sur ses lèvres.

Sa voix comme un filet chevrotant, tout fragile, qui s'essouffle en bout de phrases. Qui puise loin en elle et trahit toutes mes conjectures. Elle a beau faire, c'est une femme brisée. Chaque mot prononcé est un aveu de son imposture. Qu'elle transcende, vertigineusement.

Je l'écoute me redire ce que je sais. Ce qui m'attend.

– En conclusion, de ce que j'ai pu lire de votre cahier et du dossier qui liste vos nombreux délits, je ne pourrai que vous conseiller de parler, Mademoiselle. Il y a encore trop de zones d'ombre et un énorme point d'interrogation sur ce « PJ » dont personne encore n'a entendu parler. Ni retrouver trace. L'expertise psychiatrique à laquelle je vous conseille, une fois encore, de participer activement, devrait vous y aider. Vous êtes jeune, la vie est de votre côté… Vous avez encore le pouvoir de changer la donne… Regardez-moi, réfléchissez et on se revoit dans 15 jours. D'accord ?

Alors, oui… Je la regarde. Son visage bouge à peine. Ses lèvres semblent avaler chacune de ses phrases. Et pourtant, elle se fait entendre. Jamais je n'ai écouté quelqu'un de la sorte. Je sens mes deux lutins suspendus à ses lèvres, tout comme moi. C'est là toute sa force.

Sans crier, à filet tendu, elle capte toute notre attention. Je suis sûre que ceux qui se sont assis en face d'elle, tout gros caïd qu'ils puissent être, se sont laissé prendre au piège. Il y a un côté hypnotique à la regarder se débattre sans faillir. Un côté héroïque aussi.

Elle est du bon côté du bureau. Quoi qu'on lui ait fait.

C'est une survivante.

60

La nuit qui suit, j'enchaîne les cauchemars les uns derrière les autres. À peine, je me réveille et tente d'y échapper qu'un autre arrive. Impossible de ne pas me rendormir. Comme si mon âme était appelée ailleurs, tirée vers d'abominables contrées. Des rêves sans queue ni tête où il est question d'une lettre en forme de code secret, quasi indéchiffrable.

Chaque combinaison trouvée ramène à un épisode de mes vies précédentes. Je suis tour à tour un homme de loi, un curé, une putain, un ouvrier et même une combattante. Ce ne sont que des flashs éclairs. Des morceaux de chair que j'habite le temps de me visualiser, mais qui s'effacent aussitôt. Je comprends néanmoins que d'un épisode à l'autre, tout s'enchaîne, que revivre n'est que la conséquence d'une action précédente, non aboutie, que je suis appelée à rencontrer toujours les mêmes personnes. Une sorte de boyau historique qui récapitule le bien et le mal de toutes mes vies et dresse le constat d'un bilan désastreux.

Quand je me réveille, la seule chose dont je me souvienne nettement est cette phrase qui tourne en boucle dans ma tête « Cimetière des vies passées ». Ça ressemble à une enseigne lumineuse, qui clignote, rouge sur noir, et me martèle le crâne. Comme si je devais me souvenir que tout est là, derrière ce spot, prêt à m'avaler si je ne fais pas gaffe.

Comme un avertissement.

Je suis à ce point épuisée que je suis incapable d'avaler quoi que ce soit. Le petit déjeuner qu'on me sert est vomi avant même que j'y touche. Les odeurs, les bruits, les présences, tout me révulse, m'indispose, me tourne la tête.

Inexorablement, je me sens glisser de ma chaise. Chiffe molle. Langue pendante.

Plus tard, j'apprends que j'ai fait peur à tout le monde.

Enfin, tout le monde, c'est surtout Véro, qui a assisté à la scène. Je suis devenue pâle comme un mort, me raconte-t-elle. « Et pourtant, j'en ai vu d'autres. Mais toi, c'est comme si t'étais en train de devenir transparente, là, sous mes yeux. T'étais blanche et d'un coup, t'étais encore plus blanche. Le temps que tu tombes, j'ai cru que j'te retrouverai pas. Tu bavais plus fort qu'une limace ».

Véro dort au-dessus de moi. On est incarcérées dans la même maison d'arrêt, quartier des mineurs à Villeneuve lès Maguelone. Treize ans révolus, peine criminelle en perspective et un casier judiciaire qui inclut la récidive, c'est la sanction.

Sur le trajet, trois heures en camion blindé, Alice et Jules m'ont expliqué que ce n'était que provisoire. Tout dépendrait, encore et toujours, de mon implication, il me restait des options et des cartes à jouer et du verdict de la « Mordue ». Enfin, eux l'ont appelée par son patronyme et titre légitime, mais pour moi, c'est tranché, c'est une Mordue. Du dehors et du dedans. Elle a beau m'avoir surprise et peut-être même, avoir réveillé ma faiblesse empathique, je vois clair. En témoigne ma présence ici.

Si elle croit me faire peur, c'est loupé. Depuis cette nuit, rien ne me fait plus peur que mes propres fantômes. Lesquels se sont dissous quand je me suis écroulée, mais pour cette deuxième nuit, me reste une angoisse que je dilue en écoutant Véro me raconter ce que je dois savoir d'ici.

Horaires, organisation, nom et grade de chaque intervenant. Pour chaque personne (éducateurs du service de la PJJ et enseignants de l'éducation nationale) ou activités (scolaires, sportives, culturelles), elle a créé des fiches. Des kilomètres de tableau et d'anecdotes qu'elle compile pour, raille-t-elle, ne pas se faire avoir. Elle me fait l'effet d'un moteur de recherche hypra connecté sur le point d'exploser. Sa tête, m'explique-t-elle, est comme une clé USB. Tout y est. Pour toujours. Elle a les noms.

Son activisme paranoïaque qui me faisait du bien, il y a encore une heure, me paraît suspect à 22 heures, quand à l'extinction des feux, sa parole continue de mitrailler le faux silence des lieux. Sous mon nez, les murs ont une odeur qui transpire de soupirs. Cœurs brisés de dizaines de filles, qui comme elle, ont dû tuer le temps pour le rendre respirable.

Vainement.

Je les sens ces parfums d'errance et ces reniflements d'abandon. Ils pleurent encore dans la peinture écaillée, dans les trous de punaises sur les murs, à la place de posters ou de photos disparus. C'est une plainte qui n'en finit pas, qui me traverse, m'aspire.

Je n'entends plus le bavardage de Véro. J'entends l'écho du passé. Les amertumes et les regrets. La rage et les colères ravalées. J'entends l'absurdité de l'existence et le vide creusé jour après jour, sans arriver à mettre de mots. Des filles ont maudit le ciel ici, ont prié Dieu, ont léché mille fois le timbre d'une lettre qu'elles ont mis des siècles à écrire. Parce que les mots s'étaient tus, bien avant de passer à l'acte. Bien avant d'en envisager ne serait-ce que l'idée.

J'entends tout le bruit du monde, réduit à douze mètres carrés, qui entre en moi et me ratatine un peu plus sous mon drap rêche et ma couverture jaune. J'entends toutes ces voix inconnues et les miennes qui se mélangent et me racontent des histoires.

Il est bien là, le cimetière des vies passées. Il a creusé sa tombe dans chaque lit, dans le fond des toilettes, broyé par les barreaux et les rais de lumière trop pâle.

Il revient hanter les vivants.

Pour ne pas qu'on l'oublie.

61

Une semaine à me débattre pour finir par lâcher prise. Les murs ont gagné. Ils sont autour de moi, serrés à m'étouffer, sans aucune issue possible. J'ai pris dix ans dans les dents en sept jours. Je me fais l'effet d'une vieille toute rabougrie, en désespérance. Résignée à mourir, encerclée par les voix meurtries.

Je dors à coup de petits bonbons blancs. Répit illusoire qui ne dupe que l'infirmière. Entre chaque dose, la litanie criminelle sort du cimetière et me pénètre le corps et l'esprit. Je n'en retiens rien. Tellement fatiguée, abrutie, somnolente. Mais je sens les larmes du monde inonder ma chair et me pétrir le cœur, sans relâche. Comme s'ils voulaient forcer ma détermination et mon libre arbitre.

Ils m'ont eue.

Ce matin, j'accepte de voir la psychologue.

Les filles en parlent comme d'une espèce de mère Teresa qui se défonce pour elles. A priori, si je joue le jeu, elle est ma porte de sortie. Très loin de la liberté, mais mieux qu'ici. Un foyer fermé pour mineurs. Le Graal du condamné dans l'échelle de nos possibilités.

Je n'ai pas revu mes deux lutins, mais je sais ce qu'ils en pensent. Tout plutôt que l'asile et l'asile c'est ce qui m'attend si je continue de parler aux murs et d'écouter les voix. Il va falloir que je donne des infos, des vraies. Des preuves de ce que j'avance. Mon cahier ne plaide pas en ma faveur. Même si tout ce que m'a fait faire PJ est décrit.

Pour tout le monde, il n'existe que dans ma tête.
Et c'est peut-être vrai.
Je ne sais plus.

62

« H moins 2 heures.

Je l'attends. Le jour se couche déjà. J'ai fait le tour de notre pavillon. PJ n'est pas revenu. Je suis sûre qu'il est mort. Six mois qu'il a disparu. Un soir comme aujourd'hui, il devrait être là. J'ai treize ans.

Ce soir, c'est entre Papa Raph et moi. Pour la première fois.

Une part de moi est soulagée. Je ne serai plus obligée de tuer. Jamais. Aucun animal. Et encore moins d'humains. L'étape suivante.

Papa Raph a dû se débarrasser de PJ. Ça a du lui coûter. Je suis certaine qu'il va me l'expliquer. C'est peut-être ça son cadeau mystère.

Une part de moi est triste.

L'un et l'autre ont toujours été là. Ce que j'ai appris de PJ, personne d'autre ne me l'aurait appris. Ça a été dur, mais c'est toute la vie qui l'est parfois.

Et il vaut mieux être aguerri.

Ça a toujours été leur grand débat. L'ombre et la lumière.

PJ dit toujours que Papa Raph vit dans un monde

de Bisounours et que ce monde-là m'anéantirait si je n'apprenais pas à me défendre.

Papa Raph, lui, croit en l'amour et à tout son cortège de fées, d'anges, de « Femme-écran ».

Moi je navigue, à vue, entre eux deux. Longtemps sans me poser de questions. Moins depuis que j'arrive sur mes treize ans.

Douze ans qu'on se tourne autour tous les trois, qu'on se renifle comme des bêtes, qu'on s'interroge en silence, qu'on mesure notre capacité d'attente à l'opacité des silences qui ont forgé des murs plus hauts que toute la chaîne himalayenne et la muraille de Chine réunies. Personne avant aujourd'hui n'a voulu sortir de cette prison. Ça a toujours été comme un accord tacite.

Il y avait tellement de solutions de se débarrasser de moi. Tellement d'alternatives à cette promiscuité de vie. Ils ne m'ont même pas placée en internat. C'était pourtant facile de ne pas m'avoir sous les yeux à chaque instant. Ils auraient même pu me tuer. Me nouer le cordon autour du cou. Mais non, ils m'ont gardée. Et en vie et auprès d'eux.

C'est long treize ans quand on s'écartèle comme je l'ai fait.

Il n'y a pas si longtemps, je me suis demandé comment j'avais réussi cela. Sans jamais perdre la face ou me départir de mes rôles. Cela a même forcé mon admiration. Et puis je me suis vue. Telle que je suis devenue. Robotisée comme eux. Tranchée dans mes partis pris. Incapable de sourciller, d'élever le ton, de ressentir quoi que ce soit.

J'ai compté les amis que j'avais. Aucun. Compté

les jours où j'avais ri. Presque aucun. Tenté de me souvenir de toutes ces années et de ce que j'avais bien pu en faire. Sans succès. Comme si chaque jour effaçait le précédent dans un éternel recommencement. Une routine sans son, sans image, sans aspérité. Sans attaches. Si ce n'est la nôtre. Liés par je ne sais quel sortilège. À se tourner autour. Se renifler. S'attendre.

Fallait-il vraiment qu'il y ait une date butoir ?

Et après, que va-t-il se passer ? ».

63

C'est fou ce qu'on passe de main en main ici. Le nombre de hiérarchies qui nous barrent la route. Quinze minutes du départ de ma chambre au bureau de la psy. Sept portes en tout, un gardien derrière chacune d'elles et de longs couloirs aux murs bien trop étroits.

Tellement réduits que j'arrive en sueur, couverte de sang.

L'impression d'avoir traversé une orgie cannibale où tous les fantômes du lieu se seraient jetés sur moi, heureux que je les reconnaisse, les décibels poussés à plein régime.

Va-t'en expliquer ça à une momie d'au moins mille ans. Véro s'est bien foutue de ma gueule. Mère Teresa, mon cul.

La psy, Sacha de Erbel s'il vous plaît, ressemble

plus à un magasin d'antiquités qu'à une Sainte Trinité. Queue de cheval, long collier de perles sur un foulard noir, chemisier de flanelle grise, jupe plissée anthracite contraste avec sa peau, couleur craie. Une caricature maléfique, mal vieillie qui embaume la naphtaline et me regarde avec des yeux de hibou malades. Ses pupilles sombres sont comme deux minuscules billes perdues au fond d'une marre de pisse.

Alors, en une seconde, c'est le fantôme de trop, la goutte qui fait déborder le vase, l'étincelle qui met le feu aux poudres, le hic émétique qui me fait perdre les pédales

Avec elle, c'est comme si tous les fantômes de cette prison s'incarnaient. Une semaine qu'ils m'usent les semelles et d'un coup, ils sont là, dans ce vieux machin tout stoïque, qui me tend un paquet de mouchoirs, comme si tout allait bien.

Ma gerbe vient d'éclabousser son bureau, mais non, tout va bien. Posées dessus, je reconnais des pages de mon cahier. Des passages ont été soulignés. Des Post-its dépassent de la liasse photographiée. Et elle, elle ne bouge pas. Sa tête de hibou me fixe comme si elle attendait que je finisse mon cirque.

Alors d'un coup, sans que je retienne quoi que ce soit, je pète un câble.

Je monte dans les volumes, pousse un cri à m'en briser les cordes vocales et je me jette sur elle.

Aveuglement.

64

Les structures d'accueil et de soins aux personnes atteintes de troubles mentaux ont une longue histoire. Sous l'Ancien Régime existaient déjà de nombreuses institutions, laïques et religieuses, destinées en tout ou partie aux *aliénés d'esprit* (telles les Petites-Maisons à Paris ou les Charités des Frères de Saint-Jean-de-Dieu). Plusieurs de ces établissements ne survivront pas à la tourmente révolutionnaire.

Au XVIIIème siècle, l'Hôtel-Dieu de Paris est l'un des rares hôpitaux publics du Royaume réservant des salles spéciales au traitement des *fous*, une pour les hommes, deux pour les femmes. Les deux autres établissements, les plus proches de la Capitale, où l'on s'occupe encore du traitement des maniaques sont alors l'Hôtel-Dieu de Lyon et l'Hôpital Général de Rouen.

La Provence dispose aussi de trois hôpitaux consacrés aux fous : l'hôpital d'Avignon, ouvert en 1681, l'hôpital de la Trinité d'Aix, ouvert en 1691, et la Maison de Saint-Lazare à Marseille, ouverte en 1699. En 1818, Esquirol ne dénombre pas plus de huit «*Établissements spéciaux*», répartis de façon très inégale sur le territoire national.

Au début du XIXème siècle, des *aliénés* sont aussi reçus dans 31 hospices ou hôpitaux, 12 dépôts de mendicité et 6 prisons ou «maisons de force et de correction». Le nombre total de lits est alors de l'ordre de 5 000 (dont environ 1 200 dans les huit établissements spécialement consacrés aux aliénés).

Avec la loi du 30 juin 1838, qui fait obligation à chaque département de se doter d'un asile d'aliénés (ou de traiter avec un asile d'un autre département), leur nombre s'accroît au fil des décennies (en 1865, 41 asiles départementaux, 18 quartiers d'hospices, 16 asiles privés faisant fonction d'asiles publics, et la Maison impériale de Charenton), et celui des lits approche les 55 000 en 1888.

Puis, dans le mouvement inauguré par la mise en place de la sectorisation (1960-1971) et le développement des prises en charge ambulatoire, l'installation de nombreux services de soins psychiatriques dans des hôpitaux généraux ou de petites unités en ville ont augmenté encore le nombre de lieux d'implantation.

Les derniers chiffres de 2018 parlent de 552 structures psychiatriques en France, de 424 mille patients hospitalisés, dont 49 mille enfants de moins de 18 ans. Un monde aujourd'hui au bord de l'implosion qui réduit au minimum la présence soignante.

L'UMD du centre hospitalier Montfavet d'Avignon dans le Vaucluse est l'une d'elles. Créée en 1947, elle constitue une prise en charge ponctuelle à des moments difficiles et aigus et se concrétise au quotidien par différentes actions de soins, menées en équipe pluridisciplinaire et plus particulièrement marquées au niveau de la fonction infirmière : prise en charge individuelle et de groupe, activités sportives, ergothérapie, sorties thérapeutiques à l'extérieur en gardant à l'esprit la nécessité d'une resocialisation sans rupture avec le temps et la réalité. Elle accueille, entre autres, des détenus condamnés, et transférés d'une détention carcérale en application de l'article D.398 du Code pénal de procédure pénale.

C'est là qu'Athéna est transférée, dans la nuit du 3 au 4 avril. À peine deux semaines après être soupçonnée d'avoir planté un couteau dans le cœur de son père et commis plusieurs agressions sur civils et à l'encontre des forces publiques.

Pour tout le monde, il ne fait plus aucun doute de sa culpabilité.

La loi a tranché et ne reviendra plus dessus avant longtemps.

Elle ne reverra plus Jules, Alice, la juge Mordue et tous les autres.

Mais elle s'en souviendra et écrira son histoire.

65

Un mois qu'on fossoie ma vie. Que je dors, qu'on me shoote, que je somnambule. Un mois que les fantômes m'ont quittée. Que mes voisines les ont remplacés.

Un mois que j'entends déclamer à tout bout de champ : « Que je suis une atlante », « Attention la Mort, Attention l'âme mord, Attention L'âme hors », « Que le soleil mangera bientôt le monde », « Qu'une banane c'est meilleur, car il n'y a pas d'os dedans », « Qu'un lèche-vitrine, c'est dégueulasse », « Que la sérendipité et les rêves sont la seule projection, réelle, de l'âme », « Que chaque pilule prise est un code engrammé dans notre ADN pour libérer nos charges traumatiques », « Que les ogres ont mille bras, qu'ils chient, pètent et rotent sur nos cauchemars, en veux-tu en voilà », « que les prosopagnosiques ont tout compris, ouistiti », « que la religion est le plus grand criminel de guerre », « qu'un escargot peut changer le destin d'un homme », « qu'il vaut mieux être salope que chassière ».

Un mois que je côtoie Nanou, Flo, Ophélie, Geneviève, Cécile, Gilberte, Catherine, Isabelle et tant d'autres. Que j'entends leur folie tutoyer la mienne et m'invectiver de leurs sentences dérisoires. Un mois que ma vie a basculé.

Encore une fois.

Sacha de Erbel n'a pas aimé que je gerbe sur son bureau, que je l'empoigne à la gorge et lui fracasse la tête contre son bureau. Elle n'a pas aimé que les fantômes sortent de ma tête et se jettent sur elle.

Personne ne m'a crue. Plus personne ne me croira. Ici, la matrice a toute latitude pour régner en maître. Rien n'est laissé au hasard. Tout est quadrillé, chronométré, noté, chiffré. Latitude et longitude zéro. Un lit d'une personne et quatre murs blancs. C'est tout ce à quoi j'ai droit. Et une fenêtre.

Ma fenêtre.

Pas plus grande qu'un mouchoir de poche, elle

représente pourtant ma seule échappatoire. Je peux la fixer des heures et ne plus rien entendre. Grâce à elle je vole. Sur une goutte d'eau, au fil d'un nuage, au gré du vent, en équilibre sur un rai de lumière, je vole.

Je ne croise personne pourtant. Aucun fantôme ni d'esprit errant. Pas âme qui vive. Ou survive. Qui m'attendrait ou qui m'expliquerait.

Je vole, c'est tout, comme délivrée, au-dessus du monde, convaincue qu'il ne sert plus à rien de redescendre. Je déroge à toutes les règles qui voudraient m'astreindre à jouer le jeu de la matrice, à m'ancrer, à faire ma part du chemin comme ils disent ici.

Ce chemin qui passe du lit au réfectoire, de la pilule du jour à celle de la nuit, des ateliers aux séances psy. Ce chemin qui n'en finit pas de rendre folles mes congénères.

Les parois sont aussi minces que leurs diatribes sont perçantes. Le silence n'existe plus, la promiscuité vampirise tout, même enfermée et recluse comme je le suis depuis mon arrivée.

Je sais que je ne dois pas les suivre. Faire crier les voix dans ma tête, c'est leur donner le pouvoir. Une fois, une seule, j'ai tenté de l'expliquer à une infirmière un soir. Le lendemain, on me doublait la dose en m'expliquant que c'était pour mon bien. Je ne me souviens plus de ce qui s'est passé au juste. Mais l'infirmière n'est pas réapparue.

Et les suivantes ne sont plus jamais rentrées dans ma chambre qu'à deux.

Et pourtant je vais bien. Je le sais.

Toutes formes de voix ont disparu.

Les seules que j'entends partagent à présent le même espace que moi. Elles sont réelles. Elles tournent en boucle, proclament et m'assurent « Que je suis une atlante », « Attention la Mort, Attention l'âme Mord, Attention L'âme Hors », « Que le soleil mangera bientôt le monde », « Qu'une banane c'est meilleur, car il n'y a pas d'os dedans », « Qu'un lèche-vitrine, c'est dégueulasse », « Que la sérendipité et les rêves sont la seule projection, réelle, de l'âme », « Que chaque pilule prise est un code engrammé dans notre ADN pour libérer nos charges traumatiques », « Que les ogres ont mille bras, qu'ils chient, pètent et rotent sur nos cauchemars, en veux-tu en voilà », « que les prosopagnosiques ont tout compris, ouistiti »...

Elle est là, la vérité du lieu, de ce monde, de mon nouvel univers.

Ce 3D parfaitement catégorisé, estampillé Zinzin.

66

Puis il y eut ce jour où Hortense est apparue. Comme une évidence. Une dernière chance.

J'étais devenue un doux agneau, mais je ne m'appartenais plus. J'assurai le minimum syndical et ça convenait à tout le monde. J'avais fini de me débattre. Je me laissais mourir.

Mon corps fonctionnait encore, mais j'étais en train d'abandonner mon âme.

La fenêtre s'était refermée sur mes envols. Je ne partais plus en voyage. Ni dans les airs ni dans ma tête. Je butais contre les murs et je ne voyais plus rien.

Que du blanc, lisse, impénétrable, et sans fenêtres.

Pourquoi, comment Hortense a réussi le pari de me sortir de là ? C'est facile.

Hortense est une bonne âme.

Un jour, elle a été là et tout a changé.

Elle a travaillé toute sa vie ici. Aujourd'hui elle est à la retraite, mais elle vient encore, parfois. Rendre visite. Prendre des nouvelles.

Ce jour-là, nos regards se sont croisés. Nous étions au réfectoire, je peinais à avaler la mélasse jaune et gluante qu'on nous servait tous les vendredis midi. C'était une sorte de gâteau de semoule, cuit trop mollement qui s'affaissait à la première cuillère.

En me voyant faire, elle m'a souri et fait un clin d'œil comme si elle comprenait. Il émanait d'elle une telle vibration que je suis restée bouche bée, la cuillère en l'air et très sûrement un air niais en guise de réponse.

D'un coup, quelque chose s'est rallumé chez moi. J'ai très clairement perçu son aura. Comme une bulle géante tout autour d'elle. D'un rose éclatant, pur et soyeux.

C'était à la fois puissant et déstabilisant.

Comme si je recouvrais la vue. Comme si je sortais d'un long sommeil. Comme si, enfin, la lumière s'allumait de nouveau, quelque part, au fond de moi.

J'avais l'impression de sortir d'une longue nuit noire, de retrouver mes sens, mon odorat, mes perceptions. Toutes ces choses qui font de l'humain autre chose qu'un tube digestif. Qui le parent d'une âme, d'une conscience, d'une mémoire.

Des mois que je n'avais ressenti ça, pour personne.

Comme une curiosité, un nouvel éveil.

Un nouvel élan.

Comme si on venait de m'électriser, de me secouer.

De me ramener à la vie.

Et je me suis souvenue.

« L'Aura rose est l'une des couleurs les plus rares à apparaître dans une Aura. On voit une Aura rose autour des personnes qui sont douces et qui rayonnent une énergie agréable et aimante à chaque être avec lequel elles entrent en contact. Elles sont profondément sensibles. Ce sont des guérisseurs et des créatifs naturels, avec un soupçon d'intuition et de capacités psychiques. La couleur rose vibre à la même fréquence que le vert qui correspond au chakra du cœur. Les gens qui ont des émissions de rose dans leur Aura inspirent un sentiment de confort à ceux qui les entourent. Les vibrations roses sont pétillantes et exaltantes parce qu'elles correspondent directement au chakra du cœur, qui est typiquement associé à l'énergie féminine. Même au milieu des défis les plus pressants de la vie, une personne avec une Aura rose peut aider à guérir les autres avec un regard, un sourire, un mot gentil ou simplement en étant présente. Elle nous rappelle d'être doux les uns avec les autres et avec toutes les créatures de la Terre ».

67

Après ça, elle est revenue. Et moi aussi.

Chaque semaine pendant neuf mois.

J'avais bien appris que les adultes mentent, exigent, trompent, manipulent. Mais pas elle. Je l'ai testée. Je lui ai dit des choses. Elle n'a rien répété. Elle n'a rien oublié non plus. Elle a tout gardé pour elle.

Un jour, elle m'a même dit qu'elle me croyait et que je pouvais tout lui confier.

Elle m'a offert un cahier. Un autre. Un nouveau. Plus grand, avec plein de pages blanches. Elle m'a simplement dit « c'est pour toi ».

Je ne me suis pas méfiée. Elle m'a dit qu'ainsi j'aurais toujours une chance de m'en sortir. Alors je l'ai crue.

Et j'ai écrit. Tout raconté. À ma façon.

Et j'ai joué le jeu. Comme elle me l'a appris.

Pendant de longs mois.

Résultat, dans deux semaines, je vais être transférée. J'accède enfin au fameux Graal. Un foyer pour jeunes mineurs. Des bras cassés comme moi, mais pas fous. Et surtout plus aussi dangereux. Je ne suis plus très loin de la sortie.

J'ai joué le jeu à la perfection. Dit ce qu'ils voulaient croire. Je n'entends plus de voix. Je regrette ce que j'ai fait. Je suis prête à rentrer dans le rang. Je n'ai plus agressé personne depuis longtemps. Je n'ai pas tenté de m'enfuir ni de me suicider. Je dors sans médicaments, je m'alimente correctement.

Et surtout, je parle.

Qu'importe que je mente, que je leur serve la sauce qu'ils ont préparée pour moi, que je la répète, comme un automate. Je parle.

Seule, Hortense, connaît la vérité. Ma vérité.

Elle le sait-elle que je n'ai pas tué Papa Raph. PJ s'en est bien chargé, tout mort, qu'il était. Il savait faire ça. Rentrer dans la tête des gens et leur faire faire ce qu'il voulait. C'est pour ça que Papa Raph s'est tué lui-même. Pour mettre un terme. Avant que je ne comprenne. Que ça aille trop loin. Pour se libérer aussi. Porter PJ à l'intérieur de lui était devenu trop lourd, trop dangereux. Il me l'a dit ce soir-là, le soir de mes treize ans. Il m'a dit qu'il a fait ce qu'il a pu, avec cette part sombre en lui. Il m'a raconté comment la première fois, à 7 ans, avec PJ, ils avaient tué le renardeau et que tout avait changé dans sa vie. Au départ, ils étaient frères puis ils sont devenus ennemis. Qu'ils s'étaient séparés longtemps avant que PJ revienne. Que la cohabitation devenait impossible, qu'il n'y arrivait plus, qu'il devait me protéger. Qu'il allait partir. Que j'avais encore une chance.

Il a attendu que je m'absente de la pièce, trois minutes, pour aller faire pipi et il a brisé son cœur en deux. Pour être sûr, définitivement sûr, que ni lui ni PJ n'y survivrait.

Elle le sait, elle, que j'ai guetté son âme pendant des heures. Que je ne pouvais rien faire d'autre. Que c'est tout ce qu'il me restait de lui. Son âme, la bonne, celle qui m'avait tout appris des lois sacrées de la vie.

Elle m'a crue, Hortense, dans chaque mot que je disais, elle ne m'a pas traitée de folle. C'est une sacrée 4D, cette femme. Douée. Maligne. Pleine de bon sens. C'est elle qui m'a dit comment faire pour la suite. Pour jouer le jeu. Sortir d'ici.

Des filles comme moi, elle en avait croisé plein. Et sauvé quelques-unes.

Il suffisait de la croire.

Et je l'ai crue.

68

J moins 1, le départ. Après ça, je n'écrirai plus. Je l'ai promis à Hortense. Aucune preuve ne doit subsister. J'ai joué mon rôle à la perfection. Elle emmène avec elle ce cahier et moi, je commence une nouvelle vie, dans un Foyer pour mineurs à Niort.

C'est à l'autre bout de mon monde. Loin de tout. Je crois qu'ils l'ont fait exprès.

Selon Hortense, c'est une chance. Selon moi,

aussi. De toute façon, on tombe toujours d'accord. J'en ai fini des débats.

J'ai tenu bon et j'ai gagné. J'ai dit tout ce qu'ils voulaient entendre, de regrets et de promesses. Je suis devenue celle qu'ils voulaient que je sois. Une condamnée modèle, repentie, malléable. Ce n'est pas si difficile en vrai. J'ai eu des défis plus difficiles dans la vie.

Les 3D m'auront au moins appris cela. Mentir c'est gagner. Hortense préfère la version « Je crois au silence comme à la dernière et unique forme de pensée qui peut changer le monde ». Elle n'a pas tort non plus.

C'est ce que j'ai fait pour Papa Raph. Mille fois, ils ont voulu que j'avoue mon crime. Je me suis tue. Mimant l'oubli. L'insupportable. Le déni ferme et définitif.

Je crois qu'avec le mélange des deux, on arrive à ses fins.

La preuve, je quitte ce lieu sans avoir rien renié de mes convictions. J'ai compris qu'ils n'avaient pas besoin de les connaître. Bien au contraire.

Encore quelques années à tenir comme ça, à tirer parti de leurs leçons et à 21 ans, je serai libre. Hortense me le rabâche. Tout est possible. On a vu des réhabilitations plus spectaculaires.

Ne jamais oublier de jouer le jeu de l'adversaire.

69

Ils lui ont tout appris. Tout donné. Tout permis.

Leur réussite trône au milieu du salon.

Ce soir, la jeune Borde soufflera ses dix-huit bougies et demain elle les quittera.

Un nouveau lieu, une nouvelle chance et surtout un nouveau défi.

Un foyer ouvert pour jeunes majeurs jusqu'à ses 21 ans.

Quatre années encore à faire ses preuves, choisir une voie, réintégrer la société et sa peine pourrait bien être terminée. Son passé définitivement enterré.

L'enjeu est de taille et même unique dans les annales du centre, mais ils y croient.

Quatre ans qu'ils la voient évoluer, se transformer, reprendre les rênes, apprendre, s'extérioriser, participer. Personne n'a jamais tenu aussi longtemps sans trébucher ou faire semblant.

Elle si.

Alors ils y croient. Persuadés que leurs efforts ont payé, que cette gamine avec son QI au-dessus de la moyenne en avait les moyens et la volonté et le courage.

Sa réussite qu'elle affiche ouvertement, c'est aussi leur victoire.

Elle a pris de l'assurance, n'a plus peur de ses réussites comme de ses échecs.

C'est presque un parcours exemplaire si ce n'est cette dureté qui fige parfois son sourire. Le seul bémol. Cette mécanique à ne jamais pleurer.

Même lorsqu'ils lui ont appris le décès de Madame Hortense. Trois ans de correspondance entre elle et la gamine et brutalement, sa mort tragique, dans un accident de la route.

Elle a tenu bon. À serrer précieusement l'enveloppe qui lui était adressée et s'est enfermée dans sa chambre. Peut-être qu'elle a pleuré. Et d'autres fois encore. Sans le dire. En silence. Sous sa couette. En tout cas, ils ne l'ont jamais vue ni su.

Ce soir encore, elle ne pleurera pas. Au contraire même.

Sa joie et sa fierté sont visibles.

Personne ne peut le lui reprocher.

C'était le deal. Fidèle au mantra du centre « Tirer un trait sur le passé. Tout reprendre à la base. Ne plus se décevoir. Se donner une seconde chance ».

Anne, Manon, Nathalie, versus Athéna a su la prendre.

D'ailleurs, aujourd'hui, elle se fait AMANA. Une contraction de ses trois prénoms que le jeune Benoît, fervent lecteur de la Bible, a suggéré un soir de veillée. Quand il a expliqué à Athéna que ses initiales appartenaient à une montagne, citée dans la Bible, elle a dit « Pourquoi pas ! ».

Elle a compris les enjeux et sous leurs yeux s'est transformée, jour après jour pendant quatre années.

De son point de vue, elle a conquis la matrice.

Du leur, elle a enfin compris la vie.

Qu'importe lequel des deux pense avoir raison.

Il y a ce que la vie nous oblige à faire

Et ce que l'on choisit d'être.

ÉPILOGUE

Bonjour Hortense. Tu vois, je suis venue. Comme tu me l'as demandé. Un peu en retard. Mais je suis là.

Avec Héléna, ma nouvelle éducatrice. Une bonne âme, elle aussi, tout comme toi.

Je l'ai convaincue de traverser la France pour venir te voir. Pour un dernier hommage. Que ça m'aiderait à faire mon deuil. Et elle m'a crue. Tout comme toi.

Tu la vois, je suppose, en retrait, qui m'attend sagement. Avec confiance.

Elle sait garder ses distances, me laisser te murmurer ce que je suis venue te dire.

J'espère que tu m'entends ?

Moi je crois que oui. Là-haut vous savez tout.

Et toi, tu sais déjà tout. N'est-ce pas ?

Une fois encore, tu vas être ma sauveuse.

Et rien que pour ça, je te dois la vérité.

Une unique fois, accroupie devant ta tombe.

Ma brave Hortense. J'ai même apporté des fleurs. Des roses. À la hauteur de ton aura.

C'est peu, mais tu m'as souvent dit que seule l'intention compte.

Tu vois je n'ai rien oublié. Tu as été ma plus grande enseignante.

Je n'ai jamais rien fait d'autre que suivre tes instructions. À la lettre. Même avec toi.

J'ai joué le jeu de l'adversaire et aujourd'hui, j'ai gagné.

Je savais que tu deviendrais ma porte de sortie.

Tu te souviens, mentir c'est gagner. C'est même la seule option possible.

Même à toi. Surtout à toi.

Oh, pas sur tout, il fallait des accents de vérité.

Mais sur l'essentiel. Tu t'en doutes !

Papa Raph. Mon cher Papa.

13 ans que je subissais sa dualité, en silence. Son côté froid, mécanique, implacable et son costume de grand humaniste à l'ésotérisme extravagant.

Tout ce que je t'ai raconté est vrai. Et sur lui et sur PJ, cette espèce de double maléfique qui m'obligeait à faire tout ce que tu sais.

Je ne t'ai pas menti sauf pour le 20 mars, quand j'ai eu treize ans.

Même à toi, je n'ai pas pu le raconter. Tu aimais tellement la première version que je t'avais donnée. Tu n'en doutais pas. Tu me croyais tellement que je l'ai crue aussi.

C'était plus simple et moins terrifiant que d'admettre ma participation.

C'était sans compter sur ma mémoire. Pétrifiée en ces temps.

Réactivée par un rêve, il y a un mois.

Plutôt, un cauchemar d'ailleurs, où tu me regardais durement, enrobée d'une aura noire. J'ai compris que tu m'appelais, que je devais venir. Et te raconter.

Comment je l'ai poignardé.

C'est lui qui me l'a demandé. C'est vrai qu'il était à bout, fatigué de m'imposer sa double personnalité. J'ai eu le temps de me renseigner depuis. Je sais que c'est une maladie.

Je ne lui en veux plus.

Pourtant il ne m'a pas laissé le choix. Jamais.

Quand il a pris le couteau et qu'il m'a dit aide-moi, je n'ai fait qu'obéir.

L'imploration de Papa Raph et la force de PJ jouaient contre moi.

Ils étaient deux, ce soir-là, réunis, dans un même but.

Je ne les avais jamais vus dans une telle symbiose.

C'était toujours soit l'un soit l'autre.

Mais pas ce soir-là.

C'est vrai que j'ai attendu que jaillisse leur âme. Je voulais vraiment savoir à quoi ça ressemble. Si on voyait bien qu'ils étaient deux.

Est-ce que tu m'aurais encore aidée si je t'avais dit tout ça ?

Est-ce que tu m'aurais cru ?

Est-ce que tu ne m'aurais pas trahie ?

Je ne le saurai jamais.

Mais tu vois ce secret est le seul qui me pèse.

Je suis venue te le dire.

Me mettre à jour et à nu, parce que comme tu disais toujours, la vérité n'a jamais tort, je suis venue soulager ma conscience.

J'ai fait tout ce qu'on attendait de moi.

Mais aujourd'hui je ne peux plus.

Je viens d'avoir 19 ans.

J'ai appris ce que je devais. Assez pour vivre dans la matrice et prendre ce à quoi j'ai droit. Mais Athéna est morte. Et AMANA ne fera pas long feu.

Ces derniers mots, je te les devais.

Avant de disparaître…

REMERCIEMENTS

À toi, toi, toi et tous ces autres encore,
tellement multiples,
fidèle famille d'âmes,
Ami(e)s, famille, poteaux (pas patrie !!!),
Lecteurs, écrivains, blogueurs,
Merciiiiiiiiiiiiiiiiiiiiiiii.
Je ne vous citerai pas parce que je sais que vous
vous reconnaîtrez,
au-dedans, en résonance, si vous êtes avec moi
sur le parcours,
Aimant, soutenant, riant, jouant,
Adjuvants d'une heure, d'un soir ou d'une vie…
Que nos routes se poursuivent ou s'éloignent,
Merciiiiiiiiiiiiiiiiiiiiiiiiiiii.

On se retrouve encore ici et là :

FB : https://www.facebook.com/lou.vernet.7

Site : http://louvernet.com/

Avec toute ma Gratitude.

L.V.V.

M+ éditions
12 rue de la Part-Dieu
69003 Lyon
mpluseditions.fr

Dépôt légal : août 2023 - N° imprimeur : 082376216

Imprimé en France par Présence Graphique - Monts